English-Hmong
Hmong-English

Word to Word® Bilingual Dictionary

Compiled by:
C. Sesma, M.A.

Translated by:
Do Thi Tuyet Trang

Bilingual Dictionaries, Inc.

Hmong Word to Word® Bilingual Dictionary
1st Edition © Copyright 2011

All rights reserved. No part of this book may be reproduced or transmitted in any form or by any means.

Published in the United States by:

Bilingual Dictionaries, Inc.
PO Box 1154
Murrieta, CA 92562
T: (951) 461-6893 • F: (951) 461-3092
www.BilingualDictionaries.com

ISBN13: 978-0-933146-53-2
ISBN: 0-933146-53-1

Preface

Bilingual Dictionaries, Inc. is committed to providing schools, libraries and educators with a great selection of bilingual materials for students. Along with bilingual dictionaries we also provide ESL materials, children's bilingual stories and children's bilingual picture dictionaries.

Sesma's Hmong Word to Word® Bilingual Dictionary was created specifically with students in mind to be used for reference and testing. This dictionary contains approximately 15,000 entries targeting common words used in the English language.

List of Irregular Verbs

present - past - past participle

arise - arose - arisen
awake - awoke - awoken, awaked
be - was - been
bear - bore - borne
beat - beat - beaten
become - became - become
begin - began - begun
behold - beheld - beheld
bend - bent - bent
beseech - besought - besought
bet - bet - betted
bid - bade (bid) - bidden (bid)
bind - bound - bound
bite - bit - bitten
bleed - bled - bled
blow - blew - blown
break - broke - broken
breed - bred - bred
bring - brought - brought
build - built - built
burn - burnt - burnt *
burst - burst - burst
buy - bought - bought
cast - cast - cast
catch - caught - caught
choose - chose - chosen
cling - clung - clung

come - came - come
cost - cost - cost
creep - crept - crept
cut - cut - cut
deal - dealt - dealt
dig - dug - dug
do - did - done
draw - drew - drawn
dream - dreamt - dreamed
drink - drank - drunk
drive - drove - driven
dwell - dwelt - dwelt
eat - ate - eaten
fall - fell - fallen
feed - fed - fed
feel - felt - felt
fight - fought - fought
find - found - found
flee - fled - fled
fling - flung - flung
fly - flew - flown
forebear - forbore - forborne
forbid - forbade - forbidden
forecast - forecast - forecast
forget - forgot - forgotten
forgive - forgave - forgiven
forego - forewent - foregone
foresee - foresaw - foreseen
foretell - foretold - foretold

forget - forgot - forgotten	**light** - lit * - lit *
forsake - forsook - forsaken	**lose** - lost - lost
freeze - froze - frozen	**make** - made - made
get - got - gotten	**mean** - meant - meant
give - gave - given	**meet** - met - met
go - went - gone	**mistake** - mistook - mistaken
grind - ground - ground	**must** - had to - had to
grow - grew - grown	**pay** - paid - paid
hang - hung * - hung *	**plead** - pleaded - pled
have - had - had	**prove** - proved - proven
hear - heard - heard	**put** - put - put
hide - hid - hidden	**quit** - quit * - quit *
hit - hit - hit	**read** - read - read
hold - held - held	**rid** - rid - rid
hurt - hurt - hurt	**ride** - rode - ridden
hit - hit - hit	**ring** - rang - rung
hold - held - held	**rise** - rose - risen
keep - kept - kept	**run** - ran - run
kneel - knelt * - knelt *	**saw** - sawed - sawn
know - knew - known	**say** - said - said
lay - laid - laid	**see** - saw - seen
lead - led - led	**seek** - sought - sought
lean - leant * - leant *	**sell** - sold - sold
leap - lept * - lept *	**send** - sent - sent
learn - learnt * - learnt *	**set** - set - set
leave - left - left	**sew** - sewed - sewn
lend - lent - lent	**shake** - shook - shaken
let - let - let	**shear** - sheared - shorn
lie - lay - lain	**shed** - shed - shed

shine - shone - shone
shoot - shot - shot
show - showed - shown
shrink - shrank - shrunk
shut - shut - shut
sing - sang - sung
sink - sank - sunk
sit - sat - sat
slay - slew - slain
sleep - sleep - slept
slide - slid - slid
sling - slung - slung
smell - smelt * - smelt *
sow - sowed - sown *
speak - spoke - spoken
speed - sped * - sped *
spell - spelt * - spelt *
spend - spent - spent
spill - spilt * - spilt *
spin - spun - spun
spit - spat - spat
split - split - split
spread - spread - spread
spring - sprang - sprung
stand - stood - stood
steal - stole - stolen
stick - stuck - stuck
sting - stung - stung
stink - stank - stunk

stride - strode - stridden
strike - struck - struck (stricken)
strive - strove - striven
swear - swore - sworn
sweep - swept - swept
swell - swelled - swollen *
swim - swam - swum
take - took - taken
teach - taught - taught
tear - tore - torn
tell - told - told
think - thought - thought
throw - threw - thrown
thrust - thrust - thrust
tread - trod - trodden
wake - woke - woken
wear - wore - worn
weave - wove * - woven *
wed - wed * - wed *
weep - wept - wept
win - won - won
wind - wound - wound
wring - wrung - wrung
write - wrote - written

Those tenses with an * also have regular forms.

English-Hmong

Bilingual Dictionaries, Inc.

Abbreviations

a - article
n - noun
e - exclamation
pro - pronoun
adj - adjective
adv - adverb
v - verb
iv - irregular verb
pre - preposition
c - conjunction

A

a *a* ib
abandon *v* tso tseg
abandonment *n* kev tso pov tseg
abbey *n* tsev teev ntuj
abbreviate *v* txo kom luv
abbreviation *n* kev txo kom luv
abdicate *v* tso tseg tsis ua
abdomen *n* plab mog
abhor *v* ntxub
abide by *v* ua raws
ability *n* peev xwm
ablaze *adj* kub nyhiab, cig
able *adj* muaj peev xwm
abnormal *adj* tsis xws teb xws chaw
aboard *adv* saum tsheb
abolish *v* rhuav tshem
abort *v* kaus me nyuam tawm
abound *v* muaj ntau ntau
about *pre* hais txog
about *adv* thaj tsam
above *pre* sab sauv
abreast *adv* ntawm ib sab, ua ke
abridge *v* txiav tawm
abroad *adv* txawv teb chaws
abruptly *adv* sai sai heev

absence *n* kev tsis nyob lawm
absent *adj* tsis nyob lawm
absolute *adj* zoo txhua yam
absolve *v* tshem lub txim tawm
absorb *v* khaws tau
absorbent *adj* uas nqus
abstain *v* zam
abstinence *n* kev yoo zaub mov
abstract *adj* uas yog txoj kev xav
absurd *adj* txaus luag
abundance *n* ntau ntau
abuse *v* coj tsis raws txoj cai
abuse *n* kev txhuam cai
abusive *adj* nyaum, tsiv nyaum
abysmal *adj* phem heev
abyss *n* lub qhov tob heev
accelerator *n* tus tsuj roj
accent *n* lub suab
accept *v* yuav li, txaus siab
acceptable *adj* txaus siab
acceptance *n* kev txaus siab
access *n* kev nkag
accessible *adj* nkag mus cuag tau
accident *n* xwm txheej
accidental *adj* muaj xwm txheej
acclaim *v* qhuas
accommodate *v* yoog, pab cuam
accompany *v* ua luag, mus nrog

accomplish *v* ua tiav
accomplishment *n* kev ua tiav
accord *n* txaus siab
according to *pre* raws li
account for *v* piav qhia
accountable *adj* piav qhia tau
accumulate *v* khaws tau
accuracy *n* qhov yog yog
accurate *adj* yog yog
accusation *n* lus ntxo
accuse *v* liam, ntxo
accustom *v* ua kom swm
ache *n* kev mob
achieve *v* ua tau tshwm sim
acknowledge *v* lees paub txog
acorn *n* txiv ntoo qheb
acoustic *adj* ntsig txog suab sab
acquaint *v* sib paub zoo
acquire *v* tau, nrhiav tau
acquisition *n* qhov nrhiav tau los
across *pre* hla, sab puag tiv
act *v* ua, coj tus yam ntxwv
action *n* kev nqis tes ua
activate *v* qhib ua haujlwm
active *adj* mob siab ua
activity *n* haujlwm, dej num
actor *n* nraug seev
actress *n* nkauj see

actual *adj* tiag tiag
actually *adv* tiag tiag lawm
acute *adj* mob nyhav heev
adamant *adj* tuav ruaj heev
adapt *v* hloov raws
adaptable *adj* hloov raws tau
adaptation *n* kev hloov raws
adapter *n* lub hloov
add *v* ntxiv, sam
addictive *adj* quav yooj yim
addition *n* kev sib ntxiv
additional *adj* ib qho ntxiv
address *n* chaw nyob
address *v* taw kev rau, hais
adequate *adj* ntau txaus
adhere *v* nplaum zoo, tsis
adhesive *adj* nplaum nplaum
adjacent *adj* nyob ib sab
adjoin *v* nyob txuas nkaus
adjourn *v* xaus rooj sib tham
adjust *v* txav kom haum
adjustable *adj* txav kom haum tau
adjustment *n* kev txav kom haum
administer *v* tuav, tswj hwm
admirable *adj* tsim nyog saib siab
admiral *n* thawj tub rov hav dej
admire *v* saib siab
admirer *n* tus neeg saib siab

admissible *adj* tso cai rau
admission *n* kev txais ntaub ntawv
admit *v* lees txim, tso cai rau
admittance *n* kev tso cai nkag tau
admonish *v* ntuas nyhav, cem
admonition *n* kev cem
adorable *adj* ntxim hlub heev
adoration *n* qhov kev ntxim hlub
adore *v* teev hawm
adrift *adv* tsis muaj hom phiaj
adulation *n* npliag npliag
adult *n* neeg loj
adulterate *v* sib tov
adultery *n* kev deev hluas
advantage *n* qhov zoo dua
adversary *n* yeeb ncuab
adverse *adj* txheem
adversity *n* kev ntxhov siab
advertise *v* tshaj tawm
advertising *n* kev tshaj tawm
advice *n* tswv yim pab cuam
advisable *adj* qhov tsim nyog
advise *v* tawm tswv yim pab
advocate *v* muab tswv yim
aeroplane *n* dav hlau
afar *adv* deb
affect *v* sawv tuaj
affection *n* kev hlub tshua

affectionate *adj* vim kev hlub tshua
affiliate *v* koom tes nrog
affinity *n* kev zoo sib xws
affirm *v* hais, pom zoo
affirmative *adj* pom zoo
affix *v* txhuas, los
afflict *v* tsim kev kub ntxhov
affliction *n* kev txom nyem
affluent *adj* muaj noj muaj haus
afford *v* them taus
affordable *adj* pheej yig
affront *v* thuam
affront *n* lus thuam
afloat *adv* ntab
afraid *adj* ntshai
afresh *adv* tshiab tshiab
after *pre* tom qab
afternoon *n* tav su dua
afterwards *adv* tom qab
again *adv* ib zaug ntxiv
against *pre* tawm tsam
age *n* hnub nyoog
agency *n* chaw ua haujlwm
agenda *n* ntsiab lus sib tham
agent *n* tus sawv cev
aggressive *adj* nyaum
aggressor *n* tus neeg thab plaub
aghast *adj* tws nkaus

agonize

agonize *v* mob heev
agonizing *adj* mob heev
agony *n* kev mob
agree *v* pom zoo, txaus siab
agreeable *adj* pom zoo, txaus siab
agreement *n* kev pom zoo
agriculture *n* kev ua qoob ua loo
ahead *pre* ua ntej
aid *n* kev pab
aid *v* pab
aide *n* tus pab cuam
ailing *adj* ua mob
ailment *n* kev ua mob
aim *v* tsom, taw
aimless *adj* tsis muaj hom phiaj
air *n* pa, cua
air *v* haus cua
aircraft *n* dav hlau
airfield *n* tshav dav hlau
airline *n* kev ya dav hlau
airliner *n* dav hlau loj
airmail *n* tsab ntawv nruab tug
airplane *n* dav hlau
airport *n* tshav dav hlau
airstrip *n* lub tshav dav hlau
airtight *adj* tsis dim pa
aisle *n* kem, kis
ajar *adj* qhib me me

akin *adj* sib txheeb, sib ze
alarm *n* yam ceeb toom
alarm clock *n* lub teev tsa sawv
alarming *adj* ceeb toom
alcoholic *adj* hais txog dej cawv
alcoholism *n* kev quav cawv
alert *n* kev faj seeb
alert *v* faj seeb, ceev faj
alien *n* neeg txawv teb chaws
alight *adv* ntsa iab
align *v* tso kom sib ncaj
alike *adj* zoo ib yam, sib xws
alive *adj* muaj sia nyob
all *adj* tag nrho
allegation *n* kev liam, kev ntxo
allege *v* liam, ntxo
allegedly *adv* raws li kev iab liam
allegiance *n* kev sib hwm
allegory *n* dab neeg, kwv huam
allergic *adj* fab, txhaum
allergy *n* kev txhaum, kev fab
alleviate *v* tshem tawm
alley *n* txoj kev me
alliance *n* phooj ywg
alligator *n* nab qa dev dej
allocate *v* tshwj, qee
allot *v* faib raws phuv
allotment *n* kev faib raws phuv

allow *v* tso cai, pub ua
allowance *n* kev tso cai
alloy *n* tooj hlau sib xyaws
allure *n* ntxias
alluring *adj* ntxias
allusion *n* lus hais txog
ally *n* phooj ywg
ally *v* ua phooj ywg
almighty *adj* muaj zog heev
almost *adv* yuav luag
alms *n* khoom plig pub dawb
alone *adj* ib leeg
along *pre* raws
alongside *pre* ib sab, ua ke
aloof *adj* pauv tsis ntxiv
aloud *adv* nrov
alphabet *n* tsiaj ntawv
already *adv* tag, tiav lawm
alright *adv* tiav tag lawm
also *adv* kuj tseem, thiab
altar *n* thaj neeb
alter *v* pauv hloov
alteration *n* kev pauv hloov
alternate *adj* hloov
alternative *n* lwm txoj kev
although *c* txawm tias
altitude *n* ncua siab
altogether *adj* txhua leej

always *adv* ib txwm, tas li
amass *v* sib sau
amaze *v* ceeb, xav tsis thoob
amazement *n* kev xav tsis thoob
amazing *adj* ceeb
ambiguous *adj* tsis meej pem
ambition *n* qhov xav tau
ambitious *adj* maj tau heev
ambush *v* zov kev tua
amenable *adj* yoog raws
amendment *n* kev kho ntaub ntawv
amenities *n* cov kev pom zoo
American *adj* Neeg Meskas
amiable *adj* nyiam phooj ywg
amicable *adj* siab zoo heev
amid *pre* nyob nruab nrab
ammunition *n* mos txwv
amnesia *n* kev tsis meej pem
amnesty *n* kev ywj pheej
among *pre* nyob hauv
amount *n* ib thooj
amount to *v* npaum
ample *adj* ntau heev, loj heev
amplifier *n* lub paj taub
amputate *v* txiav
amuse *v* ua txaus luag
amusement *n* kev lom zem
amusing *adj* txaus luag

an *a* ib
analysis *n* kev tshuaj ntsuam
analyze *v* tshuaj ntsuam
ancestor *n* poj koob yawg koob
ancient *adj* txheej thaum ub
and *c* thiab
anecdote *n* zaj lus luv luv
anemia *n* ntshav tsis txaus
anemic *adj* tsis muaj zog
anew *adv* tshiab, ua dua
angel *n* yawm saub
anger *v* ua kom chim
anger *n* kev chim
angina *n* mob hauv lub plawv
angle *n* ces kaum
angry *adj* npau taws
anguish *n* ntxhov siab
animal *n* tsiaj txhu, tshiaj
animate *v* txuas siav rau
animosity *n* kev sib ntxub
ankle *n* pob taws
annihilate *v* ua rau puas tsuaj
anniversary *n* hnub tseem ceeb
annotate *v* piav qhia ntxiv
annotation *n* lus piav qhia ntxiv
announce *v* tshaj tawm
announcement *n* lus tshaj tawm
annoy *v* meem txom

annoying *adj* meem txom
annual *adj* txhua xyoo
anoint *v* muab roj pleev
anonymous *adj* zais tsis qhia npe
another *adj* lwm yam
answer *v* teb
answer *n* lus teb
ant *n* tus ntsaum
antagonize *v* ua rau chim
antecedent *n* qhov ua ntej
anthem *n* zaj nkauj haiv neeg
antibiotic *n* tshuaj tua kab mob
anticipate *v* cia siab ntsoov
anticipation *n* kev cia siab ntsoov
antipathy *n* kev ntxub ntxaug
antiquated *adj* txheej thaum ub
anvil *n* thaiv ntaus hlau
anxiety *n* kev ntxhov siab
anxious *adj* ntxhov siab
any *adj* ib yam twg
anybody *pro* leej twg los tau
anyhow *pro* li cas los tau
anyone *pro* leej twg los tau
anything *pro* dab tsi los tau tag
apathy *n* kev tsis hlub tshua
ape *n* tus liab
apex *n* qhov siab tshaj plaws
apiece *adv* rau ib qhov

apologize *v* thov zam txim
apology *n* kev thov txim
apostle *n* tub txib, thwj tim
apostolic *adj* zoo li thwj tim
apostrophe *n* tus cim tswv
appall *v* ntshai
appalling *adj* ntshai
apparel *n* ris tsho
apparent *adj* tshwm rau ub rau no
appear *v* tshwm sim
appearance *n* kev tshwm sim
appease *v* ua twj ywm
appeasement *n* kev ua twj ywm
appendicitis *n* mob nyhuv tws
appetite *n* kev qab los noj
appetizer *n* khoom txom ncauj
applaud *v* qhuas
apple *n* txiv ev-paum
appliance *n* khoom siv
applicable *adj* zoo siv, tsim nyog
applicant *n* tus thov ua
application *n* kev thov ua
apply *v* cuam tshuam txog
apply for *v* thov ua
appoint *v* tsa, xaiv
appointment *n* kev teeb tsa
appraisal *n* kev ntaus nqi
appraise *v* ntaus nqi

appreciate *v* ris txiaj ntsim
appreciation *n* kev ris txiaj ntsim
apprehend *v* ntes, txhom
apprehensive *adj* ntshai
approach *v* nkag mus
approachable *adj* zoo lus
approbation *n* kev pom zoo
appropriate *adj* tsim nyog
approval *n* kev tso cai pom zoo
approve *v* tso cai pom zoo
approximate *adj* thaj tsam
April *n* Lub Plaub Hlis Ntuj
aptitude *n* peev xwm kev kawm
aquatic *adj* ntsig txog hav dej
aqueduct *n* raj siv tuam ciav dej
arable *adj* zoo ua qoob ua loo
arbiter *n* tus txiav txim
arbitrary *adj* txiav txim li yus siab
arbitrate *v* tu plaub ntug
arbitration *n* kev tu plaub ntug
arc *n* ib ntu nyaug nkhaus
archaic *adj* txheej thaum ub li
archbishop *n* tus thawj txiv plig
architecture *n* qauv vaj tse
ardent *adj* sov siab
ardor *n* kev sov siab
arduous *adj* nyuaj
area *n* thaj chaw

A argue

argue v cam, cav
arid adj nkig nkig
arise iv sawv
arm n txhais caj npab
arm v muab riam phom rau
armaments n cuab yeej ua rog
armchair n lub rooj zaum
armed adj muaj riam phom
armpit n qhov tsos
army n pawg tub rog
around pro ib cheeb tsam
arouse v thab, zes
arrange v npaj
arrangement n kev npaj
array n kev hnav zoo heev
arrest v ntes, txhom
arrest n kev txhom, kev ntes
arrival n lub caij tuaj txog
arrive v tuaj txog
arrogance n kev muab hlob
arrogant adj muab hlob
arrow n xib xub, xub
arsenal n txhab riam phom
art n txuj ci, duab kos
artery n hlab ntshav liab
arthritis n mob caj dab tes
articulate v hais tau meej
articulation n kev hais tau meej

artificial adj cuav
artillery n phom loj
artist n kws kos duab
artistic adj muaj tswv yim zoo
artwork n haujlwm kos duab
as c xws li
as adv ib yam, piv txwv
ascend v nce
ascendancy n kev sawv siab
ascertain v nug kom paub tseeb
ascetic adj tsis khav theeb li
ash n hmoov tshauv
ashamed adj txaj muag
ashore adv ntawm ntug dej
aside adv ntawm ib sab
aside from adv dhau li ntawd
ask v nug, thov
asleep adj tsaug zog
aspect n qhov xam pom
asphyxiate v ua tsis taus pa
asphyxiation n kev ua tsis taus pa
aspire v ntshaw
assail v ntaus lwj ntaus liam
assailant n tus neeg phem
assassin n tus tua neeg
assassinate v tua neeg
assassination n kev tua neeg
assault n kev ua phem rau

attentive

assault *v* ua phem rau
assemble *v* dhos ua ke
assembly *n* rooj sab laj
assent *v* tso cai, pom zoo
assert *v* tawm tswv yim
assertion *n* kev tshaj tawm
assess *v* ntsuam xyuas
assessment *n* kev ntshuam xyuas
asset *n* cuab tam
assets *n* cuam tam
assign *v* txib haujlwm rau
assimilate *v* txuam
assimilation *n* kev sib txuam
assist *v* pab
assistance *n* kev pab
associate *v* sib koom tes
association *n* kev sib koom tes
assorted *adj* cais
assortment *n* kev cais
assume *v* kwv yees
assumption *n* qhov kwv yees
assurance *n* kev ntseeg tus kheej
assure *v* hais kom tso cai rau
asterisk *n* tus cim tshab ntxhais
asteroid *n* ib hom hnub qub
asthma *n* kev mob hawb pob
asthmatic *adj* mob hawb pob
astonish *v* ceeb

astray *v* yuam kev
astrology *n* faj lem
astute *adj* ntse, muaj peev xwm
asunder *adv* ob daig ib qho
asylum *n* chaw khiav nkaum
at *pre* ntawm
athletic *adj* txuj tes taw
atone *v* kho kom zoo
atonement *n* kev kho kom zoo
atrocious *adj* phem heev
atrocity *n* kev lim hiam
atrophy *v* pov tseg dawb
attach *v* txuas, los nrog
attached *adj* txuas, los nrog
attachment *n* kev txuas
attack *n* kev sib ntaus
attack *v* sib ntaus
attacker *n* tus tuaj ntaus
attain *v* ua tau
attainable *adj* tsim nyog ua tau
attainment *n* kev ua tau
attempt *v* sim
attempt *n* kev sim
attend *v* mus koom
attendance *n* kev mus koom
attendant *n* tus tub txib
attention *n* kev tswm seeb
attentive *adj* tswm seeb

attenuate *v* ua kom yuag
attenuating *adj* ua kom yuag tau
attest *v* ua pov thawj
attic *n* nthab
attitude *n* cwj pwm
attorney *n* kws hais plaub
attract *v* nqus, deev
attraction *n* kev sib nyiam
attractive *adj* txaus siab
attribute *v* ntaus nqi
audacious *adj* siab tawv
audacity *n* kev siab tawv
audible *adj* hnov zoo
audit *v* tshuaj xyuas
augment *v* ua kom ntau tuaj
August *n* Lub Yim Hli Ntuj
aunt *n* phauj
auspicious *adj* muaj hmoo
austere *adj* heev, nruj
austerity *n* kev coj nruj
authentic *adj* tiag tiag
author *n* tus sau, tus tsim
authoritarian *adj* nruj
authority *n* tsoom fwv
authorization *n* kev tso cai
authorize *v* tso cai
auto *n* tsheb
automobile *n* tsheb

autonomous *adj* twj lij
autonomy *n* kev twj lij
autopsy *n* kev phais neeg tuag
autumn *n* caij nplooj ntoo zeeg
auxiliary *adj* pab
avail *v* muaj nuj nqis
availability *n* kev xyeej
available *adj* siv tau, khoom
avaricious *adj* ntshaw nyiaj txiag
avenge *v* pauj
avenue *n* kev tsheb, txoj kev
average *n* nruab nrab
averse *adj* tsis nyiam
aversion *n* kev tsis nyiam
avert *v* tig mus rau ib qho
aviation *n* chaw ua dav hlau
aviator *n* tus neeg ya dav hlau
avid *adj* ntshaw
avoid *v* zam, nrug
avoidable *adj* zam tau
avoidance *n* kev zam
avowed *adj* lees paub
await *v* tos, nyob tos
awake *iv* tsim dheev
awake *adj* hnov lawm
award *n* khoom plig
aware *adj* ras txog
awareness *n* kev ras txog

away *adv* nyob deb
awesome *adj* txaus hawm
awful *adj* txaus ntshai
awkward *adj* tsis phim
ax *n* rab taus
axle *n* nqaj tsheb

B

baby *n* mos ab
bachelor *n* nraug xwb
back *n* nrob qaum
back *adv* nyob sab nraud
back *v* thaub qab
back up *v* txhawb
backbone *n* txha nqa qaum
backdoor *n* qhov rooj tag
backfire *v* ua yuam kev
backing *n* kev txhawb nqa
backpack *n* hnab ev
backup *n* kev txhawb nqa
backward *adj* poob qab
backwards *adv* mus rov tom qab
bacon *n* nqaij (npua) sawb
bad *adj* tsis zoo, phem

badge *n* cim, lub cim
badly *adv* sab heev
baffle *v* mob hlwb
bag *n* hnab
baggy *adj* loj loj
bail *n* nyiaj teem txim
bail out *v* dhia tawm
bait *n* kab nuv ntshes
bake *v* ci
baker *n* neeg ci khoom noj
bakery *n* chaw ci khoom noj
balance *v* sib npaug
balance *n* nyiaj tshuav
balcony *n* mom kaum
bald *adj* do hau, du du
bale *n* ib pob pav ua ke
ball *n* lub pob
balloon *n* lub zais
ballroom *n* chaw seev cev
bamboo *n* xyoob
ban *n* kev txwv
ban *v* txwv
banality *n* yam niag qub
banana *n* txiv tsawb
bandage *v* qhwv qhov txhab
bandit *n* neeg phem\
bang *v* khob, ntaus
banish *v* ntiab tawm teb chaws

banner *n* chij
baptism *n* kab ke ntxhuav plig
baptize *v* ntxhuav plig
bar *n* chaw haus cawv
bar *v* txwv, thaiv kev
barbarian *n* caub fab
barbaric *adj* zoo li neeg phem
barbarism *n* kev ua phem
bare *adj* liab qab
barefoot *adj* taw do
barely *adv* nyuam qhuav
bargain *n* lus cog kev lag luam
barge *n* nkoj loj
bark *v* tawv ntoo
bark *n* daim tawv ntoo
barley *n* nplej npas lej
barn *n* lub txhab
barometer *n* lub twv huab cua
barracks *n* tsev tub rog
barrel *n* thoob
barren *adj* tshob
barricade *n* laj kab
barrier *n* teeb meem
barter *v* sib pauv luam
base *n* lub hauv paus
base *v* ua nyob rau
baseball *n* pob tog qws
baseless *adj* tsis ntsig txog rau

basement *n* chav hauv av
bashful *adj* txaj muag
basic *adj* lub hauv paus
basics *n* theem pib
basin *n* tais phiab
basis *n* lub hauv paus
bask *v* tiv tshav
basket *n* pob tawb
bastard *n* me nyuam tsaub
bat *n* puav
batch *n* ib pob
bath *n* kev da dej
bathe *v* da dej
bathroom *n* chav dej
bathtub *n* lub dab dej
batter *v* zuaj, ntaus
battery *n* lub rooj teeb
battle *n* ntsug rog
battle *v* ua rog, ntaus rog
battleship *n* nkoj tua rog
bay *n* chaw tws
bazaar *n* kiab khw
be *iv* yog, nyob
be born *v* yug los
beach *n* hav suab zeb
beak *n* kaus ncauj noog
beam *n* nqaj, nqaj tsev
bean *n* taum

bear *n* dais
bear *iv* thev, tsom teeb
bearable *adj* nyiaj txeem tau
beard *n* hwj txwv
bearded *adj* muaj hwj txwv
beast *n* neeg siab phem
beat *iv* tsoo, yeej
beat *n* lub suab paj nruag
beaten *adj* yeej
beating *n* kev yeej
beautiful *adj* zoo nkauj
beautify *v* ua zoo nkauj
beauty *n* kev zoo nkauj
because *c* vim yog, vim
because of *pre* vim rau qhov tias
beckon *v* txib ua haujlwm
become *iv* rhais mus ua
bed *n* lub txaj
bedroom *n* chav pw
bee *n* ntab, muv
beef *n* nqaij nyuj
beef up *v* yws tawm
beehive *n* xub ntab, xub muv
beer *n* npias
beet *n* zaub ntug hauv paus
before *adv* dhau los lawm
before *pre* ua ntej
beforehand *adv* ua ntej tso

befriend *v* ua phooj ywg
beg *v* thov khawv, thov
beggar *n* neeg thov khawv
begin *iv* pib
beginner *n* tus pib kawm
beginning *n* kev pib ua
beguile *v* ntxias, dag
behalf (on) *adv* sawv cev, tam
behave *v* coj tus yam ntxwv
behavior *n* tus yam ntxwv
behead *v* txiav caj dab
behind *pre* tom qab
behold *iv* pom, saib
being *n* kev tshwm sim
belated *adj* lig, qeeb
belch *v* ua qais
belch *n* kev ua qais
belief *n* kev ntseeg
believable *adj* ntseeg tau
believe *v* ntseeg
believer *n* tus ntseeg
belittle *v* muab saib me me
bell *n* tswb
belligerent *adj* sawv rog, ua rog
belly *n* plab, lub plab
belly button *n* ntiv ntaws
belong *v* nyob muaj chaw
belongings *n* teej tug

beloved *adj* ntxim hlub
below *adv* hauv qab
below *pre* nyob hauv qab
belt *n* siv tawv
bench *n* tog zaum hom ntev
bend *iv* khoov, lem
bend down *v* nkhaus
beneath *pre* hauv qab
benefactor *n* tus pab
benefit *n* txiaj ntsim
benefit *v* muaj txiaj ntsim
benevolence *n* txoj kev coj zoo
benevolent *adj* siab zoo
benign *adj* zoo
bequeath *v* tso rau lwm tus
berth *n* chaw nres nkoj
beseech *iv* tsa ncauj thov
beset *iv* thab, ze
beside *pre* ntawm ib sab
besides *pre* txuas ntxiv
besiege *iv* puav, vij
best *adj* zoo tshaj plaws
best man *n* tus phij laj
bestial *adj* siab phem
bestiality *n* kev siab phem
bestow *v* muab rau
bet *iv* twv, sib twv
bet *n* kev sib twv

betray *v* ntxeev siab
betrayal *n* kev ntxeev siab
better *adj* zoo dua
between *pre* hauv nruab nrab
beverage *n* dej caw
beware *v* ceev faj
bewilder *v* tsis to tau
bewitch *v* tso dab rau
beyond *adv* rov tad
bible *n* vaj lug kub
bicycle *n* tsheb kauj vab
bid *n* kev twv ub no
bid *iv* txib, twv ub no
big *adj* loj
bike *n* tsheb kauj vab
bile *n* kua tsib, siab luv
bilingual *adj* hais tau ob yam lus
bill *n* daim ntawv sau nqi
bin *n* thawv rau khoom
bind *iv* khi, sau los ua ke
binding *adj* khi
binoculars *n* koob tsom kev deb
bird *n* nug
birth *n* yug, kev yug
birthday *n* hnub yug
bit *n* me me
bite *iv* tom
bite *n* kev tom dab tsi

bitter *adj* iab
bitterly *adv* iab iab
bitterness *n* kev iab
bizarre *adj* txawv txawv heev
black *adj* dub
blackboard *n* daim txiag dub
blackmail *n* kev hem neeg
blackmail *v* hem
blackness *n* dub
blackout *n* kev tsaus muag
blacksmith *n* kws ntaus hlau
bladder *n* zais zis
blade *n* nplooj
blame *n* kev liam, kev ntxo
blame *v* liam, ntxo
blameless *adj* tsis muaj kev txaum
bland *adj* pliag kom haum
blank *adj* du lug
blanket *n* daim pam
blaspheme *v* saib tsis taus
blasphemy *n* kev thuam
blast *n* kev tawg
blaze *v* nplaim taws
bleach *v* ntxhuav kom dawb
bleach *n* tshuaj dawb
bleak *adj* do dwb dus
bleed *iv* tawm ntsav
bleeding *n* kev tawm ntsav

blemish *n* kev ua puas thaum pib
blemish *v* ua puas thaum pib
blend *n* kev tov sib xyaws
blender *n* lub zom khoom noj
bless *v* foom koob hmoov
blessed *adj* ntsig txog kev foom
blessing *n* kev foom koob hmoov
blind *v* ua rau dig muag
blind *adj* dig muag
blindfold *v* npog qhov muag
blindly *adv* dig muag
blindness *n* kev dig muag
blink *v* ntsais muag
bliss *n* ntuj ceeb tsheeb
blissful *adj* zoo siab kawg nkaus
blister *n* hlwv, lub hlwv
blizzard *n* los daus loj heev
bloat *v* su, o
bloated *adj* su, o
block *n* ib koog tsev, ib kem
block *v* kem, thaiv
blockade *v* puav, vij thaiv
blockade *n* kev puav, kev vij thaiv
blockage *n* yam qhwv ncig
blond *adj* neeg tawv dawb
blood *n* ntshav, caj ceg
bloodthirsty *adj* nyiam tua neeg
bloom *v* tawg paj, hlob txaus

blossom v tawg paj txi txiv
blot n ib tee kua
blot v nrog ib tee kua
blouse n tso poj niam
blow n nplawm
blow iv tshuab, ntaus
blow out iv tua hluav taws
blow up iv tshuab kom nruj
blowout n log tawg
bludgeon v nplawm
blue adj xiav, kob xiav
bluff v dag, ua txuj
blunt adj npub
bluntness n npub, tsis ntse
blur v ua kom plooj
blurred adj plooj plooj
blush v txaj muag
blush n kev txaj muag
boar n taw npua
board n daim txiag
board v nce nkoj
boast v khav theeb
boat n nkoj
bodily adj ntsig txog lub cev
body n lub cev
bog n hav iav
boil v rhuab, hau
boil over v phwj, txeej

boiler n taub dej kub
boisterous adj tsiv, nruj
bold adj pom tseeb
boldness n kev muaj peev xwm
bolster v tog hauv ncoo
bolt n ntsia liaj rooj
bolt v muab ntsia kom khov
bomb n foob pob
bomb v lub foob pob tawg
bombing n kev foob pob tawg
bombshell n foob pob
bond n kev caiv
bone n pob txha
bone marrow n hlwb pob txha
bonfire n qhov cub nraum zoov
bonus n nyiaj pub dawb
book n phau ntawv
bookcase n txee rau ntaub ntawv
booklet n phau ntawv me
bookseller n neeg muag ntawv
bookstore n khw muag ntawv
boom n lub suab tawg
boom v tawg
boost v sawv, txhawb
boost n kev sawv
boot n khau raj
booze n cawv, dej caw
border n ciam teb

border on *v* ua ciam teb
borderline *adj* txoj kab ciam teb
bore *v* dhuav, tho
bored *adj* dhuav
boring *adj* duav
born *adj* yug log
borrow *v* qiv, txais
bosom *n* xub ntiag
boss *n* tus thawj
boss around *v* txib lwm tus heev
bossy *adj* ua thawj
botch *v* ua tau tsis zoo heev
both *adj* ob tus, ob qho
bother *v* thab, zes
bothersome *adj* xeeb txob
bottle *n* lam hwj, lub hwj
bottle *v* ntiv hwj
bottleneck *n* caj dab hwj
bottom *n* hauv qab, pob tw
bottomless *adj* tsis muaj qab
bough *n* ceg ntoo loj loj heev
boulevard *n* kev tsheb loj
bounce *v* thaws, thim
bounce *n* kev thaws
bound *adj* npaj mus
boundary *n* ciam
boundless *adj* tsis muaj kawg
bounty *n* khoom txhawb siab

bow *n* kev nyo hau
bow *v* nyo hau
bow out *v* tawm hauj lwm
bowels *n* nyhuv
bowl *n* tais, tais ntim
box *n* thawv
boxer *n* tus neeg sib ntaus
boxing *n* kev sib ntaus
boy *n* me nyuam tub
boycott *v* txwv, nyom
boyfriend *n* hluas nraug
bracelet *n* kauj toog npab
bracket *n* cim qiag
brag *v* khav theeb, khav
braid *n* ntxias, qhaib
brain *n* hlwb, paj hlwb
brainwash *v* ntxuav hlwb
brake *n* nres
brake *v* ua kom nres
branch *n* ceg ntoo
branch out *v* pib ua yam tshiab
brand *n* hom, yam
brand-new *adj* tshiab tshiab
brandy *n* cawv
brat *adj* me nyuam kas tom
brave *adj* siab tawv
bravery *n* kev muaj peev xwm
brawl *n* suab sib cav sib ceg

bread

bread *n* mov ci
breadth *n* qhov dav
break *n* kev tawg
break *iv* tawg
break down *v* puas
break free *v* free
break in *v* nkag mus nyiam
break off *v* tso tseg tsis hais txog
break open *v* ua kom qhib tau
break out *v* tsoo
break up *v* sib tso tseg
breakable *adj* tuaj yeem tsoo tau
breakfast *n* pluas tshais
breast *n* mis, lub mis
breath *n* pa, cov pa
breathe *v* ua pa
breathing *n* kev ua pa
breathtaking *adj* txaus siab heev
breed *iv* yug me nyuam
breed *n* yam uas neeg tu
breeze *n* cua hliv
brethren *n* kwv tij
brevity *n* qhov luv luv
brew *v* cub cawv, ua cawv
brewery *n* tsev cub dej caw
bribe *v* xiab, ntiav
bribe *n* kev xiav, kev ntiav
bribery *n* kev noj nyiaj txiag

brick *n* av ci
bridal *adj* rooj tshoob
bride *n* tus nkauj nyab
bridegroom *n* nraug vauv
bridesmaid *n* niam tais ntsuab
bridge *n* tus choj, choj
bridle *n* hlua khi nees
brief *adj* luv luv
brief *v* qhia me ntsis
briefcase *n* fij xab
briefing *n* kev hais luv luv
briefly *adv* hais yam luv luv
brigade *n* pawg tub rog loj
bright *adj* kaj, pom tseeb
brighten *v* ua rau kaj
brightness *n* kev ci ntsa
brilliant *adj* ci ntsa iab
brim *n* npoo, ntug
bring *iv* nqa, coj nrog
bring back *v* nqa rov qab
bring down *v* tua poob
bring up *v* nqa tawm los
brink *n* ntug, npoo
brisk *adj* nrawm, tau siab
Britain *n* Teb Chaws Askiv
British *adj* Neeg Askiv
brittle *adj* nkig
broad *adj* dav, loj

broadcast *v* tshaj tawm
broadcast *n* kev tshaj tawm
broadcaster *n* tus tshaj tawm
broaden *v* qhib kom dav
broadly *adv* qhib dav fo
broadminded *adj* siab loj siab dav
brochure *n* daim ntawv xov xwm
broil *v* ci, hlawv
broiler *n* lub tshuab ci nqaij
broke *adj* lov, dam
broken *adj* tawg lawm
bronchitis *n* mob hlab ntsws
bronze *n* npib tooj
broom *n* khaub rhuab
broth *n* kau nqaij
brothel *n* tsev niam ntiav
brother *n* tij lauj, kwv
brotherhood *n* kev sib pab
brother-in-law *n* yawm yij, dab laug
brow *n* plaub muag
brown *adj* txho liab tseb
browse *v* xyuas saib
bruise *n* doog ntshav
bruise *v* ua rau doog ntshav
brunch *n* tshais lig
brush *n* tus nplauv
brush *v* txhuam, pleev
brusque *adj* hais lus ceev ceev

brutal *adj* lim hiam, phem
brutality *n* kev lim hiam
brutalize *v* lim hiam rau
brute *adj* phem li tsiaj
bubble *n* npuas dej
bubble gum *n* xim kaj kaj
buck *n* phaw mos lwj
bucket *n* thoob
buckle *n* siv sia hauv tsheb
buckle up *v* sia siv
bud *n* tus kaus ntoo
buddy *n* phooj ywg zoo
budge *v* npaj nyiaj txiag
budget *n* pob nyiaj txiag
buffalo *n* twm, tus twm
bug *n* kab, yoov
bug *v* nyiag kaw lus
build *iv* ua, txhua
builder *n* tus txhua tawm
building *n* kev ua, kev txhua
buildup *n* kev npaj tus kheej
built-in *adj* koom ua qee yam
bulb *n* ntsuag ntoo
bulge *n* qhov o, qhov su
bulk *n* qhov av, qhov loj
bulky *adj* ib thooj
bull *n* heev nyuj
bull fight *n* kev sib tua nrog nyuj

bulldoze *v* nrau av kom tiaj
bullet *n* mos txwv
bulletin *n* ntawv tshaj xo tawm
bully *adj* thab plaub
bulwark *n* tsa yeej
bum *n* neeg thov khawv
bump *n* pob
bumper *n* ntug tw tsheb
bumpy *adj* thawv thawv
bun *n* khoom noj
bunch *n* pawg, koog
bundle *n* pob khoom
bundle *v* pav ua ke
bunk bed *n* txaj ob tshooj
bunker *n* chaw rau khoom
buoy *n* thoj ntab
burden *n* kev thauj khoom
burden *v* thauj khoom
bureau *n* chaw ua haujlwm
bureaucracy *n* ib cuab tsoom fwv
burglar *n* tub sab
burial *n* kev faus neeg
burly *adj* rog muaj zog
burn *iv* hlawv, kub nyhiab
burn *n* kev hlawv
burp *v* ua qais
burp *n* qais
burst *iv* tawg, paim

burst into *v* tawg
bury *v* faus, sam sab
bus *n* tsheb npad
bush *n* hav nroj tsuag
busily *adv* ntxhov pes niab
business *n* lag luam, haujlwm
businessman *n* tub lag tub luam
bustling *adj* lom zem
busy *adj* tsis khoom
but *c* tab sis
butcher *n* neeg tua tsiaj
butchery *n* kev tua pov tseg
butler *n* tus thawj tub qhev
butt *n* pob tw
butterfly *n* npauj npaim
buy *iv* yuav, muas
buyer *n* tus neeg muas khoom
buzz *n* suab xyu
buzz *v* xyu, nroo
by *pre* los ntawm, ze rau
bye *e* sib ntsib dua
bypass *n* kev lug, kev txiav
bypass *v* lug
bystander *n* tus tuaj saib lug ua si

C

cab *n* tsheb ntiav hom me
cabbage *n* zaub qhwv
cabin *n* me nyuam tsev
cabinet *n* txee rau khoom
cable *n* hlua xov tooj
cage *n* nkuaj, tawb
cake *n* khev
calculate *v* xam, suav
calculation *n* kev xam, kev suav
calculator *n* lub cav laij lej
calf *n* me nyuam nyuj
caliber *n* lub qhov phom
calibrate *v* kho kom ncaj ncaj
call *n* kev hu
call *v* hu, hu xov tooj
call off *v* tso pov tseg, tsum
call on *v* los saib, thov kom
call out *v* qw
calling *n* kev hu xov tooj
callous *adj* siab pob zeb
calm *adj* ntsiag to
calm *n* kev coj tus tus
calm down *v* ua kom siab txias
camera *n* koob thaij duab
camouflage *n* kev pos nkaum
camp *v* pw tom xub tsuag
campaign *v* ua tsov ua rog
campaign *n* kev tsov rog
can *iv* ua tau
can *v* ntim rau kos poom
can *n* kos poom
can opener *n* tus ciaj tho kos poom
canal *n* kwj deg
cancel *v* tso tseg, rho tawm
cancellation *n* kev tso tseg
candid *adj* qhib siab lug
candidate *n* tus neeg thov ua
candle *n* tus tswm ciab
candor *n* kev tiag tiag
candy *n* khoom txom ncauj
cane *n* kab tsib
canister *n* lub kos poom hlau
cannibal *n* neeg noj neeg
cannon *n* tuam phom
canoe *n* nkoj me
canonize *v* nquam nkoj me
cantaloupe *n* dib txaig, dib pag
canteen *n* chaw muag zaub mov
canyon *n* kwj ha tob tob
cap *n* kos moom
capability *n* peev xwm, cuab kav
capable *adj* muaj cuab kav
capacity *n* qhov ntim tau

cape *n* tsho loj
capital *n* tuam ceeb
capitulate *v* ua raws li hais
capsize *v* ntxheev
capsule *n* tshuaj ntsiav
captain *n* tus thawj tsav nkoj
captivate *v* deeg siab
captivity *n* lub neej nyob txim
capture *v* ntes, txhom
capture *n* yam uas ntes tau
car *n* tsheb
carcass *n* lub cev neeg tuag
card *n* phaib, daim npav
cardiac *adj* ntsig txog lub plawv
cardiology *n* kws kho plawv
care *n* kev saib xyuas
care *v* saib xyuas
care about *v* quav ntsej txog
care for *v* saib xyuas
career *n* dej num, haujlwm
carefree *adj* tsis txhawj xeeb li
careful *adj* ceev faj
careless *adj* tsis ceev faj
carelessness *n* kev tsis xyuam xim
caress *n* kev maj mam plws kov
caress *v* maj mam plaws
caretaker *n* tus pab tu
caring *adj* txawj txog

carnage *n* kev sib tua
carnal *adj* ntxim nyiam
carol *n* zaj nkauj zoo siab
carpenter *n* kws ntoo
carpet *n* ntaub pua tsev
carriage *n* tsheb
carrot *n* zaub kas lauv
carry *v* nqa, thauj
carry on *v* coj mus ntxiv
carry out *v* ua tawm
cart *n* lub laub
cart *v* thawb laub
cartoon *n* neeg duab kos
cartridge *n* plav tooj
carve *v* hlais, npaws
cascade *n* dej tsaws tsag me
case *n* hnab, thawv
cash *n* nyiaj ntsuab, nyiaj
cashier *n* tus neeg txais nyiaj
casino *n* chaw twv txiaj
casket *n* hleb
casserole *n* tais ci nqaij
cassock *n* tsho tshaj sab
cast *iv* xaiv tso, pov
castaway *n* tus neeg dim tuag
caste *n* qib neeg
castle *n* tsev huab tais
casual *adj* tos nco

casualty *n* tus raug tua tuag
cat *n* miv
cataclysm *n* kev puas ntsoog loj
catacomb *n* chaw faus neeg
cataract *n* dej tsaws tsag loj
catch *iv* caum cuag, ntes tau
catch up *v* raws, caum
catching *adj* ntes tau
catchword *n* cov lus hais tas li
category *n* pawg, qib
caterpillar *n* kab ntsig
cathedral *n* tsev teev ntuj
cattle *n* nyuj twm
cauliflower *n* zaub qhwv dawb
cause *n* qhov chiv keeb
cause *v* tsim kom
caution *n* lus hais kom ceev faj
cautious *adj* ceev faj
cavalry *n* pawg tub peeb zeej
cave *n* qhov tsua
cave in *v* pob, nphau
cavern *n* lub qhov tsua loj loj
cavity *n* hniav kab noj
cease *v* tsum, nres
cease-fire *n* tsum kev ua rog
ceaselessly *adv* yeej tsis tsum li
ceiling *n* qab nthab
celebrity *n* qhov maj maj

celestial *adj* ntsig txog lub ntuj
celibate *adj* tsis muaj txij nkawm
cellar *n* chav qauv qab av
cellphone *n* xov tooj ntawm tes
censure *v* kev qhuab qhia
cent *n* ib npis, ib xees
center *n* nruab nrab
center *v* cia hauv plawv
central *adj* nruab nrab
cerebral *adj* ntsig txog lub hlw
ceremony *n* kab ke
certain *adj* paub tseeb
certainty *n* kev paub meej
certify *v* ua pov thawj
chagrin *n* kev tu siab
chain *n* saw hlau
chain *v* muab saw hlau khi
chair *n* lub rooj zaum
chairman *n* tus thawj coj
chalet *n* tsev ntoos
chalk *n* cwj mem av qhuav
challenge *v* xav sim, xav twv
challenge *n* kev xav sim ua
challenging *adj* twv
chamber *n* chav
champ *n* tus yeej
champion *n* tus yeej tag nrho
champion *v* yeej tag nrho**

chance *n* hmoo, caij nyoog
chandelier *n* teeb dai
change *v* hloov
change *n* kev hloov
channel *n* tshooj, kis
chant *n* kev seev suab
chaos *n* kev ntxhov nyho
chaotic *adj* ntxhov, liam sim
chapel *n* tsev teev ntuj me
chaplain *n* xib fwb thov ntuj
char *v* hlawv thee
character *n* xeeb ceem
charbroil *adj* zoo li nqaij nci
charcoal *n* thee
charge *v* kom them nqi
charge *n* lub txim
charismatic *adj* muaj hwj chim
charitable *adj* siab zoo, pub
charity *n* kev sib pub
charm *v* deev siab
charm *n* pov haum
charming *adj* ntxim nyiam
chart *n* duab taw qhia
charter *n* tsab ntawv tso cai
charter *v* tsa ib ceg haujlwm
chase *n* kev caum tsiaj
chase *v* caum, nrhiav
chasm *n* kwj ha ti ti

chaste *adj* dawb huv
chastise *v* qhuab qhia
chastisement *n* kev qhuab qhia
chastity *n* dawb huv
chat *v* sib tham, tham
chauffeur *n* neeg tsav tsheb
cheap *adj* pheej yig, tsis kim
cheat *v* coj tsis ncaj, nyiag
cheater *n* tus coj tsis ncaj
check *n* nyiaj tshev
check *v* tshawb xyuas
check in *v* txheeb npe nkag
check up *n* kuaj kev mob nkeeg
checkbook *n* phau nyiaj tshev
cheek *n* plhu
cheekbone *n* xub txig
cheeky *adj* ntsig txog lub plhu
cheer *v* txhawb dag zog
cheer up *v* txawb siab
cheerful *adj* kaj siab lug
chemist *n* kws tshuaj khes mis
chemistry *n* tshuaj khes mis
cherish *v* hlub tshua
chest *n* xub ntiag
chestnut *n* txiv ntseej
chew *v* zom, xo
chick *n* me nyuam qaib
chicken *n* qaib

chicken pox *n* mob ua qoob
chide *v* cem
chief *n* tus thawj
chiefly *adv* feem ntau
child *n* me nyuam
childless *adj* tsis muaj me nyuam
children *n* cov me nyuam
chill *n* huab cua no tsawv
chill *v* ua rau no tsawv
chill out *v* so tsi npau taws lawm
chilly *adj* no ntxiag
chimney *n* raj pa taws
chin *n* kauj tsaim
chip *n* kev laws tawv
chisel *n* txaug, rab txaug
choice *n* kev xaiv, hau kev
choke *v* daig caj pas
cholera *n* mob tuag aws
cholesterol *n* roj hauv cov ntshav
choose *iv* xaiv
choosy *adj* xaiv xaiv heev
chop *v* tsuav, txiav
chop *n* kev tsuav khoom
chopper *n* tus tsuav
chore *n* haujlwm vaj tse
christen *v* tis npe
christening *n* kev tis npe
christian *adj* ntseeg Yes Xus

chronic *adj* tuab ntws
chronicle *n* keeb kwm
chubby *adj* pham, puv
chuckle *v* luag twj ywm
chunk *n* tej thooj, tej ntu
church *n* tsev teev ntuj
chute *n* qhov raj
cigar *n* luam yeeb
cigarette *n* luam yeeb
cinder *n* hluav
cinema *n* yeeb yaj duab
cinnamon *n* txuj lom
circle *n* voj voom
circle *v* ua voj voom
circular *adj* kheej kheej, kiv ncig
circulate *v* ncig
circumstance *n* zwj ceeb
circus *n* ib pab neeg
cistern *n* thawv dej hauv av
citizen *n* pej xeem
citizenship *n* haiv neeg
city *n* nroog, lub nroog
civil *adj* ntsig txog pej xeem
civilization *n* kev vam meej
civilize *v* tsim kom vam meej
claim *v* them rov, aws
claim *n* kev them rov
clam *n* pias deg

clamor *v* qw ntshoo nrooj
clamp *n* lub thi
clan *n* lub xeem
clandestine *adj* zais heev
clap *v* npuaj teg
clarify *v* piav qhia
clarinet *n* raj hliav ncauj
clarity *n* qhov pom tseeb
clash *v* sib tsoo
clash *n* kev sib tsoo
class *n* chav kawm
classic *adj* zoo li qub thaum ub
classify *v* tso ua pawg
classmate *n* phooj ywg chav kawm
classroom *n* chav kawm ntawv
classy *adj* txaus nyiam heev
clause *n* ib kab lus
claw *n* rau tes rau taw
claw *v* rho tes khawb
clay *n* av nplaum
clean *adj* huv
clean *v* cheb, tu
cleaner *n* tus cheb
cleanliness *n* kev nyiam huv
cleanse *v* tu kom huv
cleanser *n* tus neeg tu kom huv
clear *adj* kaj lug, ntshiab
clear *v* tshem kom du

clearance *n* kev tshem kom du
clear-cut *adj* ruaj ntseg
clearly *adv* meej meej
clearness *n* tsis tseeb
cleft *n* qhov tawg
clemency *n* tsis nruj, hauv siab
clench *v* tuav ruaj ruaj
clergy *n* hauj sam
clever *adj* ntse
click *v* nias
client *n* tus neeg siv
cliff *n* ntsa tsua
climate *n* huab cua
climatic *adj* ntsig txog huab cua
climax *n* lub ncov
climb *v* nce, dhia nce
climbing *n* kev dhia nce
clinch *v* pav khov kho
cling *iv* tuav ruaj ruaj
clinic *n* tsev kho mob ntiav
clip *v* khawm
clipping *n* kev khawm
cloak *n* lub hau
clock *n* lub moo
clog *v* daig
cloister *n* kev vaj voom
clone *v* nchuav, theej
cloning *n* kev nchuav

close *v* kaw, tsis qhib
close *adj* zais
close to *pre* ze
closed *adj* ze
closely *adv* ze ze
closet *n* chav dej
closure *n* kev kaw tseg
clot *n* kev khov ua thooj
cloth *n* ntaub
clothe *v* hnav
clothes *n* khaub ncaws
clothing *n* khaub ncaws
cloud *n* huab
cloudless *adj* tsis muaj huab
cloudy *adj* pos huab
club *n* qws, koom haum
club *v* xuas qws ntaus
clue *n* lw, kab lw
clumsy *adj* txia dej
cluster *n* pawg, koog
cluster *v* ua pawg
clutch *n* ntsiab, txhom
coach *v* qhia, coj
coach *n* tus kws qhia
coaching *n* kev qhia, kev cob
coagulate *v* khov ua thooj
coagulation *n* kev khov ua thooj
coal *n* thee, hluav ncaig

coalition *n* sib koom ua ke
coarse *adj* ntxhib, tsis mos
coast *n* ntug hiav txwv
coastal *adj* raws ntug hiav txwv
coastline *n* ciam ntug hiav txwv
coat *n* tsho tiv no
coax *v* ntxhias
cobblestone *n* pob zeb pua kev
cobweb *n* tsev kab laug sab
cock *n* lau qaib
cockpit *n* chaw tsav dav hlau
cockroach *n* kab laum pij
cocktail *n* cawv tov
cocky *adj* tso siab dhau
coconut *n* txiv maj phaub
code *n* kev cai, lus zais
codify *v* txeeb kom zoo zoo
coerce *v* quab yuam
coercion *n* kev quab yuam
coexist *v* nyob tib lub sij hawm
coffee *n* kas fes
coffin *n* hleb
coherent *adj* sib raws
cohesion *n* kev nyob sib haum
coin *n* nyiaj npib
coincide *v* tshwm ncaj
coincidence *n* kev tshwm ncaj
coincidental *adj* tom thawj

cold

cold *adj* no
coldness *n* kev no no
colic *n* mob plab ntswj
collaborator *n* tus pab yeeb ncuab
collapse *v* ntog, vau
collapse *n* kev ntog, kev vau
collar *n* ntsej tsho
collarbone *n* tus qais
collateral *adj* tseem ceeb thib ob
colleague *n* phooj ywg haujlwm
collect *v* sau
collection *n* kev sau
collector *n* tus sau los
college *n* tsev kawm qib siab
collide *v* sib tsoo
collision *n* kev sib tsoo
cologne *n* tshuaj tsw qab
colon *n* yav nyhuv loj
colonel *n* thawj tub rog
color *n* kob
color *v* pleev kob
colorful *adj* zoo nkauj
colossal *adj* zoo zoo heev
colt *n* me nyuam nees
column *n* tus ncej tsev
coma *n* tuag tsig
comb *n* zuag ntsis plaub hau
comb *v* ntsis plaub hau

combat *n* kev sib tua
combat *v* tua, sib tua
combatant *n* tub peeb zeej
combination *n* kev sib txuas
combine *v* sib txuas, sib sau
come *iv* tuaj, nkag los
come about *v* tswm sim, muaj
come across *v* dhau kev
come apart *v* los nrog ua ke
come back *v* rov qab los
come down *v* nqis los, pob qis
come forward *v* tshwm ntsej muag
come from *v* tuaj ntawm
come in *v* nkag los
come out *v* tawm tuaj
come over *v* hla dhau
comeback *n* kev rov qab los
comedian *n* kws tso luag
comet *n* hnub qub ko tw
comfort *n* lus ntxias
comfortable *adj* xis cev, kaj siab
comforter *n* tus neeg ntxias
comical *adj* txaus luag
coming *n* tom ntej no
coming *adj* yuav tuaj
command *v* txib, hais
commandment *n* lus txib
commemorate *v* nco txog

commence *v* pib
commend *v* qhuas, txhawb
commendation *n* kev qhuab
comment *v* muaj lus xav
comment *n* lus xav
commerce *n* kev lag luam
commission *n* nyiaj nqi tes
commit *v* ua, nqis tes ua phem
commitment *n* kev ua
common *adj* ib txwm pom
communicate *v* sib txuas lus
communication *n* kev sib nug moo
community *n* zos, koog neeg
commute *v* txo lub txim nqis zog
compact *adj* ceev, tawv
compact *v* tswm kom ceev
companion *n* phooj ywg taug kev
companionship *n* kev ua phooj ywg
company *n* tsev tuam txhab
comparable *adj* piv tau
comparative *adj* sib piv
compare *v* coj los sib piv
comparison *n* kev sib piv
compartment *n* txhab rau khoom
compass *n* lub taw kev
compassion *n* kev pab hlub tshua
compassionate *adj* mob siab
compatible *adj* sib txuam tau

compel *v* yuam
compelling *adj* quab yuam
compendium *n* ntsiab lus
compensate *v* them
compensation *n* kev them
compete *v* sib tw, sib lwv
competence *n* cuab kav
competent *adj* muaj cuab kav
competition *n* kev sib tw
competitor *n* tus neeg sib tw
compile *v* sib sau ua
complain *v* tsis txaus siab
complaint *n* kev yws
complement *n* lus qhuas
complete *adj* tiav lawm
complete *v* ua tiav lawm
completely *adv* tiav du lug
completion *n* kev ua tiav
complex *adj* ntau yam sib xyaws
complexion *n* tawv nqaij
complexity *n* kev cov nyom
complicate *v* nyuaj, ntxhov
complication *n* qhov nyuaj
compliment *n* lus txhawb siab
complimentary *adj* txhawb siab
comply *v* ua raws, coj raws
component *n* feem txuam
compose *v* txuam ua

composer *n* kws sau zaj nkauj
composition *n* yam uas txuam ua
compost *n* chiv
composure *n* kev ua siab txias
compound *v* txuam ua, sib tov
comprehend *v* to taub, suav nrog
comprehensive *adj* ntxaws, meej
compress *v* zuaj, nias
compression *n* kev nias
comprise *v* ntim, rau
compromise *v* sib hais kom haum
compulsion *n* kev quab yuam
compulsive *adj* muaj cai quab yuam
compulsory *adj* quab yuam
compute *v* xam, suav
comrade *n* phooj ywg
conceal *v* npog, zais
concede *v* muab rau, tso cai
conceited *adj* khav theeb
conceive *v* khav theeb
concept *n* lub tswv yim
conception *n* kev xeeb tub
concern *v* cuam tshuam
concern *n* teeb meem
concerning *pre* kev cuam tshuam
concert *n* kev lom zem
conciousness *n* kev paub qab hau
conclude *v* xaus, tawm lus xav

conclusion *n* qhov kawg
conclusive *adj* meej lawm
concoct *v* npaj, tsim
concoction *n* kev npaj, kev tsim
concrete *adj* muaj tseeb
concur *v* pom zoo
concurrent *adj* uas pom zoo
concussion *n* kev raug tsoo
condemn *v* cem
condemnation *n* kev cem
condensation *n* kev zuaj kom me
condense *v* zuaj kom me
condescend *v* txo hwj chim
condition *n* zwj ceeb
conditional *adj* hais txog zwj ceeb
condolences *n* muaj kev tu siab
condone *v* zam txim
conducive *adj* pab, txhawb
conduct *n* kev taw qhia
conduct *v* taw kev
cone *n* txiv ntoo thuv
confer *v* muab kev sib sab laj
confess *v* lees, lees txim
confession *n* kev lees txim txhaum
confessor *n* tus lees txim txaum
confide *v* hais tso tshav lug
confidence *n* lus npog cia
confident *adj* ntseeg siab

constraint

confidential *adj* npog cia twj ywm
confirm *v* qhia paub
confirmation *n* kev qhia paub
conflict *v* cov nyom
conflicting *adj* tsis sib haum
conform *v* npliag raws
conformity *n* kev yoog
confound *v* cov cov
confront *v* tim ntsej tim muag
confuse *v* cov cov
confusing *adj* cov cov
congenial *adj* nyiam tib yam
congested *adj* puv heev
congestion *n* kev ti heev
congratulate *v* pab zoo siab nrog
congratulations *n* nrog zoo siab
congregate *v* sib ntsib
conjecture *n* kev twv
conjunction *n* txoj kev sib tshuam
connect *v* txuas, sib txuas
connection *n* kev sib txuas
conquer *v* yeej
conqueror *n* tus yeej
conquest *n* kev kav
conscience *n* kev thim xav
conscious *adj* paub qab hau
conscript *n* ruv mus ua tub rog
consecutive *adj* sib law liag

consensus *n* suab pom zoo
consent *v* tso cai, pom zoo
consent *n* lus tso cai
consequence *n* lub ntsis
consequent *adj* thaum kawg
conservation *n* kev tiv thaiv
conservative *adj* pov hwm cia
conserve *v* hwm cia, txuag
conserve *n* kev pov hwm tseg
consider *v* txiav txim siab
considerable *adj* tseem ceeb
consideration *n* kev txiav tximsiab
consist *v* muaj raws
consistency *n* qhov tsis sib txawv
consistent *adj* tsis txawv
console *v* ntxias
consolidate *v* muab sib xyaws
conspicuous *adj* pom tseeb
conspiracy *n* tswv yim phem
constancy *n* kev tsis tu ncua
constant *adj* tsis tu ncua
consternation *n* kev yoob
constipate *v* tsam plab
constipated *adj* tsam plab
constipation *n* kev tsam plab
constitute *v* tshwm sim tawm
constrain *v* yuam cai
constraint *n* kev yuam cai

construct *v* txua, tsim
construction *n* kev tsim kho
consul *n* tus neeg tu plaub
consult *v* muab kev sab laj
consume *v* siv, noj
consumer *n* tus neeg siv
consumption *n* kev siv
contact *v* hu rau, tham nrog
contact *n* kev sib cuag
contagious *adj* sib kis yooj yim
contain *v* ntim, rau
container *n* lub thawv
contaminate *v* txuam muaj
contemplate *v* xav zoo zoo
contemporary *adj* vam meej
contempt *n* kev saib tsis taus
contend *v* sib cav sib ceg
contender *n* tus sib tw
content *adj* txaus siab
content *v* txaus siab
contents *n* ntsiab lus
contest *n* kev sib tw
contestant *n* tus tuaj sib tw
context *n* keeb kwm
continuation *n* kev sib txuas zus
continue *v* ua txuas ntxiv
continuous *adj* txuas ntxiv
contraband *n* khoom txhaum cai

contract *n* daim ntawv cog lus
contradict *v* tsis sib haum
contrary *adj* rov qab qees
contrast *v* sib piv
contrast *n* kev sib piv
contribute *v* pab, pub
contribution *n* kev pab
contributor *n* tus pab
contrition *n* kev tu siab
control *n* kev tswj
control *v* tswj
convenience *n* qhov yooj yim
convenient *adj* yooj yim
convent *n* tsev poj haujsam
convention *n* rooj sab laj loj
converge *v* tshuam
conversation *n* lus sib tham
converse *v* sib tham
conversely *adv* rov qab qees
conversion *n* kev hloov
convert *v* hloov
convey *v* fi rau, hais rau
convict *v* txiav txim tias txhaum
conviction *n* kev muab txim
convince *v* ntxias
convincing *adj* ua rau ntseeg
convoluted *adj* sib chab sib chaws
cook *n* tus kws ua zaub mov

cooking *n* kev ua zaub mov noj
cool *adj* txias, tsis kub siab li
cool *v* ua kom txias
cool down *v* ua kom txias ntxiv
cooling *adj* ntsig txog kev txias
coolness *n* kev txias
cooperate *v* koom tes
cooperation *n* kev koom tes
cooperative *adj* zoo siab koom tes
coordinate *v* coj lus
coordination *n* kev coj lus
coordinator *n* tus coj lus
cop *n* tub ceev xwm
cope *v* daws teeb meem
copper *n* tooj
copy *v* luam ntawv
copy *n* kev luam ntawv
copyright *n* cai tswv
cord *n* hlua hluav taws xob
cordial *adj* siab zoo heev
cordless *adj* tsis txuas rau
cordon *n* kev puav ncig
cordon off *v* puav thaiv
core *n* lub ntsiab
cork *n* lub hau ntsaws
corn *n* pob kws
corner *n* ces kaum
cornerstone *n* chaw tiag taw

corporal *adj* ntsig txog lub cev
corporal *n* lub cev
corporation *n* tsev tuam txhab
corpse *n* lub cev neeg tuag
corpulent *adj* kev rog rog
corpuscle *n* leeg ntshav
correct *v* kho kom yog
correct *adj* yog, raug
correction *n* kev kho kom yog
correlate *v* sib txheeb
correspond *v* sib haum
corresponding *adj* sib txig
corridor *n* kev hauv tsev
corrode *v* tom, kaws
corrupt *v* noj nyiaj
corrupt *adj* lwg noj lwg haus
corruption *n* kev noj nyiaj
cosmetic *n* khoom tsab zam
cost *iv* muaj nqis
cost *n* tus nqi
costly *adj* tus nqi siab, kim
costume *n* khaub ncaws hnav
cottage *n* lub tsev me me
cotton *n* rwb, paj rwb
couch *n* rooj zaum
cough *n* suab hnoos
cough *v* hnoos
council *n* koos haum

counsel *v* ntuas, kho
counsel *n* kev ntuas
count *v* suav
count *n* cov suav tau
countdown *n* kev suav nqis
countenance *n* ntsej muag
counter *n* lub rooj them nyiaj
counter *v* tsis sib haum
counteract *v* txo, tawm tsam
counterfeit *v* ua txuj, hloov
counterfeit *adj* cuav
counterpart *n* ntxaib
countess *n* poj nom
countless *adj* suav tsis txheeb
country *n* teb chaws
countryside *n* toj siab
county *n* lub xeev
coup *n* kev ntxeev tsoom fwv
couple *n* txij nkawm
courage *n* peev xwm
courageous *adj* siab tawv
courier *n* tus neeg xa xov
course *n* cov ntawv kawm
court *n* tsev hais plaub
court *v* tham hluas nkauj
courteous *adj* paub cai
courtesy *n* kev ua siab zoo
courthouse *n* tsev hais plaub

courtyard *n* tog tsev, loog
cousin *n* kwv tij, npawg
cove *n* ces dej
covenant *n* lus cog tseg
cover *n* haub khwb
cover *v* khwb, npog
cover up *v* zais
coverage *n* xov xwm
covert *adj* uas zais tseg
covet *v* ntsaw
cow *n* nyuj
coward *n* neeg tais caus
cowardice *n* kev tais caus
cowardly *adv* tais caus
cowboy *n* tub yug nyuj
cozy *adj* xis nyob
crab *n* raub ris
crack *n* nrib kab,
crack *v* kab tawg pleb
cradle *n* txaj me nyuam mos
craft *n* khoom xuas tes ua
cramped *adj* mob tej zag tej zag
crane *n* lub tsheb nqa khoom
cranky *adj* txob siab, siab luv
crap *n* yam hais tsi zoo
crappy *adj* tsis zoo heev
crash *n* qhov sib tsoo
crash *v* tsoo, nrau

crater *n* qhov zwj
crave *v* huam yees
craving *n* kev huam yees
crawl *v* nkag
crayon *n* mem kos duab
craziness *n* kevv vwm
crazy *adj* vwm
creak *v* ua sib txhuam nrov
create *v* tsim, txua
creation *n* kev tsim ua
creative *adj* uas tsim ua
creator *n* tus tsim ua
creature *n* sim zeej
credibility *n* kev txaus ntseeg
credible *adj* txaus ntseeg
credit *n* qhov txaus ntseeg
creditor *n* tswv nuj nqis
creed *n* cov lus ntseeg
creek *n* kwj deg me
cremate *v* hlawv (neeg tuag)
crematorium *n* tsev txias
crest *n* hauv roob
crevice *n* kab av xwb pleb
crib *n* dab tsiaj
cricket *n* kab cis liv
cripple *adj* ceg tawv
cripple *v* mus kev ceg tawv
crisis *n* xwm txheej loj heev

crisp *adj* txias zias
crispy *adj* txias zias
criterion *n* qauv tshau
critical *adj* nyuaj heev
criticism *n* kev sib thuam
criticize *v* sib thuam
critique *n* kev tawm suab
crockery *n* twj taig diav
crocodile *n* nab qas dev
crony *n* phooj ywg
crook *n* tub sab
crooked *adj* tsis ncaj ncees
crop *n* qoob loo
cross *n* ntoo khaub lig
cross *adj* npau taws, chim
cross *v* hla
cross out *v* tua pov tseg
crossing *n* kev hla
crossroads *n* kev tshuam
crosswalk *n* chaw hla kev
crouch *v* pliab, nkaum
crow *n* uab lag
crow *v* qaib qua
crowbar *n* nab daj kub sai
crowd *n* ib pab neeg
crowd *v* ua ib pab
crown *n* kos mom huab tais
crowning *n* kev ntoo kos mom

crucial *adj* tseem ceeb heev
crude *adj* nyoos
cruise *v* caij nkoj ua si
crumb *n* tej thooj me me
crumble *v* ruaj
crunchy *adj* suab nrov nkij nkuaj
crush *v* zom
crushing *adj* ua rau ntsoog
crutch *n* pas txheem qhov tso
cry *n* suab quaj
cry *v* quaj
cry out *v* ntxim xav tau heev
crying *n* kev quaj
crystal *n* cov iav
cub *n* me nyuam tshiaj mos
cubicle *n* ib chav me me
cucumber *n* lub dib
cuddle *v* pw ze ze, pw ti ti
cuff *n* caj dab tes tsho
cuisine *n* kev ua zaub mov
culminate *v* tshwm sim los txog
culpability *n* qhov tsim nyog cem
culprit *n* tus neeg txhaum
cult *n* pawg neeg qias dub
cultivate *v* cog, tu
cultivation *n* kev cog, kev tu
cultural *adj* ntsig txog txuj ci
culture *n* txuj ci

cumbersome *adj* tu nyuaj
cunning *adj* ntse
cup *n* lub khob
cupboard *n* txee rau khoom
cure *v* kho
cure *n* kev zoo mob rov los
curfew *n* txoj cai txwv nyob lig
curious *adj* xaav paub
curl *v* caws
curl *n* kev caws
curly *adj* caws caws
currency *n* hom nyiaj txiag
current *adj* niaj hnub no
curse *v* foom lus phem
curtail *v* txiav kom luv
curtain *n* ntaub qhov rais
curve *n* qhov khaus
curve *v* khaus, lem
cushion *n* tog zooj
cushion *v* pua tog zooj
cuss *v* cem, foom phem
custodian *n* tus saib xyuas
custody *n* kev saib xyuas
custom *n* kab ke coj noj coj ua
customary *adj* zoo li qub
customer *n* tus neeg yuav khoom
customs *n* se hla teb chaws
cut *n* kev txiav

cut *iv* txiav, hlais
cut back *v* txo nqi
cut off *v* txiav tu nrho
cut out *v* txiav tawm
cute *adj* zoo nkauj, zoo
cutlery *n* riam
cutter *n* tshuab txiav khoom
cycle *n* ib ncig rov los
cyclone *n* cua daj cua dub
cypress *n* ntoo thuv, thuv
cyst *n* hnab dej hauv lub cev
czar *n* hnub qub

D

dad *n* txiv, leej txiv
dagger *n* ntaj, riam neeb
daily *adv* txhua txhua hnub
dairy farm *n* chaw yug nyuj mis
daisy *n* paj des xij
dam *n* ntswg tauv dej
damage *n* kev puas ntsoog
damage *v* ua piam, ua puas
damaging *adj* piam, puas
damn *v* foom, thuam

damnation *n* kev thuam
damp *adj* noo noo
dampen *v* ua kom noo
dance *n* kev seev cev
dance *v* seev cev
dancing *n* kev seev cev
dandruff *n* plhaws taub hau
danger *n* qov txaus ntshai
dangerous *adj* txaus ntshai
dangle *v* dai, khuam
dare *v* siab tawv
dare *n* kev muaj peev xwm
daring *adj* ntsig txog peev xwm
dark *adj* tsaus ntuj
darken *v* ua rau tsaus ntuj
darkness *n* kev tsaus ntuj
darling *adj* ntxim hlub heev
darn *v* xaws, ntxiv
dash *v* chua, cuam
dashing *adj* lom zem xauv npo
data *n* ntaub ntawv xov xwm
date *n* hnub tim
date *v* sau hnub tim
daughter *n* tus ntxhais
daughter-in-law *n* tus nyab
daunt *v* hem, ua kom siab me
daunting *adj* ntshai
dawn *n* kaj ntug txoog

day

day *n* hnub
daze *v* ua rau yoob tag
dazed *adj* yoob
dazzle *v* ua rau tsaus muag
dazzling *adj* tsaus muag
de luxe *adj* zoo dua kim dua
dead *adj* tuag
dead end *n* chaw tws
deaden *v* ua rau zog ntaug
deadline *n* hnub kawg
deadlock *adj* lub caij nres tsum
deadly *adj* ua rau tuag taus
deaf *adj* lag ntseg
deafen *v* ua rau lag ntseg
deafness *n* kev ua rau lag ntseg
deal *iv* hais txog, lis txog
deal *n* qhov haum siab
dealer *n* tus yuav
dealings *n* kev hais txog
dear *adj* hawm txog
dearly *adv* uas hawm txog
death *n* kev tuag
deathbed *n* txaj neeg tuag
debase *v* poob ntsej muag
debatable *adj* sib cav tau
debate *v* sib cav
debate *n* kev sib cav
debit *n* nuj nqi

debrief *v* tau xov xwm los
debt *n* tej nuj tej nqi
debtor *n* tus tshuaj nuj nqi
decade *n* 10 xyoo puag ncig
decadence *n* kev pib puas zuj zus
decapitate *v* txiav caj dab
decay *v* lwj, piam
decay *n* kev ua rau lwj
deceased *adj* uas tuag mus lawm
deceit *n* kev dag ntxias
deceitful *adj* dag ntxias
deceive *v* dag, ntxias
December *n* Lub Kaum Ob Hli Ntuj
decency *n* qhov tsim nyog
decent *adj* tsim nyog, yog lawm
deception *n* kev ntxias dag
deceptive *adj* yog kev ntxias dag
decide *v* txiav txim siab
decimate *v* tua
decipher *v* txhais
decision *n* kev txiav txim siab
decisive *adj* ruaj, ruaj nrees
deck *n* sam thiaj
declaration *n* kev nthuav qhia
declare *v* tshaj tawm
decline *v* tsis kam, tsis yeem
decline *n* kev txo nqis
decompose *v* sib cais ua pawg, lwj

decorum *n* xeeb ceem zoo
decrease *v* txo kom tsawg
decrease *n* kev txo nqis
decree *v* txib
dedicate *v* tshwj tseg rau
dedication *n* kev tshwj tseg rau
deduce *v* nrhiav qhov tseeb
deduct *v* txiav tawm
deductible *adj* rho tawm
deduction *n* kev txiav
deed *n* puav pheej
deem *v* xav, pom zoo
deep *adj* tob
deepen *v* nyob tob
deer *n* tus mos lwj
defame *v* nrhuav ntsej muag
defeat *v* tua yeej
defeat *n* kev tua yeej
defect *n* kab pleb tawg
defect *v* ntxeev siab
defection *n* kev ntxeev siab
defective *adj* puas, tsis zoo
defend *v* tiv thaiv, thaiv
defendant *n* tus raug plaub ntug
defender *n* tus tiv thaiv
defense *n* kev tiv thaiv
defer *v* ncua, sej
defiance *n* kev tawm tsam

defiant *adj* tsis ntshai
deficiency *n* kev tsis muaj
deficit *n* nyiaj tsawg
defile *v* ua puas, rhuav
define *v* phua lub ntshiab
definite *adj* meej, tseeb
definition *n* lub ntsiab lus
deflate *v* tso pa
deform *v* txawv qub
deformity *n* kev hloov txawv qub
defraud *v* ntxias dag
defray *v* them
defrost *v* ua kom dej khov yaj
defuse *v* ua kom zoo so dua
defy *v* tsis mloog lus
degenerate *v* raug txo
degenerate *adj* poob nom
degeneration *n* kev raug txo
degradation *n* kev txo theem
degrade *v* txo theem
dehydrate *v* tsis muaj dej
deign *v* txo hwj chim
deity *n* yawm suab
dejected *adj* chim siab, tu siab
delay *v* qeeb
delay *n* kev laug sij hawm
delegate *v* xa tus sawv cev
delegate *n* tus sawv cev

delegation

delegation *n* kev xa tus sawv cev
delete *v* tshem tawm
deliberate *v* txhob txwm
deliberate *adj* uas yog txhob txwm
delicacy *n* kev ua kom zoo heev
delicate *adj* muag heev
delicious *adj* qab
delight *n* kev zoo siab
delight *v* muaj kev zoo siab
delinquent *adj* tsis them nuj nqi
deliver *v* xa
delivery *n* kev xa khoom
deluge *n* kev ntxias dag
delusion *n* kev raug ntxias dag
demand *v* xav tau
demand *n* qhov xav tau
demanding *adj* nyiam thov
demean *v* txo, saib qis
demeanor *n* kev coj tus cwj pwm
demented *adj* vwm
demise *n* kev kawg
democracy *n* vaj huam sib laug
demolish *v* rhuav
demolition *n* kev rhuav tsem
demon *n* dab
demonstrate *v* sim rau saib
demoralize *v* ua rau poob pig
demote *v* txo qib, txo theem

denial *n* kev tsis lees paub
denigrate *v* hais phem rau
denote *v* yog qhov cim qhia
denounce *v* tsis pom zoo
dense *adj* tuab, ruam
density *n* qhov tuab
dent *v* ua rau pluav
dent *n* pluav
dental *adj* ntsig txog hniav
dentist *n* kws kho hniav
dentures *n* kaus hniav cuav
deny *v* tsis lees, tsis kam
deodorant *n* tshuaj tua ntxhiab
depart *v* ncaim, tawm mus
departure *n* ncaim
depend *v* nyob ntawm
dependable *adj* ntseeg tau
dependence *n* kev ntseeg
dependent *adj* uas vam lwm tus
deplete *v* siv tag nrho,
deplorable *adj* txaus tu siab
deplore *v* thim xav
deport *v* ntiab tawm teb chaws
depose *v* poob nom
deposit *n* nyiaj tso
depot *n* tsev cia khoom
depreciate *v* txo nqi nqis
depreciation *n* kev txo nqi nqis

depress *v* ua rau ntsoos ntsoos
depressing *adj* ntsoos ntsoos
depression *n* ntsoos ntsoos
deprivation *n* kev txeeb
deprive *v* txeeb, chua
deprived *adj* txeeb lawm
depth *n* qhov tob
derail *v* ua rau poob qab ke
deranged *adj* ua rau ntxhov ntxov
derelict *adj* uas tso pov tseg
deride *v* luag saib tsis tau
derive *v* tau, tau los ntawm
descend *v* nqis hav
descendant *n* xeeb ntxwv
descent *n* kev nqis hav
describe *v* piav qhia txog
description *n* kev piav qhia txog
descriptive *adj* uas piav qhia txog
desecrate *v* siv rau qhov tsis zoo
desegregate *v* tsis cais hom neeg
desert *n* tiaj suab puam
desert *v* tso pov tseg
deserted *adj* uas tso pov tseg
deserter *n* tus tso pov tseg
deserve *v* tsim nyog tau txais
design *n* daim qauv
designate *v* teeb tsa
desirable *adj* tsim nyog muaj
desire *n* kev xav tau
desire *v* ntsaw, xav tau
desist *v* tsum, tseg
desk *n* rooj
desolate *adj* kho siab khuav
desolation *n* kev kho siab khuav
despair *n* qhov tag kev cia siab
desperate *adj* uas tag kev cia siab
despise *v* thuam, saib tsis taus
despite *c* txawm tias
despondent *adj* tu siab
despotic *adj* uas ua phem phem
dessert *n* khoom qab zib
destiny *n* txoj hmoo
destitute *adj* pluag pluag
destroy *v* rhuav, ua kom puas
destroyer *n* tus rhuav, tus ua puas
destruction *n* kev raug rhuav tsem
destructive *adj* uas raug rhuav tsem
detach *v* faib tawm
detachable *adj* tsem tawm tau
detail *n* ib qho zuj zus
detail *v* qhia meej meej
detain *v* kuav tseg, ceev tseg
detect *v* tshawb pom
detective *n* kws soj ntsuam
detention *n* kev raug kuav tseg
deter *v* ua rau tag kev cia siab

deteriorate *v* ua rau piam zuj zus
determination *n* kev txiav txim siab
determine *v* txiav txim siab
detest *v* ntxub
detestable *adj* ntxim ntxub
detonate *v* ua rau tawg
detonation *n* kev tawg
detonator *n* txoj hlua foob pob
detour *n* txoj kev lug
detriment *n* kev puas tsuaj
devaluation *n* kev txo nqi nyiaj
devalue *v* txo nqi nyiaj nqis
devastate *v* ua rau puas tsuaj
devastating *adj* ua rau puas tsuaj
develop *v* txhim kho
development *n* kev txhim kho
deviation *n* kev hloov
device *n* lub tswv yim phem
devil *n* tus dab phem
devious *adj* txawj dag
devise *v* xav cia
devoid *adj* tsis muaj li
devote *v* tshwj rias rau, ua pub
devotion *n* kev ua pub
devour *v* noj cuag hu hu dab
devout *adj* ntseeg ntuj heev
dew *n* lwg dej
diabetes *n* ntshav qab zib

diabolical *adj* zoo li tus dab phem
diagnose *v* tshawb nrhiav kab mob
diagram *n* daim hom phiaj
dial *v* ntau xov tooj
dialogue *n* kev sib tham ob leeg
diameter *n* txoj kab phua plawv
diaper *n* ntaub qhwv mos ab
diarrhea *n* thoj plab, rawv plab
dice *n* mom khauv lauv
dictate *v* kom sau raws lus hais
dictatorship *n* txheej nom ua phem
dictionary *n* phau ntawv txhais lus
die *v* tuag, tag txoj sia
die out *v* pib tuag zuj zus
diet *n* kev tswj zaub mov noj
differ *v* sib txawv
difference *n* kev sib txawv
different *adj* sib txawv
difficult *adj* nyuaj
difficulty *n* qhov nyuaj
diffuse *v* nthuav txav
dig *iv* khawb
digestion *n* kev zom zaub mov
dignify *v* muaj tsim
dignity *n* meej mom
dilapidated *adj* puas zuj zus
dilemma *n* caij ntxhov siab ntsws
diligence *n* txoj kev nquag

discrimination

diligent *adj* nquag
dilute *v* ua kom tsuag
dim *adj* qauj
dim *v* qauj
dime *n* lub npis nyiaj kaum
diminish *v* me zuj zus
dine *v* noj hmo
diner *n* tus noj mov
dining room *n* chav noj mov
dinner *n* pluas hmo, hmo
dire *adj* phem tshaj plaws
direct *adj* ncaj qha
direct *v* taw kev
direction *n* txoj kev
director *n* tus thawj coj
directory *n* phau ntawv qhia npe
dirt *n* pluas plav
dirty *adj* qias neeg, lo av
disability *n* kev xiam oob qhab
disabled *adj* xiam oob qhab
disadvantage *n* qhov tsis zoo
disagree *v* tsis pom zoo nrog
disagreeable *adj* tsis haum siab
disappear *v* ploj, yaj
disappearance *n* kev ploj, kev yaj
disappointing *adj* tag kev cia siab
disapprove *v* tsis pom zoo tso cai
disarm *v* txo riam phom

disarmament *n* kev txo riam phom
disaster *n* kev puas ntsoog loj
disastrous *adj* puas ntsoog
disband *v* tawg rau ub rau no
disbelief *n* kev tsis ntseeg
disburse *v* them nyiaj rau
discard *v* pov tseg
discern *v* xam pom, saib pom
discharge *v* tso tawm
discharge *n* kev tso tawm
disciple *n* thwj tim
discipline *n* kev qhuab qhia
disclaim *v* tsis lees
disclose *v* nthuav qhia
disconnect *v* txiav tawm
discontent *adj* tsis txaus siab
discontinue *v* tso tseg
discount *n* qhov txo nqi
discount *v* txo nqi
discouraging *adj* tag kev cia siab
discover *v* nrhiav pom
discovery *n* kev nrhiav pom
discredit *v* tsis ntseeg
discreet *adj* coj tus
discrepancy *n* qhov sib txawv
discretion *n* kev coj tus
discriminate *v* cais
discrimination *n* kev cais

discuss

discuss *v* sib hais, sib cav
discussion *n* kev sib hais
disdain *n* saib tsis taus
disease *n* kab mob kev nkeeg
disembark *v* nce saub nrhuab
disfigure *v* ua rau tsis zoo lawm
disgrace *n* kev txaj muag
disgrace *v* txaj muag
disgraceful *adj* txaus txaj muag
disgruntled *adj* tsis txaus siab
disguise *v* txia ua
disguise *n* kev txia
disgust *n* kev ntxub ntxaug
disgusting *adj* txaus ntxub
dish *n* lub phaj
dishearten *v* ua rau me siab
dishonest *adj* tsis ncaj ncees
dishonesty *n* kev tsis ncaj ncees
dishonorable *adj* rhuav ntseej muag
dishwasher *n* tus ntxuav tais diav
disinfect *v* tua kab mob
disinfectant *v* tshuaj tua kab mob
disinterested *adj* tawg mos nyoos
dislike *v* tsis nyiam
dislike *n* kev tsis nyiam
dislocate *v* txav, nrug
dislodge *v* ntiab tawm
disloyal *adj* ntxeev siab

disloyalty *n* kev ntxeev siab
dismal *adj* tsaus nti
dismantle *v* rhuav tawm
dismay *n* kev poob siab
dismay *v* poob siab nthav
dismiss *v* ntiab tawm
dismissal *n* kev ntiab tawm
dismount *v* nqis tsheb
disobedience *n* kev tawv ncauj
disobedient *adj* tawv ncauj
disobey *v* tsis mloog, tsis yuav
disorder *n* ntxhov quav niab
disorganized *adj* sw
disown *v* tsis lees paub
disparity *n* qhov sib txawv
dispatch *v* xa, ua haujlwm
dispel *v* tshem tawm
dispensation *n* kev pub
dispense *v* pub, faib rau
dispersal *n* tawg rau ub rau no
disperse *v* tawg rau ub rau no
displace *v* hloov chaw
display *v* tso rau saib
displeasing *adj* npau taws
displeasure *n* kev tsis txaus siab
disposable *adj* siv tag pov tseg
disposal *n* kev pov tseg
dispose *v* kho, teeb kom

disprove *v* qhia tau tias yog cuav
dispute *n* kev sib cav sib ceg
dispute *v* sib cav sib ceg
disqualify *v* ua rau tsis muaj cai
disregard *v* ntsia dhau
disrespect *n* kev tsis paub cai
disrespectful *adj* tsis paub cai
disrupt *v* cuam tshuam
disruption *n* kev cuam tshuam
dissatisfied *adj* tsis txaus siab
disseminate *v* nthuav qhia
dissent *v* tsis pom zoo
dissident *adj* tus tsis pom zoo
dissimilar *adj* uas tsis zoo sib xws
dissipate *v* nchuav, txeej
dissolute *adj* liam, siab phem
dissolution *n* kev tso tseg
dissolve *v* tso tseg
dissonant *adj* teeb meem
dissuade *v* txwv txiav
distance *n* ncua kev
distant *adj* ncua kev
distaste *n* kev tsis nyiam
distasteful *adj* tsis nyiam
distill *v* lim
distinct *adj* pom tseeb
distinction *n* qhov sib txawv
distinctive *adj* tsis zoo li leej twg

distinguish *v* pom qhov sib txawv
distort *v* ntswj, lem
distortion *n* kev ntswj
distract *v* tig mus rau lwm qhov
distraught *adj* ntxov siab
distress *n* kev lwj siab lwj ntsws
distressing *adj* lwj siab lwj ntsws
distribute *v* faib, muab pub
distribution *n* kev faib
district *n* nroog
distrust *n* kev tsis ntseeg
distrust *v* tsis ntseeg
distrustful *adj* tsis txaus ntseeg
disturb *v* thab
disturbance *n* kev thab plaub
disturbing *adj* txob siab
disuse *n* qhov tsis siv
ditch *n* kwj
dive *v* ploj dej
diver *n* tus neeg ploj dej
diverse *adj* ntau tsav ntau yam
diversion *n* kev hloov kev
diversity *n* ntau tsav ntau yam
divert *v* ua rau hloov kev
divide *v* faib
dividend *n* nyiaj sib faib
divine *adj* ntsig txog yawm saub
diving *n* kev ploj luam dej

divisible *adj* faib tau
division *n* kev sib faib
divorce *n* kev sib nrauj
divorce *v* sib nrauj
divorcee *n* poj nrauj
divulge *v* nthuav qhia
dizziness *n* kev kiv kiv taub hau
dizzy *adj* kiv kiv taub hau
do *iv* ua
docile *adj* mloog lus
docility *n* kev mloog lus
dock *n* kev txiav
dock *v* chaw txua nkoj
doctor *n* kws kho mob
document *n* ntaub ntawv
documentary *n* ntaub ntawv
dodge *v* nkaum
dog *n* diav, aub
dole out *v* pub neeg txom nyem
doll *n* me nyuam roj hmab
dollar *n* nyiaj daus las
domestic *adj* hauv teb chaws
domesticate *v* nyiam nyob tsev
dominate *v* kav, sawv siab
domination *n* kev kav
dominion *n* tsoom fwv
donate *v* pub dawb
donation *n* kev pub dawb

donkey *n* zag
donor *n* tus pub
doom *n* txoj hmoo phem
doomed *adj* txoj hmoo phem
door *n* qhov rooj
doorbell *n* lub tswb qhov rooj
doorstep *n* theem ntaiv
doorway *n* lub qhov rooj nkag
dope *n* tshuaj nees
dope *v* haus tshuaj nees
dormitory *n* chav pw sawd daws
dossier *n* ib co ntau ntawv
dot *n* ib qho tsaus me me
double *adj* ob npaug
double *v* muab ob npaug rau
double-check *v* xyuas ob zaug
double-cross *v* ntxeev siab
doubt *v* tsis tshua ntseeg
dove *n* tus nquab
down *adv* nqis sab hauv
downcast *adj* tu siab, chim
downfall *n* kev poob tsim
downhill *adv* poob qis
downpour *n* nag loj
downsize *v* txo kom me
downstairs *adv* theem hauv qab
down-to-earth *adj* li ua tau
downtown *n* mus nram nroog

downturn *n* kev lag luam nqis
dowry *n* khoom phij cuam
doze *n* kev tsaug ib tsig zog
doze *v* tsaug ib tsig zog
dozen *n* kaum ob
draft *n* kev sau tub rog
draft *v* sau tub rog
draftsman *n* tus npaj sau ntawv
drag *v* rub
dragon *n* zaj
drain *v* tso tawm
drainage *n* kwj
dramatize *v* kho ua zaj yeeb yam
drape *n* ntaub qhov rais
drastic *adj* heev
draw *n* kev tsawv
draw *iv* kos duab
drawer *n* tus neeg kos duab
drawing *n* kev kos duas
dread *v* ywj fab ywj fwj
dreaded *adj* ywj fab ywj fwj
dreadful *adj* txaus ntshai
dream *iv* npau suav
dream *n* kev npau suav
dress *n* ris tsho
dress *v* hnav ris tsho
dresser *n* txee rau tais diav
dried *adj* qhuav

drift *v* loj leeb
drifter *n* neeg loj leeb
drill *v* tshau
drill *n* lub tshau ub no
drink *iv* haus
drink *n* dej cawv
drinkable *adj* haus tau
drinker *n* neeg quav cawv
drip *v* nrog ua tej tee
drip *n* tej tee
drive *n* kev tsav tsheb
drive *iv* tsav tsheb
drive at *v* txhais tias
drive away *v* tsav tsheb khiav
driver *n* tus tsav tsheb
driveway *n* txoj kev tsheb
drizzle *v* los nag tshauv
drizzle *n* nag tshauv
drop *n* tee (dej)
drop *v* nrog dej
drop in *v* los saib
drop off *v* tsaug zog
drop out *v* thim tus kheej
drought *n* ncaij ntuj qhua
drown *v* poob dej tuag
drowsy *adj* qauv dab ntub
drug *n* tshuaj
drug *v* muab tshuaj rau

drugstore *n* tsev muag tshuaj
drum *n* lub nruas
drunk *adj* qauv cawv
drunkenness *n* kev qauv cawv
dry *v* ua kom qhuav
dry *adj* qhuav, nqhis dej
dryclean *v* ntxhua qhuav
dual *adj* ua nkawm
dubious *adj* tsis meej
duchess *n* tus poj niam nom
duck *n* tus os
duck *v* raus luam dej tib pliag
duct *n* kev tuag
duel *n* kev sib ntaus
dues *n* tus nqi pab cuam
duke *n* tub huab tais
dull *adj* txaus dhuav
duly *adv* uas tsim nyog
dumb *adj* ruam
dummy *n* moj zeej
dump *v* pov tseg
dung *n* quav
dupe *v* ntxias dag
duplicate *v* luam, theej
duplication *n* kev luam
durable *adj* ruaj, kav ntev
duration *n* caij nyoog
during *pre* thaum, thaum lub caij

dusk *n* thaum tsaus ntuj zaug
dust *n* plua tshauv
dusty *adj* muaj plua tshauv
duty *n* lub luag haujlwm
dwarf *n* neeg qig taub
dwell *iv* nyob, so
dwelling *n* kev nyob
dwindle *v* me zuj zus
dye *v* zas kob
dye *n* kob zas ntaub
dying *adj* tuag
dynamic *adj* muaj sia
dynamite *n* foob pob txiv tawg
dynasty *n* tsoom huab tais

E

each *adj* ib yam twg
each other *adj* txhua txhua leej
eager *adj* maj heev
eagerness *n* kev maj ua
eagle *n* tus dav
ear *n* pob ntseg
earache *n* mob pob ntseg
early *adv* ntxov ntxov

earmark *v* cim tseg
earn *v* tau, khwv tau
earnestly *adv* muaj lub siab tiag
earnings *n* nyiaj khwv tau
earphones *n* lub mloog pob ntseg
earring *n* qhwv ntsej
earth *n* lub ntiaj teb, av
earthquake *n* av deeg
earwax *n* quav ntsej
ease *v* kaj siab
ease *n* kev kaj siab
easily *adv* yooj yim heev li
east *n* phab hnub tuaj
eastern *adj* rau sab hnub tuaj
easy *adj* yooj yim
eat *iv* noj
eat away *v* dhuav qee yam
eavesdrop *v* nyiag mloog
ebb *v* nqis, nqig
echo *n* suab ntxhe
eclipse *n* dab noj hnub
economical *adj* uas txuag
economize *v* txuag
edge *n* npoo, ntug
edgy *adj* tshee, ntshai
edible *adj* uas noj tau
edifice *n* lub tsev loj loj
edit *v* kho

edition *n* kev kho
eerie *adj* txaus ntshai
effect *n* kev ua rau tshwm sim
effective *adj* ua rau, ntxim
effectiveness *n* qhov ua rau
efficiency *n* kev ua hauj lwm zoo
efficient *adj* ua hauj lwm zoo
effigy *n* moj zej
effort *n* kev sib zog
effusive *adj* ntau heev
egg *n* lub qe
eight *adj* yim
eighteen *adj* kaum yim
eighth *adj* thib yim
eighty *adj* yim caum
either *adj* yam twg los tau
either *adv* ib yam nkaus
eject *v* ntiab tawm
elapse *v* sij hawm dhau mus
elastic *adj* muag muag
elated *adj* ntsej muag luag ntxhi
elbow *n* luj tshib
elder *n* tij laug
elderly *adj* ua tij
elect *v* xaiv nom
election *n* kev xaiv nom
electrician *n* kws hluav taws xob
electricity *n* hluav taws xob

electrify *v* tso hluav taws xob
elegant *adj* muaj phim thawj zoo
element *n* keeb, poov
elementary *adj* yooj yim
elephant *n* tus ntxhw
elevate *v* nqa
elevation *n* kev nqa
elevator *n* lub tshuab nqa
eleven *adj* kaum ib
eleventh *adj* thib kaum ib
eligible *adj* tsim nyog tau
eliminate *v* sawb lawj
eloquence *n* kev muaj tsim
else *adv* lwm yam
elsewhere *adv* lwm qhov ntxiv
elude *v* zam, lug
elusive *adj* uas zam
emaciated *adj* yuag
emanate *v* tawm los
emancipate *v* tso dim, daws
embark *v* nqis nkoj
embarrass *v* rhuav plhu
embellish *v* kho kom zoo nkauj
embers *n* cov ncaig tab tom cig
embezzle *v* nyiag qee
emblem *n* hom cim
embody *v* sawv cev
emboss *v* ua kom zoo nkauj

embrace *v* puag, qawm
embrace *n* kev puag, kev qawm
embroider *v* ua paj ntaub nrhia
emerald *n* pob zeb ntsuab
emerge *v* tawm, tshwm
emergency *n* xwm ceev
emigrant *n* neeg tawg teb chaws
emigrate *v* khiav tawg teb chaws
emit *v* tawm txim
emperor *n* tus neeg tsim txoj cai
emphasis *n* qhov tseem ceeb
emphasize *v* muab saib rau nqi
empire *n* faj tim teb chaws
employ *v* ntiav zog
employee *n* tus neeg ua zog
employer *n* tus tswv ntiav zog
employment *n* kev ua haujlwm
empress *n* poj huab tais
emptiness *n* khoob lug
empty *adj* qhuav qhawv
empty *v* nchuav
enchant *v* ua neeb
encircle *v* puav, ncig
enclose *v* ntim
enclosure *n* kev ntim
encompass *v* puav ncig
encounter *n* kev tim ntsej tim muag
encourage *v* muab kev txhawb nqa

encroach *v* nam dhau nrim
end *n* thaum kawg
end *v* tag, kawg
end up *v* ua kom tag
endeavor *v* muaj siab ua
endeavor *n* kev muaj siab ua
ending *n* thaum xaus
endless *adj* tsis muaj hnub xaus
endorse *v* pom zoo txhawb nqa
endure *v* uv
enemy *n* yeeb ncuab
energetic *adj* cus cus, nquag
energy *n* lub zog
enforce *v* yuam siv
engage *v* raus tes rau
engaged *adj* qhaib
engagement *n* kev sib qhaib
engine *n* tshuab
engineer *n* kws tsim
England *n* Teb Chaws Askiv
English *adj* Lus Askiv
engrave *v* txaug, txua
engraving *n* kev txaug ub no
engrossed *adj* niaj hnub
engulf *v* nqos
enhance *v* ntxiv
enjoy *v* lomzem
enjoyment *n* kev lomzem
enlarge *v* nthuav loj tuaj
enlargement *n* kev nthuav loj tuaj
enlighten *v* muab kev paub
enormous *adj* loj loj
enough *adv* txaus lawm
enrage *v* ua rau npau taws
enrich *v* ruaj ntseg
enroll *v* rau npe
enrollment *n* kev rau npe
ensure *v* ua rau ntseeg
entail *v* ua rau yuav tsum
entangle *v* ua rau mag voj hlua
enter *v* nkag mus
entertain *v* ua rau lom zem
entertaining *adj* lom zem
entertainment *n* kev ua si lom zem
enthrall *v* ua rau tau ua qhev
enthralling *adj* qhev
enthusiasm *n* kev nquag plias
entice *v* ntxias
enticement *n* kev ntxias dag
enticing *adj* ntxias
entire *adj* tag nrho
entirely *adv* tag nrho
entrance *n* kev nkag
entreat *v* thov, thov thov
entrenched *adj* faus zoo
entrepreneur *n* tub lag luam

entrust *v* tso siab rau, ntseeg
entry *n* qhov rooj nkag
enumerate *v* suav ib qho zuj zus
envelope *n* hnab ntawv
envious *adj* khib
environment *n* ib puag ncig
envisage *v* nco tau
envy *n* kev khib siab
envy *v* khib
epidemic *n* kab mob aws
epilepsy *n* mob qaug dab peg
episode *n* ib ntus
epistle *n* tsab ntawv
epitaph *n* lus sau ntawm ntxa
epitomize *v* piv xwv
epoch *n* txheej
equal *adj* sib npaug
equate *v* rub kom sib txig
equation *n* kev sib txig sib luag
equator *n* txoj kab plawv ntuj
equip *v* npaj rau
equipment *n* khoom siv
equivalent *adj* sib npaug
era *n* txheej
eradicate *v* tsem tawm, rhuav
erase *v* so tawm
eraser *n* lub so tawm
erect *v* tsa, tsim

erect *adj* tsa, tsim
err *v* kev ua txhaum
errand *n* haujlwm, dej num
erroneous *adj* yuam kev, tsis yog
error *n* qhov yuam kev
erupt *v* tawg
eruption *n* roob tawg hluav taws
escalate *v* ua loj tshaj qub
escape *v* khiav tawm
escort *n* tus pov thaiv
esophagus *n* hlab pas nqos mov
especially *adv* feem ntau
espionage *n* kev nyiag xov xwm
essay *n* tsab lus
essential *adj* tseem ceeb
establish *v* tsim, ua
estate *n* khoom teej tug
esteem *v* qhuas
estimate *v* kwv yees li
estimation *n* kev kwv yees
estranged *adj* tsim kev ntxub ntxaug
estuary *n* ncauj deg
eternity *n* mus tas ib txhis
etiquette *n* kev paub cai
euphoria *n* kev siab zoo
evacuate *v* tshem tawm
evade *v* zam
evaluate *v* ntaus nqi

evaporate *v* yaj
evasion *n* kev khiav nkaum
evasive *adj* uas khiav mus nkaum
eve *n* yav yuav tsaus ntuj
even *adj* tiaj tiaj, sib txig
even if *c* txawm hais tias
even more *c* txawm tias ntau tshaj
evening *n* yav yuav tsaus ntuj
event *n* xwm txheej
eventuality *n* thaum kawg
eventually *adv* txog thaum kawg
ever *adv* tau, tas li
everlasting *adj* kav mus ib txhis
every *adj* txhua txhua
everybody *pro* txhua txhua leej
everyday *adj* txhua txhua hnub
everyone *pro* txhua txhua tus
everything *pro* txhua txhua yam
evict *v* ntiab tawm
evidence *n* pov thawj
evil *n* kev ua phem
evil *adj* phem
evoke *v* tsa, hu
evolution *n* kev vam meej
evolve *v* hloov zuj zus
exact *adj* sib xws, kiag
exaggerate *v* khav theeb
exalt *v* qhuas, hawm

examination *n* kev sib tw
examine *v* tshuaj ntsuam xyuas
example *n* piv txwv, piv xam
exasperate *v* ua rau npau taws
excavate *v* khawb
exceed *v* tshaj, dhau
exceedingly *adv* loj heev li
excel *v* ua tau zoo tshaj
excellent *adj* zoo tshaj
except *pre* tshwj, tseg
exception *n* kev tshwj
exceptional *adj* tshwj tau
excerpt *n* cov lus uas txiav los
excess *n* qhov tshaj
excessive *adj* ntau heev
exchange *v* sib hloov, sib pauv
excite *v* ua rau muaj siab
excitement *n* kev muaj siab
exciting *adj* muaj siab
exclaim *v* qw
exclude *v* tsis suav
excruciating *adj* mob nyhav heev
excuse *v* thov zam txim
excuse *n* kev zam txim
execute *v* ua raws, tua
executive *n* cov thawj tswj
exemplary *adj* ua tus qauv zoo
exemplify *v* piv txwv hais tias

exempt *adj* tshwj, zam
exemption *n* kev tshwj, kev zam
exercise *n* qoj cev, nyom cev
exercise *v* xyaum ua
exert *v* tawm
exertion *n* kev tawm los
exhaust *v* tso pa tawm
exhausting *adj* pa tawm
exhaustion *n* kev tso pa tawm
exhibit *v* qhia paub
exhibition *n* kev qhia paub
exhilarating *adj* ua rau zoo siab
exhort *v* ntuas, hais
exile *v* ntiab tawm teb chaws
exist *v* muaj tiag
existence *n* kev muaj tiag
exit *n* kev tawm
exonerate *v* tsis raug txim
exorbitant *adj* ntau dhau lawm
exorcist *n* txiv neeb
exotic *adj* tsis tau pom dua
expand *v* nthuav dav
expansion *n* kev nthuav dav
expect *v* npaj siab
expectancy *n* qhov npaj siab
expectation *n* kev npaj siab
expediency *n* qhov tsim nyog
expedient *adj* tsim nyog

expedition *n* kev deb
expel *v* ntiab tawm
expenditure *n* kev siv nyiaj txiag
expense *n* kev siv nyiaj txiag
expensive *adj* kim
experience *n* kev ua dhau los
expert *adj* txawj ntse
expiate *v* qhia tias tu siab nrog
expiration *n* kev tag hnub nyoog
expire *v* tag hnub nyoog
explain *v* piav qhia
explicit *adj* tseeb, pom tseeb
explode *v* ua rau tawg
exploit *v* siv tsis raws cai
exploit *n* kev siv tsis raws cai
explore *v* tshawb nrhiav
explorer *n* tus tshawb nrhiav
explosion *n* kev foob pob tawg
explosive *adj* tawg taus
expose *v* ua kom pom khav
exposed *adj* pom khav
express *adj* ceev, sai
expression *n* zaj lus
expulsion *n* kev ntiab tawm
exquisite *adj* zoo nkauj heev
extend *v* ncav tawm
extension *n* kev txuas ntxiv
exterior *adj* sab nraum zoov

exterminate *v* txwv, txiav
external *adj* sab nrauv
extinct *adj* tsis muaj lawm
extinguish *v* tua hluav taws
extortion *n* kev quam yuam
extra *adv* ntau tshaj siab yam
extract *v* nro, thau
extraneous *adj* tsis tseem ceeb
extravagance *n* dhau qhov xav tau
extravagant *adj* nplua mias
extreme *adj* puag tom kawg
extremist *adj* luag muaj ceem
extroverted *adj* txhawj txog lwm tus
exude *v* muab tawm
exult *v* zoo siab
eye *n* qhov muag
eyebrow *n* plaub muag
eye-catching *adj* zoo siab
eyeglasses *n* iav qhov muag
eyelash *n* plaub qhov muag
eyelid *n* di maug
eyesight *n* ncua muag

F

fable *n* kev dag
fabric *n* ntaub, ntaub xov
fabricate *v* tsim, ua
fabulous *adj* zoo heev
face *n* ntsej muag, plhu
face up to *v* ntsib
facet *n* ntus
facilitate *v* pab, coj
fact *n* qhov tseeb
factual *adj* muaj tseeb
fade *v* ploj
faded *adj* tsuag zuj zus
fail *v* poob, swb
failure *n* tus neeg poob
faint *v* tsaus muag
faint *n* kev tsaus maug
faint *adj* tsaug tsaug
fair *adj* ncaj ncees
fairness *n* kev ncaj ncees
fairy *n* ntsuj, ntsuj plig
faith *n* kev nteeg
faithful *adj* ntseeg, tso saib
fake *v* lom txxwm ua
fake *adj* cuav, dag
fall *n* lub caij nplooj zeeg

fall

fall *iv* poob
fall back *v* thaub qab los
fall behind *v* caum tsis cuag
fall down *v* poob qis
fall through *v* tsis tso kev ua tias
fallacy *n* tswv yim yuam kev
falsehood *n* kev dag
falsify *v* txhaum
falter *v* mus tsis xwm yeem
fame *n* koob meej
familiar *adj* paub
family *n* tsev neeg
famine *n* kev tshaib plab
famous *adj* muaj koob
fan *n* kim cua
fanatic *adj* tsis mloog hais
fancy *adj* zoo zoo nkauj
fang *n* xeem faj
fantastic *adj* zoo hev
fantasy *n* txoj kev npaum suav
far *adv* deb
faraway *adj* deb deb
fare *n* nqi caij
farewell *n* kev sib ncaim
farm *n* teb
farmer *n* tus neeg ua liaj ua teb
farming *n* kev ua laij
farmyard *n* nras liaj

farther *adv* deb zog
fascinate *v* nyiam, quav
fashion *n* yam, hom
fashionable *adj* muaj xov lees
fast *adj* ceev, sai
fasten *v* khawm, pav
fat *n* roj
fat *adj* rog
fatal *adj* ua rau neeg tuag
fate *n* txoj hmoo
fateful *adj* tseem ceeb
father *n* txiv
fatherhood *n* kev ua txiv
father-in-law *n* yawm txiv
fatherly *adj* zoo li yog txiv
fatigue *n* kev sab, kev nceev
fatten *v* ua kom rog
fatty *adj* kob roj
faucet *n* kais dej
fault *n* kev txhaum
faulty *adj* ua tsis xwm yeem
favor *n* kev pom zoo
favorable *adj* kev hlub tshua
favorite *adj* qhov nyiam tshaj
fear *n* qhov ntshai
fearful *adj* ntshai
feasible *adj* tsis muaj
feast *n* lub coob meej loj

fight

feather *n* plaub noog
feature *n* xim xoo
February *n* Lub Ob Hlis Ntuj
fed up *adj* qhuav, ntxub
federal *adj* tsoom fwv teb chaw
fee *n* nqe, nuj nqe
feeble *adj* tsis muaj zog
feed *iv* yug, pub
feedback *n* rov xa dua rov qab
feel *iv* hnov, kov
feeling *n* kev hnov
feet *n* ko taw
feign *v* ua txuj, cuab
fellow *n* txiv neej, neeg
fellowship *n* kev sib raug zoo
felony *n* lub txim txaum loj
female *n* poj niam
feminine *adj* ntsig txog poj naim
fence *n* laj kab
fencing *n* kev ua laj kab
fend *v* thaiv, tshem tawm
fend off *v* tua tiv thaiv
fender *n* daim thaiv log ntseb
ferment *v* phwj
ferment *n* poov xab
ferocious *adj* nquag cem
ferocity *n* kev nquag cem
ferry *n* muaj ncoj thauj mus

fertile *adj* zoo noob
fertility *n* kev zoo
fervent *adj* muaj zog
fester *v* mob, mob ua paug
festive *adj* lom zem
fetid *adj* muaj ntxhiab
fetus *n* thiab zeej
feud *n* kev cib nyeej
fever *n* npaws, daus no
feverish *adj* mob ua npaws
few *adj* ob peb
fewer *adj* tsawg zog
fiber *n* daim ntawv
fickle *adj* hloov mus mus los los
fiction *n* dab neeg txua
fictitious *adj* cuav
fiddle *n* nkauj nag ncas
fidelity *n* kev ncaj ncee
field *n* tiaj nras
fierce *adj* siab tawv
fiery *adj* cig, kub heev
fifteen *adj* kaum tsib
fifth *adj* thib tsib
fifty *adj* tsib caug
fifty-fifty *adv* faib sib npaug
fig *n* txiv ntoo noj tau
fight *iv* muab los sib ntaus
fight *n* kev sibntaus

fighter

fighter *n* neeg sib ntaus
figure *n* xam, ntaus nqi
figure out *v* xav, ntaus nqi
file *v* cia kom muaj quaj
file *n* ib lub plaub
fill *v* txhub, txhab
filling *n* kev sam ntxiv
film *n* duab mus kev
filter *n* lub ntaub liv
filter *v* liv
filth *n* khoom qias
filthy *adj* qias neeg
fin *n* tis, tus tis
final *adj* qhov kawg
finalize *v* muab xaus tseg
finance *v* qev nyiaj rau
financial *adj* nyiaj txiag
find *iv* nrhiav ntsib
find out *v* nrhiav lwm qhov
fine *n* nplua, raug nplua
fine *v* rau txim
fine *adv* zoo heev
fine *adj* zoo
finger *n* ntiv tes
fingernail *n* rau tes
fingerprint *n* kan tes
fingertip *n* ntsis ntiv tes
finish *v* tag, tias

Finland *n* Teb Chaws Fisles
Finnish *adj* Neeg Fisles
fire *v* hlawv
fire *n* hluav taws
firearm *n* phom
firecracker *n* paj hluav taws
firefighter *n* neeg tua hluav taws
fireman *n* neeg tua hluav taws
fireplace *n* qhov cub
firewood *n* taws, ntoo taws
fireworks *n* paj taws tawg
firm *adj* ruaj, ruaj nreev
firm *n* chaw ua hauj lwm
firmness *n* khov kho
first *adj* thawj thawj
fish *n* ntses
fisherman *n* neeg nuv ntes
fishy *adj* zoo li ntses
fist *n* nrig, lub nrig
fit *n* kev tsaus maug
fit *v* tab tom hauv
fitness *n* tab tom phim
fitting *adj* hauv, phim
five *adj* tsib (5)
fix *v* kho
flag *n* chij, daim chij
flagpole *n* ncej chij
flamboyant *adj* ntau yam ntau tsav

flame *n* nplaim taws
flammable *adj* chig taws tau
flank *n* sab
flare *n* txim taws
flare-up *v* kev tswm siv
flash *n* duab teeb cig
flashlight *n* teeb tsom
flashy *adj* tsom teeb
flat *n* kev tiaj tiaj
flat *adj* tiaj tiaj, tus tus
flatten *v* luam, ua kom tiaj
flatter *v* lam qhuas
flattery *n* lo lus qhuas
flaunt *v* khav, nthuav tawm
flavor *n* txuj lom
flaw *n* qhov yuam kev
flawless *adj* tsis yuam kev li
flea *n* dev mub
flee *iv* khiav
fleece *n* plaub yaj
fleeting *adj* dhau mus
flesh *n* nqaij, tawvnqaij
flex *v* nyom, muab nkaus
flexible *adj* ua li cas los tau
flicker *v* laim, laim laim
flier *n* daim ntawv tshaj
flight *n* fij dav hlau
flimsy *adj* tsis khov, tsis ruaj

flip *v* ntxheev
flirt *v* thab, nyiam kev pleev
float *v* ntab (hauv hav dej)
flock *n* npoj, pab
flog *v* nplawm
flood *v* muaj dej nyab
flooding *n* kev dej nyab
floodlight *n* lub pob teeb cig
floor *n* npoo av, plag tsev
flop *n* ntog, poob
floss *n* xov ua paj ntaub
flour *n* hmoov plej
flourish *v* suav sau
flow *v* ntws
flow *n* ntws, dej ntws
flower *n* paj, paj ntoos
flowerpot *n* ko paj
flu *n* khaub thuas
fluctuate *v* pauv mus pauv los
fluently *adv* hais, qhia
fluid *n* kua, kua dej
flunk *v* poob kev kawm ntawv
flush *v* tso dej, yaug dej
flute *n* raj, lub raj
flutter *v* maj mam nthuav tis
fly *iv* ya
fly *n* yoov
foam *n* npuas, npuas ncauj

focus

focus *n* tsom, npaj
focus on *v* nyiam heev
foe *n* yeeb ncuab
fog *n* iab oo, huab
foggy *adj* mauj iab oo, huab
foil *v* yeej
fold *v* tais, quav
folder *n* hnab tais ntawv
folks *n* pej xeem
follow *v* raws qab
follower *n* tus raws qab
folly *n* kev ruam qauj
fond *adj* raug siab
fondle *v* tawb, kov tawb
fondness *n* kev nyiam
food *n* khoom noj
foodstuff *n* khoom hauv
fool *v* dag
fool *adj* ruam, tsis ntse
foot *n* taw, kos taw
football *n* pob ncaws
footprint *n* hneev taw
footstep *n* kauj quam
footwear *n* ntawb qhwv ko taw
for *pre* rau (muab rau), tau
forbid *iv* txwv, tsis pub
force *n* kev yua, kev thawb
force *v* yuam, thawb

forceful *adj* yam yuam cai
forcibly *adv* yam yuam cai
forecast *iv* twv, xav ua ntej
foreground *n* qhov chw ruaj
forehead *n* hauv pliaj
foreigner *n* pej kum cuab
foreman *n* thawj saib xyuas
foresee *iv* pom ua ntej
foreshadow *v* qhia ua ntej
forest *n* hav zoo
foretell *v* twv yam tom ntej
forever *adv* ib sim, ib txhis
forewarn *v* hais qhia ua ntej
foreword *n* cov lus tawm qhia
forfeit *v* poob cai, tso tseg
forge *v* lem, nyom
forgery *n* tsev ntau hlau
forget *v* kav liam
forgivable *adj* zam txim pub
forgive *v* zam txim
fork *n* rag, rab rawg
form *n* daim ntawv
formal *adj* raws kev raws cai
formality *n* raws txoj cai
formalize *v* sau (ntawv)
format *n* yam, hom
formation *n* kev teeb txeeb
former *adj* ua ntej

French

formerly *adv* dhau los lawm
formidable *adj* txaus ntshai
formula *n* qauv, txheej txeem
forsake *iv* tso tseg
fort *n* chaw tub rog
forthcoming *adj* tab tom yuav los
forthright *adj* ncaj nraim
fortify *v* tsus yeej ua rog
fortitude *n* peev xwm tis thaiv
fortress *n* qhov chaw khov
fortunate *adj* muaj hmoo
fortune *n* nyiaj txiag
forty *adj* plaub caug
forward *adv* tom ntej
fossil *n* pob txha
foster *v* pab tsim, pab yug
foul *adj* tsis ncaj, ntub
foundation *n* lub hauv
founder *n* tus tsim, tus tsa
foundry *n* chaw ua hlau
fountain *n* pas dej txhawv
four *adj* plaub
fourteen *adj* kaum plaub
fourth *adj* thib plaub
fox *n* hma, tus hma
foxy *adj* zoo li hma
fraction *n* ib feeb
fracture *n* qhov los

fragile *adj* tawg yooj yim
fragment *n* tej thooj
fragrance *n* pa tsw qab
fragrant *adj* tsw qab
frail *adj* tsis khov
frailty *n* siab muag
frame *n* thav ntawv
frame *v* npaj, tsim
framework *n* tus qauv
France *n* teb chaw fab kis
franchise *n* cai tshwj xeeb
frank *adj* qhia ncaj ncees
frankly *adv* tiag tiag
frankness *n* kev ncaj ncees
frantic *adj* muaj siab heev
fraternal *adj* kwv tij
fraternity *n* kev koom tes
fraud *n* kev dag noj
freckled *adj* muaj pob ntau heev
free *v* tso tawm, tso mus
free *adj* khoom, xyeej
freedom *n* kev ywj pheej
freeway *n* kev ceev
freeze *iv* khov, nkoog
freezer *n* thawv rau dej khov
freezing *adj* txias kom khov
freight *n* nqe xa khoom
French *adj* ntsig txog fab kis

frenetic *adj* vwm
frenzied *adj* ua rau chim siab
frenzy *n* kev chim siab
frequency *n* ib sij tshwm ib zaug
frequent *adj* thuv heev heev
frequent *v* thuv heev
fresh *adj* tshiab
freshen *v* ua kom tshiab
freshness *n* yam tshiab
friction *n* kev sib txhuam
Friday *n* hnub tsib
fried *adj* kib
friend *n* kev phooj ywg
fries *n* kev kib
fright *n* ntsai ceev ceev
frighten *v* hem, ua kom ntsai
frightening *adj* txaus ntsai
frigid *adj* tsis luag
fringe *n* ntug
frivolous *adj* tsis tseem ceeb
frog *n* qav
from *pre* tuaj
front *n* hauv
front *adj* hauv ntej
frontage *n* qhov tom hauv ntej
frontier *n* ciam teb chaw
frost *n* te, lwg khov
frostbitten *adj* raug te khov

frosty *adj* muaj te
frown *v* hnyav
frozen *adj* khov, nkoog
frugal *adj* qia dub
frugality *n* kev qia dub
fruit *n* txiv, txiv hmab
fruitful *adj* tau txiv zoo
fruity *adj* zoo li txiv
frustrate *v* dhuav, chim
frustration *n* kev dhuav kev chim
fry *v* ya
frying pan *n* yias(kib zaub)
fuel *n* roj, roj av
fuel *v* ntim roj kom puv
fugitive *n* tus neeg khiav txim
fulfill *v* ua raws
fulfillment *n* kev ntim
full *adj* puv, tsau
fully *adv* puv tshaj
fumes *n* pa, ncho pa
fumigate *v* pos, muab pos
fun *n* kev lom zem
function *n* luag hauj lwm
fund *n* tseem ceeb
fund *v* kho nyiaj xa
fundamental *adj* tseem ceeb
funds *n* nyiaj txiag
funeral *n* ntees

fungus *n* pwm khaus
funny *adj* txaus luag
fur *n* plaub(tsiaj)
furious *adj* chim heev
furiously *adv* chimkawg nkaus
furnace *n* lub cua sov
furnish *v* pub, phij cuam
furnishings *n* rooj tog
furniture *n* txaj chaw
furor *n* kev chim siab
furrow *n* kwj av
furry *adj* muaj plaub ntev
further *adv* nyob deb
furthermore *adv* dua li natwv
fury *n* kev chim siab heev
fuss *n* kem tawm tsam
fussy *adj* txhoj puab
futile *adj* tsis muaj qab hau
future *n* tom ntej
fuzzy *adj* tsis tpom tseen

G

gag *n* yam pos qhov ncauj
gag *v* pos qhov ncauj
gage *v* muab khoom tab
gain *v* tsav
gain *n* kev tsav, kev tsub
gal *n* poj niam
gale *n* cua hlob
gall bladder *n* tsib
gallant *adj* siab tawv
galvanize *v* txhaub
gamble *v* twv txiaj
game *n* kev sib tw ua si
gangrene *n* nqaib tuag
gap *n* kev tu ncua
garage *n* chaw rau tsheb
garbage *n* qub zaub qub mov
garden *n* vaj, val zaub
gardener *n* tus neeg ua vaj
gargle *v* yaug qa
garland *n* paj dej siab
garlic *n* qij, qej
garment *n* khauj ncaws
garrison *n* yeej tub rog
garrulous *adj* nyiam tham heev
gas *n* roj av, roj cua

gash *n* qhov to uas to tob
gasoline *n* roj, roj av
gasp *v* huas pa, ua pa
gastric *adj* ntsig txog lub plab
gate *n* rooj vag
gather *v* tso ua ke
gathering *n* kev khaws
gauge *v* khoom ntsuas
gauze *n* ntaub qhwv nqaij to
gaze *v* saib tsis ntsais muag
gear *n* khaub ncaws
geese *n* os nab
gem *n* pob zeb coj zoo nkauj
gender *n* poj niam txiv neej
gene *n* noob
general *n* dav dav
generalize *v* zuag dav dav los hais
generate *v* tsim, ua tawm
generation *n* tiam
generator *n* tshuab hluav taws xob
generic *adj* dav dav
generosity *n* lub siab zoo
genetic *adj* keeb kwm,
genial *adj* zoo siab
genius *n* tus neeg ntse heev
genocide *n* kev nruav tshem
genteel *adj* pabu cai
gentle *adj* siab ntev

gentleness *n* txiv neej
genuflect *v* txhos cog thov
genuine *adj* ncaj ncees
germ *n* kab mob
German *adj* neeg Germany
Germany *n* neeg Germany
germinate *v* pib tshwm sim
gestation *n* kev xeeb tub
gesticulate *v* kev qhia
gesture *n* kev piav ces
get *iv* os taub
get along *v* koom ua
get away *v* tawm mus
get back *v* tau rov qab
get by *v* tau txais
get down *v* tag kev cia siab
get in *v* los txog
get off *v* nqis tsheb
get out *v* tawm mus
get over *v* pawv
get together *v* ua ke
get up *v* sawv
geyser *n* dej txuav kub
ghastly *adj* txaus ntsai
ghost *n* poj ntxoog
giant *n* nyav, loj heev
gift *n* khoom plig
gifted *adj* muaj peev xwm

gigantic *adj* loj heev
giggle *v* luag nrov
ginger *n* qhiav
gingerly *adv* xyuam xim
giraffe *n* nees zag
girl *n* ntxhais
girlfriend *n* hluas nkauj
give *iv* muab, htem
give away *v* qhib kev
give back *v* muab rov qab
give in *v* nyoo, thov tsum
give out *v* ceeb toom, tso
give up *v* pov tseg, tswm
glacier *n* ib thaj av daus
glad *adj* zoo siab, pom zoo
glamorous *adj* zoo nkauj
glance *v* saib ib muag
glance *n* kev saib ib muag
gland *n* qog
glare *n* ci ci
glass *n* iav, khob iav
glasses *n* iav qhov muag
glassware *n* ib nrab hwj
gleam *n* pom kev tsis tseeb
gleam *v* pom tsis tseeb
glide *v* ya
glimpse *n* kev ntsia ib plia
glimpse *v* ntsia ib plia

globe *n* lub ntiaj teb
gloom *n* kev tsaus ntuj
gloomy *adj* tag kev cia siab
glorify *v* hawm, hwm
glorious *adj* muaj hmeej mom
glory *n* kev zoo siab
gloss *n* ci ci
glossary *n* lus txhais
glossy *adj* ci ci
glove *n* hnab tes
glow *v* ci ntsa iab, cig
glucose *n* piam thaj
glue *n* kua nplaum
glue *v* nplaum, lo
glut *n* luam lug
glutton *n* tus neeg noj ntau
gnaw *v* tom, ntsuas
go *iv* mus
go ahead *v* ua mus
go away *v* ncaim mus
go back *v* roc qab mus
go down *v* tog, nris mus
go in *v* ncag mus
go on *v* ua txuas ntxiv
go out *v* muaj kev sib raug zoo
go over *v* saib xyuas zoo
go through *v* mus dhau
go under *v* tais, swb

go up

go up *v* mus, nce mus
goad *v* txhawb
goal *n* hom phiaj
goalkeeper *n* tus ntes pob
goat *n* tshis
gobble *v* noj hu noj hu
God *n* yawm saub
goddess *n* poj saub
godless *adj* tsis ntseeg yawm saub
goggles *n* iav thiav qhov muag
gold *n* kub
golden *adj* zoo heev
good *adj* zoo
good-looking *adj* zoo nkauj
goodness *n* kev zoo
goods *n* khoom muag
goodwill *n* pluaj siab zoo
goof *v* nyuam kev
goof *n* kev nyuam kev
goose *n* os nab
gorge *n* kwj ha
gorgeous *adj* zoo nkauj heev
gorilla *n* liab hom loj loj heev
gory *adj* ntshav
gossip *v* taug xaiv
gossip *n* lus xaiv
gout *n* kev mob tes taw vwm
govern *v* kav, tswj hwm

government *n* tsoom fwv
governor *n* tus nom kav xeev
gown *n* tsho phaj sab
grab *v* ntsiab ntsos
grace *n* kev zoo nkauj
graceful *adj* zoo heev
gracious *adj* siab zoo
grade *n* qeb, theem
gradual *adj* zuj zus, maj mam
graduate *v* kawm tias
graduation *n* kev kawm tias
graft *v* lo ua ke
graft *n* kev lo ua ke
grain *n* ntsiav, noob
grammar *n* kev cai lus
grand *adj* loj heev
grandchild *n* xeeb ntxwv
granddad *n* yawg
grandfather *n* yaw
grandmother *n* pog
grandparents *n* niam pog txiv yawg
grandson *n* tub xeeb ntxwv
granny *n* pog, niam pog
grant *v* tso cai, muab
grant *n* nyiaj thov los
grape *n* txiv quav ntswg nyoos
grapefruit *n* ib hom txiv qab zib daj
grapevine *n* kev taug xaiv sai sai

graphic *adj* ntsig txog daib duab
grasp *n* ncua npab, npab
grasp *v* tuav, to taub
grass *n* hav nyom
grassroots *adj* hais txog cag nroj
grateful *adj* ua tsaug
gratitude *n* kev zoo siab ua tsaug
gratuity *n* tswv yim pab
grave *adj* ntsig txog lub ntxa
grave *n* ntxa, qua ntxa
gravel *n* xuab zeb
gravely *adv* yam txhawj txog heev
gravestone *n* txiag zeb toj ntxas
graveyard *n* toj ntxas
gravitate *v* mus rau ib seem
gravity *n* qhov tseem ceeb
gravy *n* kua nqaij
gray *adj* txho, tsos txho
grayish *adj* muaj ntsis txho
graze *v* ntsia, saib
graze *n* kev ntsia ntev ntev
grease *v* lo roj
grease *n* roj
greasy *adj* muaj muaj roj
great *adj* loj heev, zoo heev
greatness *n* kev zoo siab heev
Greece *n* teb chaw nkij
greed *n* kev hu loj

greedy *adj* cuaj khaum
Greek *adj* cov neeg nkij
green *adj* ntsuab
green bean *n* taum ntsuab
greenhouse *n* tsev cog aj
greet *v* ntsib
gregarious *adj* nyiam phooj ywg
grenade *n* foob pob
grief *n* kev tu siab
grievance *n* kev tawm tsam
grieve *v* tu siab
grill *v* ci nqaij
grill *n* qhov cub ci nqaij
grim *adj* nruj, tsiv
grimace *n* ntsej muag dub txig
grime *n* hmoov av
grind *iv* luag nyav
grip *v* txeeb, txhav
grip *n* kev txeeb, kev txhav
gripe *n* cem
grisly *adj* phem heev
groan *v* ntsaj, nroo
groan *n* kev ntsaj, kev nroo
groin *n* puab tais, ob ceg
groom *n* nraug vauv
groove *n* kwj deg
gross *adj* vuab tsuab
grossly *adv* qias neeg

grotesque *adj* tsis txaus ntseeg
grotto *n* qhov tsua
grouch *v* tawm tsam
ground *n* av, npoo av
ground floor *n* hauv qab lawj
groundless *adj* tsis ua raws pov thawj
groundwork *n* qhov tiag taw
group *n* pab, pab pawg
grow *iv* cog, hlob
grow up *v* loj hlob
growl *v* nroo
grown-up *n* neeg laus
growth *n* kev loj hlob
grudge *n* kev tsis tshua nyeem
grudgingly *adv* tsis txaus siab
gruelling *adj* siv zog heev
gruesome *adj* phem heev
grumble *v* nyooj nyooj
grumpy *adj* siab luv
guarantee *v* nta
guarantee *n* tus tuaj yeem nres
guard *n* tus neeg zov
guerrilla *n* hom laib loj loj
guess *v* khwv yees
guess *n* kev khwv yees
guest *n* qhua, tus qhua
guidance *n* neeg coj kev
guide *v* coj, hqia kev

guide *n* tus neeg coj kev
guidebook *n* phau ntawv qhia kev
guidelines *n* txheej txeem
guild *n* koos haum
guile *n* kev ntxias dag
guillotine *n* tsuam tob
guilt *n* txim, txim txaum
guilty *adj* txhaum
guise *n* daim ntawv sab nrauv
guitar *n* lub kis taj
gulf *n* ciag hiav txwv
gull *n* ib hom noog hiav txwv
gullible *adj* ntxias yooj yim
gulp *v* nqos ceev ceev
gulp *n* kev qhos ceev
gun *n* phom
gunfire *n* phom hluav taw
gunman *n* kws tua phom
gunpowder *n* tshuaj phom
gunshot *n* ncua mov txwv
gust *n* nthwc cua
gusto *n* kev mob siab
gut *n* hnyuv, peev xwm
guts *n* kev muab hnyuv tawm
gutter *n* ciav dej cug nag
guy *n* txiv neej
gym *n* chav xyaum tes taw

H

habit *n* tus cwj pwm
habitable *adj* nyob tau
habitual *adj* ib txwm coj li
hack *v* txiav, hnoos
haggle *v* sib cav, cib ceg
hail *n* lawg, qe lawg
hail *v* los lawg
hair *n* plaub hau
hairbrush *n* kev zawv plaub hau
haircut *n* kev txiav plaub hau
hairdo *n* kev tseev plaub hau
hairdresser *n* kws kho plaub hau
hairpiece *n* plob hau cuav
hairy *adj* muaj plaub hau ntau
half *n* ib nrab
half *adj* ib nrab
hall *n* ib chav tsev loj loj
hallucinate *v* yam tsis mauj tseeb
hallway *n* kis tsev
halt *v* nres, theem
halve *v* muab faib ua ob hqov
ham *n* nqaij ncej qab
hamlet *n* me nyuam zos
hammer *n* rauj, rab rauj
hammock *n* txaj viav vias

hand *n* tes, txhais tes
hand in *v* xa, muab
hand out *v* tseb ntawv
hand over *v* hloov tes
handbag *n* hnab khuam
handcuff *v* xauv tes
handcuffs *n* lub xauv tes
handful *n* tes puv tas
handgun *n* yaj phom
handicap *n* kev puas tes taw
handkerchief *n* phuam so ntswg
handle *v* lis, saib xyuas
handle *n* tus tes, tus ko
handmade *adj* suas tes ua
handrail *n* tus nqaj rau tes tuav
handshake *n* kev tuav tes
handsome *adj* zoo nraug
handwritting *n* kev rho tes sau
handy *adj* tau hauj lwm heev
hang *iv* dai, khuam
hang around *v* maj mam txav
hang on *v* tos ib pliag
hang up *v* khwb, kaw
hangup *n* kev khwb cia
happen *v* tshwm sim
happening *n* kev tshwn sim
happiness *n* kev zoo siab
happy *adj* zoo siab

harass

harass *v* thab, ua phem
harassment *n* kev thab
harbor *n* chaw nres nkoj
hard *adj* tawv, nyuaj
harden *v* khov, ruaj
hardly *adv* tsis tau, yuav luag
hardness *n* kev tawv
hardship *n* kev txom nyem
hardwood *n* ib hom ntoo tawv
hardy *adj* muaj peev xwm
harm *v* ua mob
harm *n* kev raug mob
harmful *adj* txaus ntshai
harmless *adj* tsis tsim teeb meem
harmonize *v* sib ncag zoo
harmony *n* kev sib haum xeeb
harp *n* ncas
harpoon *n* hmuv nkaug ntses
harrowing *adj* mob siab
harsh *adj* nyuaj heev
harshly *adv* yam nyuaj heev
harshness *n* kev nyuaj heev
harvest *n* kev suav sau
harvest *v* sau, hlais
hassle *v* sib cav
hassle *n* kev cav sib ceg
haste *n* kev maj
hasten *v* maj, rawm

hastily *adv* maj maj heev
hasty *adj* maj, rawm
hat *n* kaus mom
hatchet *n* rab taus
hate *v* ntxub, tsis nyiam
hateful *adj* ntxim ntxub
hatred *n* kev ntxub ntxaug
haughty *adj* zoo siab heev
haul *v* thauj, cab
haunt *v* xyuas ncaim
have *iv* muaj
have to *v* yuav tsum ua
haven *n* ntuj ceeb tsheej
havoc *n* kev puas tsuaj
hawk *n* tus dav
hay *n* nroj qhuav
haystack *n* pawg nroj qhuav
hazard *n* khoom muaj taug
hazardous *adj* txaus ntsai
haze *n* iab oo, huab
hazelnut *n* noob txiv noj tau
hazy *adj* tsaus huab
he *pro* nws
head *n* taub hau
head for *v* mus ua
headache *n* mob taub hau
heading *n* thawj lus
head-on *adv* taub hau sib nraus

hereditary

headphones *n* lub mloog pob ntseg
heal *v* kho, ua kom zoo
healer *n* tus kws kho mob
health *n* kev noj qab nyob zoo
healthy *adj* tsis muaj mob
heap *n* pawg, ib pawg
heap *v* pov ua ib pawg
hear *iv* hnov
hearing *n* kev hnov lus
hearsay *n* lus xaiv, lus ncua
heart *n* plawv, lub plawv
heartbeat *n* lub plawv xa ntshav
heartburn *n* kev tsis xis nyob
hearth *n* ntug cub
heartless *adj* tsis txawj xav
hearty *adj* muaj siab, zoo siab
heat *v* rhaub, ua kom sov
heat *n* cua kub
heater *n* lub tshuab cua sov
heathen *n* neeg poob qab
heating *n* cua kub
heatwave *n* thaum caij sov heev
heaven *n* ntuj ceeb tsheej
heaviness *n* qhov hnyav
heavy *adj* hnyav
heckle *v* thab
hectic *adj* khwv heev
heed *v* mloog

heel *n* luj taws
height *n* qhov siab
heighten *v* ua kom siab
heinous *adj* phem
heist *n* neeg tub sab
helicopter *n* dav hlau kiv tshuab
hell *n* dab teb
hello *e* nyob zoo
helm *n* lub cauj lem
helmet *n* kos mom hlau
help *v* pab, sib pab
help *n* kev pab
helper *n* tus pab
helpful *adj* muaj txiaj ntsig
helpless *adj* tag hau kev
hem *n* ntug, tus ntug
hemorrhage *n* tsob ntshav
hen *n* Poj qaib
hence *adv* li ntawb
henchman *n* tus neeg yus ntseeg
her *adj* nws li
herald *v* tshaj tawm
herald *n* tus tshaj tawm
herb *n* tshuaj ntsuab
here *adv* nov, ntawm no
hereafter *adv* yam tom ntej
hereby *adv* raws li hais
hereditary *adj* tiam dhau rau tiam

hermetic *adj* tsis dim pa
hermit *n* neeg twm zeej
hernia *n* kev hlauv hnyuv
hero *n* kev cawm seej
heroic *adj* sob lus
heroin *n* yeeb dawb
hers *pro* nws li
herself *pro* nws tus kheej
hesitant *adj* yig, tsis tshua yeem
hesitate *v* yig, tsis yeem
hesitation *n* kev tsis yeem
heyday *n* caij nyoog zoo
hiccup *n* kev ua ntsos
hidden *adj* nkaum lawm
hide *iv* khaum, nraim
hideaway *n* txoj kev nraim
hideous *adj* qias neeg heev
high *adj* siab
highlight *n* qhov tseem ntsiab
highly *adv* siab, ua kom siab
highway *n* kev loj, kev tsheb loj
hike *v* taug kev deb
hike *n* kev taug kev deb
hilarious *adj* txaus luag heev
hill *n* toj roob
hilly *adj* cuam kawb
hilt *n* ko ntaj
hinder *v* tab kawm, khaum kev

hindrance *n* ab kaum
hindsight *n* kev ntsia rov tom qab
hinge *v* tig mus los tau
hint *n* kev piv txwv
hint *v* piv txwv
hip *n* ntsag, lub ntsag
hire *v* ntiav, ntxias
his *pro* nws li
hiss *v* saib tsis taus
historian *n* kws keeb kwm
history *n* keeb kwm, liv xwm
hit *n* kev ntaus
hit *iv* tsoo
hit back *v* xa tib lawg rov qab
hitch *n* kev khi hlua
hitch up *v* rub nce
hive *n* nas ntab
hoard *v* tseg cia
hoarse *adj* txhaws suab
hoax *n* kev ntxias dag
hog *n* npua, quab npua
hoist *v* nqa
hoist *n* kev nqa
hold *iv* tuav, tswj kav
hold back *v* ib siab, ob siab
hold on to *v* tuav ruaj
hold out *v* tuaj yeem
hold up *v* ncua caij nyoog

hole *n* qhov, lub qhov
holiday *n* hnub so
hollow *adj* khoob lug
holocaust *n* kev liam sim
holy *adj* tshwj xeeb
homage *n* kev hwm
home *n* tsev
homeland *n* lub zos yug
homeless *adj* loj leeb
homely *adj* yooj yooj yim
homesick *adj* nco vaj nco tsev
hometown *n* lub zos yug
homicide *n* kev tuag neeg
homily *n* lus hais
honest *adj* ncaj ncees
honesty *n* kev ncaj ncees
honey *n* zib ntab, tus hlub
honk *v* nyem tswb tsheb rau
hoodlum *n* neeg phem
hoof *n* rau tsiaj
hook *n* nqe lauj
hooligan *n* neeg phem
hop *v* dhia, dhia paj paws
hope *n* cia siab
hopeful *adj* muaj kev cia siab
hopefully *adv* muaj kev cia siab
hopeless *adj* tag kev cia siab
horizon *n* qab ntug

horizontal *adj* tav toj
horn *n* kub, tus kub
horrendous *adj* phem heev
horrible *adj* txaus ntshai
horrify *v* ua pem rau
horror *n* kev phem
horse *n* nees
hose *n* hlua, hlua raj dej
hospital *n* tsev kho mob
hospitality *n* kev tos txais
host *n* tswv cuab
hostility *n* ua yeeb ncuab
hot *adj* kub, ntsiv ntsiv
hotel *n* tsev ntiav
hound *n* dev caum nqaij
hour *n* teev, 60 feeb
hourly *adv* txhua txhua teev
house *n* tsev, vaj tsev
household *n* tsev neeg
housekeeper *n* tus tu tsev
housewife *n* niam tsev
hover *v* ntsauv
how *adv* li cas,
however *c* li cas los xij
hub *n* hqov nruab nrab
huddle *v* sib txiv, los ua ke
hug *v* puag, qawm
hug *n* kev puag

huge *adj* loj heev
hull *n* daim tawv txiv
human *adj* ntsig txog tib neeg
human being *n* neeg
humanities *n* tib neeg, haiv neeg
humankind *n* noob neej
humid *adj* vaum, vaum vaum
humidity *n* hws, fws
humiliate *v* rhuav ntsej muag
humility *n* kev txo hwj chim
humor *n* dab ros
humorous *adj* txaus luag
hump *n* thooj, pob
hunch *n* ua pob, su
hunchback *n* khoov pob
hunched *adj* sawv caws nkoos
hundred *adj* ib puas
hundredth *adj* thib ib puas
hunger *n* kev tshaib nqhis
hungry *adj* tshaib plab
hunt *v* raws tsiaj
hunter *n* thawj coj tua tsiaj
hunting *n* kev tua tsiaj qus
hurdle *n* kev daig, pob caus
hurl *v* txawb siv zog
hurricane *n* cua daj cua dub
hurry *v* maj, maj maj
hurry up *v* maj me ntsis

hurt *iv* ua rau mob
hurt *adj* mob mob
hurtful *adj* txaus mob
husband *n* tus txiv
hush *n* ntsiag to
hush up *v* zais siab
husky *adj* qhuav
hustle *n* qhov sai
hut *n* tsev pheeb suab
hydraulic *adj* siv zog dej
hyena *n* hma
hygiene *n* kev tu ib ce du lug
hymn *n* zaj nkauj ntseeg ntuj
hypnosis *n* kev ua kom mooj
hypnotize *v* tso pws khwb rwg
hypocrisy *n* kev khav theeb
hypocrite *adj* dag
hypothesis *n* ib qho kev xav
hysterical *adj* ntshai heev

I

I *pro* kuv
ice *n* daus, dej khov
ice cream *n* mis nyuj nkoog
icebox *n* thawv txias
ice-cold *adj* dej khov txias
icon *n* duab
idea *n* tswv yim
ideal *adj* zoo heev
identical *adj* zoo sib xws
identify *v* txheeb xyuas
identity *n* zeem neeg
ideology *n* kev ntseeg
idiot *n* tus neeg hlwb qeeb
idiotic *adj* ruam
idle *adj* tub nkeeg
idol *n* mlom
idolatry *n* kev hawm duab
if *c* yog tias
ignite *v* zes taws
ignorant *adj* tsis paub qab hau
ignore *v* puam chawj
ill *adj* mob, phem
illegal *adj* txhaum cai lij choj
illegible *adj* tsis pom zoo
illegitimate *adj* tsis raug cai
illicit *adj* tsis raug cai
illiterate *adj* tsis paub ntawv
illness *n* kev mob nkeeg
illogical *adj* tsis txaus ntseeg
illuminate *v* cig, pom kev
illusion *n* yog toog
illustrate *v* tso siab
illustration *n* kev tso siab
illustrious *adj* tshaj lij heev
image *n* duab
imagination *n* ua npau suav
imagine *v* ua yog toog
imbalance *n* tsis hnyav sib luag
imitate *v* qog raws qab
immediately *adv* tam sim ntawv
immense *adj* dav heev
immensity *n* kev dav
immerse *v* raus laum hauv
immersion *n* kev raus
immigrant *n* neeg khiav teb chaw
immigrate *v* khiav teb chaw
immobilize *v* txav tsis tau
immortal *adj* tsis paub tuag
immortality *n* kev tsis paub tuag
immune *adj* khoos
immutable *adj* hloov tsis tau lawm
impact *n* qhov pab tau
impact *v* pab hloov tau

impair *v* ua pua, puas
impartial *adj* ncaj nruab nrab
impatience *n* siab luv
impatient *adj* maj maj
impeccable *adj* tsis txaum li
impediment *n* qhov thaiv kev
imperfection *n* kev tsis zoo tag tag
imperial *adj* ntsig txog huab tais
impertinence *n* kev tsis paub cai
impertinent *adj* tsis tseem ceeb
impetuous *adj* tsis xyuam xim
implacable *adj* tsis mauj nakuj kev
implant *v* cog rau
implement *v* raus tes ua
implicate *v* zuag, rub
implication *n* qhov cuam tshuam
implicit *adj* tsis hais ncaj qha
implore *v* taij, thov
imply *v* ua kom paub
impolite *adj* tsis paub cai
importance *n* kev tseem ceeb
importation *n* kev nqus lag luam
impose *v* yuam, khoo
imposing *adj* txaus saib
impossibility *n* kev txais tsis tau
impossible *adj* mus tsis tau
impotent *adj* tsis muaj zog
impound *v* ntxeeb mus ceev tseg

impoverished *adj* ua rau txom nyem
impractical *adj* tsis zoo siv
imprecise *adj* tsis meej tseeb
impress *v* ua kom qhuas
impressive *adj* txaus siab
imprison *v* muab kaw
improper *adj* tsis tsim nyog
improve *v* txhim kho
improvement *n* kev txhim kho
improvise *v* hais kwv txhiaj
impulse *n* kev siab kub
impulsive *adj* siab kub
impure *adj* tsis dawb huv
in *pre* hauv
inaccessible *adj* nkag mus tsis txog
inaccurate *adj* tsis raug
inadequate *adj* tsis haum siab
inappropriate *adj* tsis phim
inasmuch as *c* vim hais tias
incalculable *adj* suav tsis txheeb
incarcerate *v* kaws nkuaj
incense *n* tus xyhab
incentive *n* kev rau siab ua
inception *n* kev pib ua
incessant *adj* tsis tu ncua
inch *n* ntiv tes
incident *n* xwm txheej
incidentally *adv* tos nco

infertile

incision *n* kev phais
incite *v* txhaub kom ua
incitement *n* kev txhaub kom ua
inclination *n* kev nqis hav
incline *v* nqis hav
include *v* suav nrog
inclusive *adv* suav nrog
incoherent *adj* ntxhov nyho
income *n* nyiaj khwv tau
incompatible *adj* tsis sib haum
incomplete *adj* tsis tiav
inconsistent *adj* tsis sib xws
incorporate *v* sib ua ke
incorrect *adj* tsis yog
increase *v* nce
increase *n* kev nce ntxiv
increasing *adj* nce
incredible *adj* tsis txaus ntseeg
increment *n* kev nce ntxiv
incriminate *v* iab liam
incur *v* ntsib, tau txais
indecisive *adj* ua ib siab ob siab
indeed *adv* qhov tseeb
indefinite *adj* tsis muaj ciam
indemnify *v* pov thaiv
independence *n* kev ywj pheej
independent *adj* ywj pheej
indicate *v* qhia rau pom

indication *n* kev qhia rau pom
indict *v* ua plaub
indifferent *adj* dog dig
indigent *adj* txom nyem
indirect *adj* lug
indiscreet *adj* tsis nco xav
indiscretion *n* kev tsis nco xav
indispensable *adj* tsim nyog heev li
indisposed *adj* mob
indoctrinate *v* qhuab qhia rau
indoor *adv* hauv tsev
induce *v* yaum
indulge *v* yuav siab
indulgent *adj* uas ua raws siab
industrious *adj* nquav plias
industry *n* kev nquav plias
inept *adj* ruam
inequality *n* kev tsis sib npaug
inevitable *adj* khiav tsis dhau
inexpensive *adj* tsis kim
infamous *adj* puas npe
infant *n* me nyuam mos ab
infantry *n* peeb zeej nruab av
infect *v* ua rau kis mob
infection *n* kab mob
infer *v* sau cov lus xav
inferior *adj* qis dua, poob qab
infertile *adj* tsis zoo

infidelity *n* kev deev hluas
infiltrate *v* nyiag nkag
infiltration *n* kev nyiag nkag
infirmary *n* tsev kho mob
inflammation *n* kev voos
inflation *n* kev tshuab cua
inflexible *adj* hloov kho tsis tau
inflict *v* ua rau muaj
influenza *n* khaub thuas loj
influx *n* kev ntws nkag los
inform *v* qhia, tshaj tawm
informant *n* tus tsaj xwm
information *n* xov xwm
infrequent *adj* tsis xwm yees
infuriate *v* kev chim
infusion *n* kev tsau
ingenuity *n* txawj txua
ingest *v* noj
ingrained *adj* uas cog tob heev
ingratiate *v* npliag
ingratitude *n* kev tsis ris txiaj ntsig
ingredient *n* yam xyaws nrog
inhabit *v* nyob
inhabitable *adj* nyob taus
inhabitant *n* tus neeg nyob
inhale *v* ua pa nkag
inhibit *v* cheem
inhuman *adj* lim hiam

initial *adj* xub thawj
initially *adv* theem xub
initials *n* kev xub pib
initiate *v* pib
inject *v* txau
injection *n* kev txhaj tshuaj
injure *v* ua rau raug mob
injury *n* kev raug mob
injustice *n* kev ncaj ncees
ink *n* kua mem
inlaid *adj* ntsig txog kev cog
inland *adv* hauv teb chaws
inland *adj* hauv teb chaws
in-laws *n* neej tsa
inmate *n* neeg mob
inn *n* tsev tos qhua
innate *adj* ib txwm zoo li
inner *adj* sab hauv mus ntxiv
innocence *n* kev tsis paub tab
innocent *adj* tsis paub tab
innumerable *adj* ntau heev
input *n* yam muab nkag
inquest *n* kev taug lw lus
inquire *v* nug, taug lw lus
inquiry *n* lus nug
inquisition *n* kev taug lw lus
insane *adj* vwm
insanity *n* kev puas hlwb

insatiable *adj* hu loj heev
inscription *n* lus nco txog
insect *n* me kab me ntsaum
insecurity *n* qhov tsis ruaj ntseg
insensitive *adj* tsis kev hnov mob
inseparable *adj* cais tawm tsis tau
insert *v* ntsaws nkag
insertion *n* kev ntxig
inside *adj* uas nyob sab hauv
inside *pre* sab hauv
insignificant *adj* tsis tseem ceeb
insincere *adj* tsis muaj siab tiag
insinuate *v* taw qhia
insinuation *n* kev taw qhia
insipid *adj* tsis qab, dhuav
insolent *adj* saib tsis taus
inspect *v* tshuaj ntsuam xyuas
inspiration *n* lub zog txhawb siab
inspire *v* ua zog txhawb siab
instability *n* tsis nres
install *v* teeb tsa
installation *n* kev teeb tsa
instance *n* piv txwv
instant *n* tam sim no
instead *adv* hloov
instigate *v* txawj ntxias
institute *v* teeb tsa
institution *n* kev teeb tsa

instruct *v* qhia
instructor *n* kws qhia
insufficient *adj* tsis txaus
insulate *v* tiv, thaiv
insulation *n* kev tiv
insult *v* saib qis
insult *n* kev saib qis
intact *adj* tsis tau puas
intake *n* kev coj nkag
integrate *v* sib sau
integration *n* kev sib sau
integrity *n* kev ncaj ncees
intelligent *adj* ntse
intend *v* npaj siab
intense *adj* nruj, nyaum
intensify *v* ua rau nce ntxiv
intensity *n* kev kub ntxhov
intention *n* kev npaj siab
intercede *v* thov kev pab
intercept *v* txwv txiav
intercession *n* kev thov kev pab
interchange *v* sib txauv
interchange *n* kev sib txauv
interest *n* kev nyiam
interested *adj* nyiam
interesting *adj* ntxim nyiaj
interfere *v* ntsaws
interference *n* kev tshaws

interior *adj* sab hauv
intern *v* kaw
interpret *v* txhais lus
interpretation *n* kev txhais lus
interpreter *n* tus txhais lus
interrogate *v* nug
interrupt *v* cuam tshuam
interruption *n* kev cuam tshuam
intersect *v* sib tshuam
intertwine *v* sib ntswj ua ke
interval *n* ntu, ncua
intervene *v* mus cuam tshuam
interview *n* kev sib tham lus
intestine *n* txoj nyhuv
intimacy *n* kev sib raug zoo
intimate *adj* sib ze heev
intimidate *v* hawv
intolerable *adj* uv tsis taus lawm
intolerance *n* kev uv tsis taus
intoxicated *adj* ua rau qaug
intrepid *adj* tsis ntshai
intricate *adj* cov cov
intrigue *n* tswv yim dag
intriguing *adj* dag
intrinsic *adj* tseem ceeb
introduce *v* qhia kom sib paub
intrude *v* cuam tshuam
intrusion *n* kev cuam tshuam

intuition *n* kev nkag siab
inundate *v* nyab, puv tag
invade *v* nam los txeeb
invader *n* tus nam los txeeb
invalid *n* neeg mob
invalidate *v* xav rov, txo
invasion *n* kev nam los txeeb
invent *v* txua tawm
invention *n* kev txua tawm
inventory *n* ntawv teev khoom
invest *v* nqis peev
investigate *v* soj qab taug lw
investment *n* kev nqis peev
investor *n* tus nqis peev
invisible *adj* ntsia tsis pom
invitation *n* kev caw
invite *v* caw
invoke *v* thov, quaj thov
involve *v* raus tes
involved *v* cov cov, nyuaj
involvement *n* kev nrog raus tes
inward *adj* sab hauv
irate *adj* chim
iron *n* hlau
irregular *adj* tsis raws cai
irrelevant *adj* tham lwm yam
irresistible *adj* tiv thaiv tsis tau
irreversible *adj* uas hloov tsis tau

irrevocable *adj* daws kho tsis tau
irrigate *v* tso kwj dej
irrigation *n* kev tso kwj dej
irritate *v* ua rau meem txom
irritating *adj* meem txom
island *n* pov txwm
isle *n* pov txwm
isolate *v* cais tseg
isolation *n* kev cais tseg
issue *n* teeb meem
Italian *adj* Neeg Istaslij
italics *adj* tus ntawv qaij
Italy *n* Teb Chaws Istaslij
itch *v* khaus
itchiness *n* kev khaus
itinerary *n* teem caij sawv kev
ivory *n* kaus ntxhw

J

jackal *n* hma
jacket *n* tsho loj tshooj
jaguar *n* tsov txaij
jail *n* tsev kaw neeg
jail *v* muab kaw
jam *n* qhov sib ti
janitor *n* neeg tu tsev
January *n* Lub Ib Hlis Ntuj
Japanese *adj* Neeg Nyiv Pooj
jar *n* lub hub
jaw *n* paub tsaig
jealous *adj* khib
jealousy *n* kev khib siab
jeopardize *v* kev pheej hmoo
jerk *v* taj heev
jerk *n* neeg ruam
jersey *n* tsho mos mos
job *n* txoj haujlwm
jobless *adj* tsis muaj haujlwm
join *v* koom
joint *n* kev sib koom
jointly *adv* sib koom
joke *n* kev tso dag tso luag
joke *v* tso dag tso luag
jokingly *adv* txaus luag heev li
jolly *adj* lom zem
jolt *v* phoom
jolt *n* kev phoom
journal *n* ntawv tshaj xo
journey *n* kev ncig teb chaws
jovial *adj* lom zem
joy *n* kev lom zem
joyful *adj* txaus lom zem

joyfully adv txaus siab heev li
jubilant adj txaus siab heev
jug n hub rau dej
juice n kua txiv xyoob ntoo
July n Lub Xya Hli Ntuj
jump v dhia, ua paj paws
jump n kev dhia
jumpy adj ntsig txog kev dhia
junction n kev tshuam
June n Lub Rau Hli Ntuj
jungle n hav zoov nuj txeeg
junior adj me, tseem hluas
junk n khoom qub
just adj ncaj ncees
justice n kev ncaj ncees
juvenile n cov tub ntxhais hluas

K

keep iv khaws cia
keep on v ua mus ntxiv
keep up v tuav kom siab
keg n lub thoob me
kennel n chaw yug dev
key n yawm sij

kick v ncaws, tuam
kickback n zog ntaus rov qab
kickoff n kev pib
kid n me nyuam yaus
kidnap v nyiag neeg
kidnapper n tus nyiag neeg
kidnapping n kev nyiag neeg
kidney n lub raum
kidney bean n noob taum
kill v tua
killer n tus tua
killing n kev tua
kind adj siab zoo
kindle v hlawv
kindly adv muaj lub siab zoo
kindness n kev siab zoo
king n huab tais
kinship n kev sib txheeb ze
kiss v hnia
kiss n kev hnia
kitchen n tsev mov
kite n lub vauj
kitten n me nyuam miv
knee n hauv caug
kneecap n pob hauv caug
kneel iv txhos caug
knife n riam, qab riam
knit v xaws

knob *n* lub pob qhov rooj
knock *n* kev khob
knock *v* khob, ntaus
knot *n* pob cos
know *iv* paub
knowingly *adv* uas txhob txwm
knowledge *n* kev nkag siab

L

lab *n* chaw tov tshuaj
label *n* daim ntaus cim
labor *n* dag zog, hauj lwm
laborer *n* neeg ua zog
lace *n* txoj hlua khau
lack *v* tu ncua, tsis muaj
lack *n* kev tsis muaj
lad *n* tub hluas
ladder *n* tus ntaiv
laden *adj* puv nkaus
lady *n* poj niam
ladylike *adj* ib yam li poj niam
lagoon *n* ceg dej
lake *n* pas dej loj
lamb *n* me nyuam yaj

lame *adj* ceg tawv
lament *v* quaj nyiav
lament *n* kev quaj nyiav
lamp *n* teeb taws roj
land *n* thaj av, teb chaws
landlord *n* tus tswv tsev
landscape *n* lub tswv yim
lane *n* txoj kab kev
language *n* lus, lus hais
languish *v* tag zog
lap *n* txhais ncej pob
lapse *n* ncua sij hawm
lard *n* roj npua
large *adj* loj
lash *n* rab nplawm
lash *v* nplawm, khi
last *v* tseem nyob
last *adj* thaum kawg
last name *n* lub xeem
last night *adv* nag hmo
lasting *adj* thev
lastly *adv* qhov kawg no
latch *n* tus ntsia liaj
late *adv* lig
later *adv* txawj qeeb
later *adj* qeeb
lateral *adj* ib sab
latest *adj* tom qab no

latter *adj* (neeg) tom qab
laugh *v* luag
laugh *n* lub suab luag
laughable *adj* txaus luag
laughter *n* kev luag
launch *n* kev tso
launch *v* tso
lavatory *n* chav plob
lavish *adj* luam thuam
lavish *v* siv luam thuam
law *n* kev cai lij choj
lawful *adj* raws kev cai lij choj
lawn *n* tshav hav nyom
lawsuit *n* plaub ntug
lawyer *n* kws kev cai lij choj
lax *adj* tsis ruaj
laxative *adj* tshuaj dim quav
lay *n* qhov chaw cia
lay *iv* pua, cia
lay off *v* tsum tsis thab
layer *n* txheej, theem
layman *n* neeg dog dig
layout *n* qauv haujlwm
laziness *n* kev tub nkeeg
lazy *adj* tub nkeeg
lead *iv* coj, ua tus coj
lead *n* txhuas
leaded *adj* coj

leader *n* tus coj
leadership *n* kev coj noj coj ua
leading *adj* ua ntej
leaf *n* daim nplooj, nplooj
leaflet *n* ntawv tseb
league *n* koom haum
leak *v* xau, txeej
leak *n* lub qhov xau
leakage *n* kev xau, kev txeej
lean *adj* nqaij ntshiv
lean *iv* pheeb, ib
lean back *v* pheeb
lean on *v* pheeb rau
leaning *n* kev pheeb, kev ib
leap *iv* dhia hla
leap *n* kev dhia hla
learn *iv* kawm
learner *n* tus kawm
learning *n* kev kawm
lease *n* ntawv cog lus qiv
leash *n* hlua khi
least *adj* me kawg kiag
leather *n* tawv tsiaj
leave *iv* tawm mus, tso cia
leave out *v* zam, hnov qab
lecture *n* lus qhuab qhia
leech *n* tus hiab
leftovers *n* qhov seem

lift-off

leg *n* txhais ceg
legend *n* zaj dab neeg
legible *adj* nyeem tau
leisure *n* sij hawm khoom
lend *iv* cia qiv
length *n* qhov ntev
lengthen *v* ua rau ntev ntxiv
lengthy *adj* ntev heev
leniency *n* pluaj siab dawb
lenient *adj* tsis nruj
leopard *n* tsov txaij
leper *n* neeg mob ruas
leprosy *n* mob ruas
less *adj* tsawg dua
lessee *n* tus neeg xauj tsev
lessen *v* txo nqis
lesser *adj* tsawg dua
lesson *n* zaj lus
lessor *n* tus tswv tsev xauj
let *iv* tso, cia
let down *v* tso tseg, txo nqis
let in *v* cia nkag los
let out *v* tso tawm
lethal *adj* tuag tau
letter *n* tsab ntawv
lettuce *n* zaub qhwv plawv
level *v* ua kom tiaj
level *n* tiaj, theem

lever *n* tus ko
levy *v* sau, sau nqi
lewd *adj* hais lus qias
liability *n* qhov ntxim li
liable *adj* ntxim li
liaison *n* kev sib txuas lus
liar *adj* dag
libel *n* cov lus thuam
liberate *v* tso tawm
liberation *n* kev tso tawm
liberty *n* kev ywj pheej
librarian *n* kev raug tso tawm
library *n* tsev ntawv
lice *n* cov tuv
licence *n* daim ntawv tso cai
license *v* tso cai
lick *v* yaim
lid *n* lub hau npog
lie *iv* pw
lie *v* dag
lie *n* lus dag
life *n* txoj sia, lub neej
lifeless *adj* tsis muaj sia
lifestyle *n* kev ua neej
lifetime *adj* ib sim neej
lift *v* nqa
lift off *v* nqa tawm
lift-off *n* kev peem

ligament *n* leeg tuav pob txha
light *iv* ua rau kaj, taws
light *adj* sib, tsis nyhav
light *n* kev kaj, duab ci
lighter *n* lub teeb ntais
lighting *n* kev ci ntsa
lightly *adv* sib sib
lightning *n* xob laim
lightweight *n* qhov sib
likable *adj* ntxim nyiam
like *pre* zoo ib yam li
like *v* nyiam
likely *adv* ntxim li yog tiag
likeness *n* qhov sib xws
liking *n* kev nyiam
limb *n* tes taw
limit *n* ciam
limit *v* muaj ciam
limitation *n* kev muaj ciam
limp *v* mus kev ceg tawv
limp *n* kev ceg tawv
line *n* txoj kab
linger *v* laug
link *v* txuas
link *n* kev txuas
lion *n* tsov ntxhuav
lip *n* di ncauj
liqueur *n* cawv qab zib

liquid *n* yam khoom yog kua
liquidate *v* them (nuj nqis)
liquidation *n* kev them (nuj nqis)
liquor *n* cawv
list *v* teev npe, sau npe
list *n* daim ntawv teev npe
listen *v* mloog
listener *n* tus mloog
litany *n* cov lus thov ntuj
literal *adj* raws nraim li hais
litigate *v* hais plaub ntug
litigation *n* kev hais plaub ntug
little *adj* me
little bit *n* me ntsis
liturgy *n* kab ke thov ntuj
live *adj* muaj txoj sia
live *v* nyob, muaj sia
livelihood *n* kev ua noj ua haus
lively *adj* lom zem
liver *n* lub siab, siab
livestock *n* tsiaj txhu
livid *adj* doog
living room *n* chav tos qhua
load *v* ntim khoom
load *n* khoom thauj
loaded *adj* ntsaws
loan *v* kam qiv nyiaj
loan *n* nyiaj qiv txais

loathe *v* ntxub ntxaug
loathing *n* kev ntxub
lobby *n* chav tos qhua loj
lobby *v* xiab nyiaj
lobster *n* cws hiav txwv
local *adj* hauv zos
locate *v* nyob, teeb tsa
located *adj* xaiv chaw
location *n* thaj chaw
lock *v* xauv nruas phoo
lock *n* lub nruas phoo
lock up *v* raug xauv cia
locust *n* tus kooj, kooj
lodge *v* nrhiav tsev so
lodging *n* tsev so
lofty *adj* siab heev
log *n* tog ntoo
log *v* sau cia
log in *v* rau npe nkag
log off *v* tsis nkag
loin *n* cheeb tsam plab
loiter *v* laug tos
lonely *adv* twm zeej
loner *n* neeg twm zeej
lonesome *adj* kho siab
long *adj* ntev
long-term *adj* ncua ntev
look *n* kev ntsia

look *v* ntsia, saib
look after *v* saib xyuas
look at *v* ntsia, saib
look down *v* thuam
look for *v* nrhiav, xam
look forward *v* npaj siab tos
look into *v* soj nug, taug lw
look out *v* nyob ntsia
look over *v* tshawb xyuas
look through *v* nrhiav
looking glass *n* daim iav
looks *n* kev saib
loom *n* tshuab ntob ntaub
loom *v* ntos ntaub
loose *v* tso, daws
loose *adj* xoob, tso dim
loosen *v* tso, daws
loot *v* txeeb, nyiag
lord *n* nom
lordship *n* kev ua nom
lose *iv* ploj lawm
loser *n* tus swb
loss *n* kev ploj, kev swb
lot *adv* pawg, pob
lots *adj* ntau
loud *adj* nrov, toog ntsej
loudly *adv* nrov toog ntsej
lounge *n* chav tos qhua

louse *n* tuv, ntshauv
lousy *adj* muaj ntshauv heev
lovable *adj* ntxim hlub
love *v* hlub
love *n* kev hlub
lovely *adj* ntxim hlub
lover *n* tus hlub
loving *adj* uas muaj kev hlub
low *adj* qis
lower *adj* qis dua
lowly *adj* qis qis
loyal *adj* ncaj ncees
loyalty *n* kev ncaj ncees
lubricate *v* kom ntaug
lubrication *n* kev ua kom nplua
lucid *adj* meej lawm
luck *n* txoj hmoo
lucky *adj* hmoov zoo
lucrative *adj* tau nyiaj zoo
ludicrous *adj* txaus luag
lukewarm *adj* dog dig
lull *n* ua rau ntsiag to
lumber *n* ntoo kaw tawm los
luminous *adj* ci rov qab
lump *n* pob thooj
lump sum *n* pob nyiaj
lump together *v* sau ua pawg
lunacy *n* kev vwm

lunatic *adj* vwm
lunch *n* pluas su
lung *n* lub ntsws
lure *v* dib
lurid *adj* txaus ntshai
lurk *v* nkaum tw ywm tos
lust *v* ntshaw
lust *n* txoj kev ntshaw
luxurious *adj* muaj ntau
luxury *n* kev muaj ntau
lynch *v* koom ntaus

M

machine *n* lub tshuab
machine gun *n* phom luaj zaj
mad *adj* vwm, puas hlwb
madden *v* ua rau vwm
madly *adv* vwm ntshuav
madman *n* neeg vwm
madness *n* kev vwm
magic *n* yees siv
magical *adj* ntsig txog yees siv
magician *n* kws ua yees siv
magistrate *n* kws tu plaub ntug

March

magnet *n* hlau nplaum
maid *n* ntxhais txib
maiden *n* ntxhais qev
mail *v* sau ntawv
mail *n* tsab ntawv
mailbox *n* thawv rau ntawv
mailman *n* kws xa ntawv
main *adj* tseem ceeb
mainland *n* thaj av dav
mainly *adv* feem ntau
maintain *v* khaws cia
maintenance *n* kev kho kom zoo
major *adj* loj
majority *n* feem ntau
make *n* tswv yim ua
make *iv* ua, txhua
make up for *v* them rov
maker *n* kws tsim
makeup *n* khoom pleev plhu
malaria *n* mob npaws yoov
male *n* txiv neej
malevolent *adj* phem heev
malice *n* kev npaj ua phem
malign *v* hais phem txog
malignancy *n* kev mob nyhav
malignant *adj* mob nyhav
mall *n* khws muag khoom
malnutrition *n* kev noj tsis txaus

mammal *n* tshiaj noj mis
mammoth *n* ntxhw
man *n* txiv neej
manage *v* saib xyuas, tswj
manageable *adj* tswj tau
management *n* kev tswj xyuas
manager *n* kav xwm
mandate *n* lus txib, lus hais
mandatory *adj* ntsig txog lus txib
maneuver *n* kev xyaum tub rog
manger *n* dab zaub
mangle *v* rhuav pov tseg
manhandle *v* tuav ua dog ua dig
maniac *adj* neeg vwm
manifest *v* qhia rau pom tseeb
manipulate *v* txawj siv heev
mankind *n* cov txiv neej
manliness *n* kev coj li txiv neej
manly *adj* coj li txiv neej
manner *n* cwj pwm, txoj hau kev
mannerism *n* cwj pwm txawv
manners *n* cwj pwm
manpower *n* cov zog
manure *n* chiv quav tsiaj
many *adj* ntau heev, coob
map *n* daim qhia chaw
marble *n* me nyuam pob zeb
March *n* Lub Peb Hlis Ntuj

mare *n* maum nees
margin *n* ntug, npoo
marinate *v* muab kua qaub ywg
marine *adj* ntsig txog hiav txwv
mark *n* lub cim
mark *v* ntaus cim
mark down *v* nqi poob
marker *n* cwj mem loj
market *n* kiab khw
marksman *n* kws tua phom
marriage *n* kev sib yuav
marrow *n* hlwb yas txha
marry *v* sib yuav
masculine *adj* ntsig txog txiv neej
mash *v* zom
massage *n* kev zuaj ib ce
massage *v* zuaj ib ce
massive *adj* loj heev
mast *n* ncej chij, ncej
master *n* tus xib fwb
master *v* nkag siab zoo
mat *n* daim lev
match *n* ntais ntawv
match *v* sib tw
mate *n* phooj ywg
material *n* khoom
maternal *adj* ntsig txog leej niam
maternity *n* kev yog leej niam

matter *n* xwm, dab tsi
mattress *n* pam pua chaw pw
mature *adj* loj kawg, loj txaus
maturity *n* kev loj kawg
maul *v* tom, dua
maxim *n* kev hais lus tiag
maximum *adj* ntau kawg kiag
May *n* Lub Tsib Hlis Ntuj
may *iv* ntxim li
may-be *adv* tej zaum
mayhem *n* kev raug ntaus mob
mayor *n* tus nom kav nroog
maze *n* kev cov nyom
meadow *n* tshav hav nyom
meager *adj* tsis txaus
meal *n* pluas mov
mean *iv* txhais tias
mean *adj* siab nqaim
meaning *n* lub ntsiab
meaningful *adj* tseem ceeb
meaningless *adj* tsis tseem ceeb
meanness *n* kev ua siab nqaim
means *n* txoj hau kev
measles *n* qhua pias
measure *v* ntsuas
measurement *n* kev ntsuas
meat *n* nqaij
meatball *n* qe nqaij

mild

mechanic *n* kws kho (tsheb)
medal *n* npib, lub kib
medication *n* tshuaj
medicine *n* tshuaj
mediocre *adj* dog dig
mediocrity *n* qhov dog dig
medium *adj* nruab nrab
meek *adj* coj zoo
meekness *n* kev coj zoo
meet *iv* ntsib
meeting *n* rooj ncauj lug
melancholy *n* kev tu siab
mellow *adj* puv, zoo
mellow *v* coj zoo, qoos
melody *n* suab paj nruag
melon *n* dib pag
melt *v* ua kom yaj
member *n* tub tes tub taw
memorize *v* ua chaw tshua
memory *n* chaw tshua
men *n* cov txiv neej
menace *n* xwm
mend *v* kho
mental *adj* ntsig txog hlwb
mentality *n* tswv yim
mention *v* hais txog
mention *n* kev hais txog
merchandise *n* khoom lag luam
merchant *n* tub lag tub luam
merciful *adj* muaj pluaj siab pab
merely *adv* tshuas yog
merge *v* ua ke, sib sau
merit *n* txiaj ntsig
merit *v* tsim nyog tau
mermaid *n* nkauj zaj
merry *adj* lom zem
mesh *n* lub vas
mess *n* kev ntxhov nyho
mess up *v* ntxhov
message *n* xov xwm, cov lus
messenger *n* tus tshaj xo
messy *adj* ntxhov nyho
meteor *n* hnub qub poob
method *n* hau kev
methodical *adj* muaj tswv yim npaj
meticulous *adj* ceev faj
mice *n* cov nas
midair *n* saum ib nta ntuj
midday *n* tav su
middle *n* nruab nrab
midget *n* neeg qig taub
midnight *n* ib tag hmo
mighty *adj* muaj zog
migraine *n* mob taub hau heev
migrate *v* khiav teb chaws
mild *adj* zooj

mildew *n* pwm
milk *n* kua mis
milky *adj* zoo li mis
mill *n* lub tshuab zom
millionaire *adj* neeg nplua nuj
mince *v* tsuav, zom
mind *v* siab xyuas
mind *n* siab ntsws
mindful *adj* quav ntsej txog
mindless *adj* tsis ceev faj
mine *n* qhov nyiaj qhov kub
mine *v* khawb qhov av mus
mine *pro* kuv li
mineral *n* nyiaj kub
mingle *v* sib xyaws
minor *adj* me zog, yau
minority *n* qhov me zog
mint *v* nchuav npib
minus *adj* rho tawm
minute *n* feeb
miraculous *adj* tsis txaus ntseeg
mirage *n* yog toog
mirror *n* daim iav
miscalculate *v* xam yuav kev
miscarry *v* nchuav me nyuam
mischief *n* kev khib dwb
mischievous *adj* tawv ncauj
miser *n* neeg cuaj khaum

miserable *adj* txom nyem
misery *n* kev txom nyem
misfortune *n* txoj hmoo pem
misgivings *n* txawj xeeb
misguided *adj* coj qhia ua txhaum
misinterpret *v* nkag siab yuam kev
misjudge *v* txiav txim yuam kev
miss *v* xav txog
miss *n* qhov yuam kev
mist *n* pos huab
mistake *iv* ua txhaum
mistake *n* kev ua yuav kev
mister *n* yawg hlob
mistreat *v* tsim txom
mistreatment *n* kev tsim txom
mistrust *n* kev tsis ntseeg siab
mistrust *v* tsis ntseeg siab
misty *adj* pos huab nti
misuse *n* siv yuav kev
mitigate *v* txo, ua kom sib
mix *v* sib xyaws
mixed-up *adj* sib xyaws
mixture *n* feem txuam
moan *v* quaj hu
moan *n* suab quaj hu
mob *v* sib xyaws pes daws
mobile *adj* hloov txav tau
mobilize *v* sau zog

mock *v* luag saib tsis taus
mode *n* txoj hau kev
model *n* hom, tus qauv
moderate *adj* nruab nrab
moderation *n* kev paub txaus
modern *adj* txheej neeg tshiab
modernize *v* ua rau vam meej
modest *adj* tsis khav theeb
modesty *n* kev tsis khav theeb
modify *v* hloov, kho
moisture *n* noo
molar *n* tus hniav puas
mold *v* tuaj pwm
mold *n* pwm
molest *v* tab kaum
mom *n* niam
moment *n* ib pliag
momentarily *adv* ib pliag ntshis
monarch *n* huab tais
monastery *n* tsev hauj sam
money *n* nyiaj
monitor *v* soj ntsuam, xyuas
monk *n* hauj sam
monkey *n* tus liab
monopoly *n* ib leeg kheej
monotonous *adj* txaus dhuav
monotony *n* qhov dhuav
monster *n* tus dab

monstrous *adj* phem heev
month *n* hli
monthly *adv* txhua txhua hli
monument *n* phiaj nco
monumental *adj* ua chaw nco
moody *adj* chim
moon *n* lub hli
moor *v* khi (nkoj)
mop *v* tus pas txhuam tsev
moral *adj* coj zoo
moral *n* cov lus qhuab ntuas
morality *n* kev coj zoo
more *adj* ntau ntxiv, tshaj
moreover *adv* tsis tas li no xwb
morning *n* sawv ntxov
moron *adj* neeg ruam qauj
morphine *n* tshuaj loog mob
mortal *adj* uas yuav tsum tuag
mortgage *n* khoom cog qiv
mortuary *n* chav tuag
mosquito *n* yoov
moss *n* ntxhuab
most *adj* tshaj plaws
mostly *adv* feem ntau
motel *n* tsev tos qhua
moth *n* npauj npaim
mother *n* niam, leej niam
motherhood *n* thaum yog niam

mother-in-law *n* niam tais
motivate *v* txhawb siab
motive *n* zog txhawb siab
motor *n* tshuab, lub cav
motorcycle *n* tseb cav
mouldy *adj* plhis
mount *v* caij, nce
mountain *n* roob
mountainous *adj* ntsig txog roob
mourn *v* tu siab
mourning *n* kev tu siab
mouse *n* tus nas
mouth *n* qhov ncauj
move *n* kev tsiv mus
move *v* tsiv mus
move back *v* thaub qab
move out *v* tsiv tsev
move up *v* muab nce
movement *n* kev txav chaw
mow *v* txiav nyom
much *adv* ntau
mucus *n* kua ntswg
mud *n* pas av nkos
muddle *n* ntxhov nyho
muddy *adj* muaj pas av nkos
muffle *v* vov, kauv
muffler *n* ntaub kauv caj dab
mule *n* khau khiab

multiple *adj* ntau tsav ntau yam
multitude *n* pawg neeg
mumble *v* yws
mummy *n* niam
mumps *n* mob tuv dev
munch *v* zom, xo
murder *n* kev tuag neeg
murderer *n* tus tua
murky *adj* tsaus
murmur *v* yws
murmur *n* lub suab yws
muscle *n* thooj nqaij
mushroom *n* nceb
music *n* nkauj
must *iv* ntxim li
mustache *n* hwj txwv
muster *v* sib sau
mute *adj* tsis hais lus
mutiny *n* kev tawm tsam
mutually *adv* ua ke
my *adj* kuv li
myself *pro* kuv tus kheej
mysterious *adj* zais npog
mystery *n* lus npog
mystic *adj* txaus hawm txog
mystify *v* ua rau cov
myth *n* dab neeg

N

nag *v* yws
nagging *adj* ntsig txog kev yws
nail *n* ntsia hlua
naive *adj* ncaj ncees
naked *adj* liab qab
name *n* npe, lub npe
namely *adv* muaj lub npe hu ua
napkin *n* ntaub so tes
narcotic *n* tshuaj muaj yees
narrate *v* piav
narrow *adj* nqaim
narrowly *adv* muaj ciam
nasty *adj* vuab tsuab
nation *n* teb chaws
national *adj* ntawm teb chaws
native *adj* zos yug
naughty *adj* tawv ncauj
nausea *n* xeev siab
nave *n* neeg zoo nkauj
navel *n* ntiv ntaws
navigate *v* khiav nkoj
navigation *n* kev khiav nkoj
navy *n* tub rog nruab deg
near *pre* ze

nearby *adj* ze, sib ze
nearly *adv* yuav luag
nearsighted *adj* qhov muag pom ze
neat *adj* du lug, huv si
necessary *adj* tsim nyog
necessitate *v* quab yuam
necessity *n* qhov tsim nyog
neck *n* caj dwb
necklace *n* saw
need *v* xav tau
need *n* qhov xav tau
needle *n* rab koob
needless *adj* tsis xav tau
needy *adj* uas xav tau
negative *adj* tsis lees
neglect *v* tso, puam chawj
negligence *n* kev tso tseg
negligent *adj* tsis quav ntsej
negotiate *v* tham nqi
negotiation *n* kev tham nqi
neighbor *n* neeg zej zog
nephew *n* tub xeeb ntwv
nerve *n* hlab ntsha
nervous *adj* tais caus
nest *n* zes noog
net *n* lub vas, qhov seem
neutral *adj* nruab nrab
never *adv* ib txwm tsis

nevertheless *adv* txawm li cas los xij
new *adj* tshiab
newcomer *n* tus tuaj tshiab
newly *adv* tshiab tshiab
news *n* xov xwm
newspaper *n* ntawv xov xwm
next *adj* txuas ntxiv
next door *adj* chav sib puab
nibble *v* kaws
nice *adj* zoo nkauj, zoo
nickname *n* lub npe ua si
night *n* hmo ntuj
nightfall *n* caij yuav tsaus ntuj
nightmare *n* npau suav phem
nine *adj* cuaj
nineteen *adj* kaum cuaj
ninety *adj* cuaj caum
ninth *adj* thib cuaj
nip *n* kev de, kev ntsiab
nip *v* de, ntsiab
nipple *n* lub txiv mis
no one *pro* tsis muaj leej twg
nobody *pro* tsis muaj leej twg
nocturnal *adj* nrhiav noj hmo ntuj
nod *v* ncaws hau
noise *n* lub suab
noisily *adv* suab nrov heev
noisy *adj* toog ntsej

nominate *v* teeb tsa
none *pre* tsis muaj dab tsi li
nonetheless *c* li cas los
nonsense *n* tsis yog lus
nonstop *adv* tsis tsum li
noon *n* tav su
noose *n* ntxiab
nor *c* tsis
normal *adj* ib txwm, dog dig
normally *adv* yeej ib txwm
north *n* sab qaum teb
northern *adj* phab qaub teb
northerner *adj* neeg qaum teb
nose *n* lub taub ntswg
nostalgia *n* kev nco vaj tse
nostril *n* qhov ntswg
nosy *adj* uas nug tw dais
not *adv* tsis
note *n* tsab ntawv luv luv
note *v* sau
notebook *n* phau ntawv sau
noteworthy *adj* tseem ceeb
nothing *n* tsis muaj dab tsi
notice *v* ntsia seb
notice *n* lus ceeb toom
noticeable *adj* uas ntsia pom tseeb
notification *n* kev ceeb toom
notify *v* ceeb toom

notion *n* txoj kev xav
notorious *adj* nrov npe
novel *n* dab neeg
novelty *n* khoom tshiab
November *n* Lub Kaum Ib Hlis Ntuj
novice *n* tus xub pib
now *adv* ziag no
nowadays *adv* niaj hnub no
nude *adj* liab qab
nudism *n* txoj cai uas liab qab
nudist *n* neeg liab qab
nudity *n* kev liab qab
nuisance *n* kev meem txom
null *adj* tsis muaj nqi
nullify *v* ua rau tsis muaj nqi
numb *adj* ua rau loog
numbness *n* kev loog
numerous *adj* ntau tsav ntau yam
nun *n* poj hauj sam
nurse *v* saib xyuas nob
nursery *n* tsev tu me nyuam me
nurture *v* tu xyuas
nut *n* noob txiv
nut-shell *n* tawv taum
nutty *adj* qab li taum

O

oar *n* tus pas nquam nkoj
oath *n* lug cog tseg
obedience *n* kev mloog lus
obedient *adj* mloog lus
obese *adj* rog dhau lawm
obey *v* mloog lus, ntseeg
object *v* tawv, tsis pom zoo
object *n* lub hom phiaj
objection *n* lus tawv
objective *n* lub hom phiaj
obligate *v* khi
obligation *n* kev khi
obligatory *adj* ua chaw leg
oblige *v* yuam
obliged *adj* uas tau yuam
oblique *adj* nkaus, zij
obliterate *v* rho tawm, rhuav
oblivion *n* kev hnov qab
oblivious *adj* hnov qab
obnoxious *adj* ntxim ntxub heev
obscene *adj* qias
obscenity *n* lus qias
obscure *adj* pom tsis tseeb
obscurity *n* kev pom tsis tseeb
observation *n* kev soj ntsuam

observe *v* soj ntsuam
obsess *v* txw tau
obsession *n* qauv quav
obsolete *adj* qub
obstacle *n* tab kaum
obstinacy *n* kev tawv ncauj
obstinate *adj* tawv ncauj
obstruct *v* thaiv, thaiv kev
obstruction *n* yam thaiv kev
obtain *v* tau, tau txais
obvious *adj* pom tseeb
occasion *n* sij hawm
occasionally *adv* ua qee zaus
occult *adj* txawv txawv
occupant *n* tus nyob
occupation *n* lub luag haujlwm
occur *v* tswm sim
ocean *n* hiav txwv
October *n* Lub Kaum Hli Ntuj
odd *adj* txawv
oddity *n* neeg txawv
odious *adj* qias neeg
odor *n* ntxhiab
of *pre* ntawm, li
off *adv* tawm
offense *n* kev txaum
offer *v* muab, muab pub
offer *n* kev muab

office *n* tsev ua hauj lwm
officer *n* kws leg hauj lwm
offspring *n* xeeb ntxwv
often *adv* ib txwm
oil *n* roj
okay *adv* tau kawg
old *adj* qub, laus
old-fashioned *adj* qub
omelette *n* qe kib
omen *n* ua npog
ominous *adj* ntsig txog ua npog
omit *v* cia tawm
on *pre* saum
once *adv* ib zaug
once *c* tawm sim ntawd ua
one *adj* ib
oneself *pre* tus kheej
ongoing *adj* tab tom ua mus
onion *n* dos
onlooker *n* tus pom xwm txheej
only *adv* tshuas yog
onset *n* kev pib
onslaught *n* kev ntaus rog
opaque *adj* tsom tsis tshab
open *v* qhib
open *adj* ntuav tawm
open up *v* ntuav tawm
opening *n* kev qhib

open-minded *adj* siab dav
openness *n* kev ua siab dav
operate *v* phais mob
operation *n* kev phais mob
opinion *n* txoj kev xav
opinionated *adj* pheej tawv ncauj
opium *n* yeeb, yaj yeeb
opponent *n* tus yeeb ncuab
opportune *adj* muaj hmoo
opportunity *n* txoj hmoo
oppose *v* tawv, sib hais
opposite *adj* ib leeg ib sab
opposite *adv* ib leeg ib sab
opposition *n* pawg tsis pom zoo
oppress *v* quab yuam
oppression *n* kev quab yuam
opt for *v* xaiv
optimistic *adj* ntsiab rov sab zoo
option *n* txoj hau kev xaiv
opulence *n* kev nplua nuj
or *c* los sis, los yog
oracle *n* lus saub, lus twv
orange *n* txiv kab ntxwv
orangutan *n* tus liab
orchard *n* vaj txiv xyoo ntoo
orchestra *n* pawg paj nruag loj
ordain *v* sam
ordeal *n* kev mob nkeeg

order *n* lus txib, lus kom ua
ordinarily *adv* raws li txhuas zaus
ordinary *adj* txhuas zaus
ordination *n* kev sam
organism *n* yam muaj sia
organization *n* kev teeb tsam
organize *v* teeb tsa
oriented *adj* hais txog
origin *n* chaw tawm
original *adj* uas yog chaw tawm
originally *adv* txheej thaum ub
originate *v* sib pib tuaj
ornament *n* khoom tsab
ornamental *adj* uas siv coj los tsab
orphan *n* me nyuam ntsuag
orthodox *adj* kab ke
ostentatious *adj* khav theeb
other *adj* lwm yam
otherwise *adv* tsis yog li ntawd ces
otter *n* tus ntxhuab
ought to *iv* tsim nyog
our *adj* peb li
ours *pro* peb li
ourselves *pro* peb tus kheej
oust *v* ntiab
out *adv* sab nrauv
outbreak *n* mob aws
outburst *n* kev tawg

outcome *n* qhov ua tau
outdated *adj* tsis cuag txheej
outdo *v* yeej
outdoor *adv* nraum tshav puam
outdoors *adv* sab nrauv
outer *adj* uas nyob sab nrauv
outgoing *adj* nyiam mus khoom
outgrow *v* uas loj hlob zoo tshaj
outlast *v* nyob tau ntev dua
outlet *n* kis cua nkag
outline *v* lub cev
outmoded *adj* tsis cuag txheej
outnumber *v* muaj ntau dua
output *n* qhov tsim tawm los
outrage *n* kev tsis ua raws
outrageous *adj* uas tsis ua raws
outrun *v* khiav ceev dua
outset *n* kev pib
outshine *v* tseeb dua
outside *adv* sab nrauv
outsider *n* neeg sab nrauv
outskirts *n* ntug nroog
outspoken *adj* hais lus tso tshav
outstretched *adj* uas ntev tawm
outward *adj* uas ntsia pom tau
outweigh *v* nyhav dhau
oval *adj* kheej li lub qe
ovary *n* zuas qe

ovation *n* txoj hau kev tshiab
over *pre* tshaj
overall *adv* tag nrho
overbearing *adj* yuav yus siab
overboard *adv* sab nrauv lub nkoj
overcast *adj* muaj huab ntau
overcoat *n* tsho loj
overcome *v* muaj yeej
overdo *v* ua ntau dhau lawm
overdone *adj* ua siav dhau lawm
overflow *v* phwj
overlap *v* sib tshooj
overlook *v* tsis faj xyuas
overnight *adv* tas hmo
overpower *v* muaj yeej
override *v* rho tawm
overrun *v* nkag txeeb
overseas *adv* hlab teb chaws
oversee *v* soj ntsuam
overshadow *v* tsim txom
oversight *n* kev saib yuam kev
overstate *v* hais tshaj qhov tseeb
overstep *v* tshaj ciam
overtake *v* cuam cuag
overthrow *v* tsis yuav
overthrow *n* kev tsis yuav
overtime *adv* dhau sij hawm
overturn *v* khwb

overview *n* piav lub ntsiab
overweight *adj* nyhav dhau
overwhelm *v* ntxias tau
owe *v* tshuav nuj nqi
owing to *adv* vim tias
owl *n* plas taub
own *v* ua tswv
own *adj* tswv
owner *n* tus tswv
ownership *n* kev ua tswv
ox *n* tus phaw nyuj
oxen *n* cov phaw nyuj
oyster *n* pias deg

P

pace *v* khiav nrog
pace *n* kev ceev
pacify *v* ua kom ntsiag
pack *v* hnab, pob
package *n* thawv, pob
pact *n* qhov cog lus
pad *v* ntim tog, ntsaws
padding *n* tog tias, tog pua
paddle *v* nquam nkoj

padlock *n* yawm sij
page *n* sab, ib sab
pail *n* thoob
pain *n* qhov mob
painful *adj* mob mob
painkiller *n* tshuaj zoo sab
painless *adj* tsis mob li
paint *v* sam, foo
paint *n* txhim, kua kob
paintbrush *n* tus txhuam kob
painting *n* kev txhuam kob
pair *n* nkawg, nkawm
pajamas *n* ris tsho hnav pw
pal *n* phooj ywg zoo
palace *n* tsev huab tais
palate *n* qab nyiag
pale *adj* tsos dawb daj lias
paleness *n* ntsej muag daj lias
palm *n* xib tes, xib teg
palpable *adj* meej, pom tseeb
paltry *adj* me me
pamphlet *n* phau ntawv me me
pan *n* lauj kaub, yias
pancreas *n* txiav, tus txiav
pang *n* mob ib zaug tob tob
panic *n* kev ceeb
panther *n* tsov dub
pants *n* lub ris**

pantyhose *n* nyias li ris
paper *n* ntawv
parable *n* lus piv tooj lus
parachute *n* kaus
paradise *n* ntuj cheeb tsheej
paradox *n* yam txawv qhov qub
parakeet *n* leeb nkaub
parallel *n* kev mua siab nraws
paralyze *v* tuag tes tuag taw
parameters *n* ciaj ciam, nrim
paramount *adj* siab tshaj lwm qhov
paranoid *adj* ntshai heev li
parasite *n* cab, tus cab
parcel *n* pob, thawv
parcel post *n* po, thawv
parched *adj* qhuav
pardon *v* zam txim
pardon *n* kev zam txim
parents *n* niam thiab txiv
parity *n* kev sib txig
park *v* nres tsheb
park *n* chaw ua si
parking *n* chaw ntes tsheb
parliament *n* tsev tiam lis
parochial *adj* tu ncua, nraim
parrot *n* noog leeb nkaub
parsley *n* zaub txhwb qaib
part *v* faib

part *n* qhov, thooj
partially *adv* zoo tsis tag
participate *v* koom tes, nrog
participation *n* kev koom tes
particle *n* ib qho me me
particular *adj* tus kheej
particularly *adv* kiag xwb
parting *n* kev sib faib
partisan *n* tus txhawb nqa
partition *n* kev cais, kev faib
partly *adv* ib feem, ib nrab
partnership *n* kev koom tes ua ke
party *n* tsum mov
pass *n* kev dhau, kev hla
pass *v* dhau, hla
pass around *v* ncig ib lwm dhau
pass away *v* tuag
pass out *v* tsaus muag
passage *n* kev tso cai hla
passenger *n* tus neeg caij tsheb
passer-by *n* tus dhau, Tus hla
passion *n* kev mob siab
passionate *adj* mob siab heev
passive *adj* siab qeeb
passport *n* ntawv hla nrim
password *n* lo lus zais
past *adj* dhau los lawm
paste *v* dhos

paste *n* ib co khoom noj
pasteurize *v* rhuab tua kab mob
pastor *n* xib fwb
pastry *n* khoom qab zib
patent *n* daim ntawv tswv
patent *adj* pom zoo
paternity *n* kev ua txiv
path *n* toxj kev
pathetic *adj* ntxhov siab
patience *n* kev ua siab ntev
patient *adj* siab ntev
patio *n* muam kaum
patriotic *adj* hlub teb chaws
patrol *n* kev ncig saib xyuas
patron *n* tus neeg tiv thaiv
patronage *n* ev pab cuam
pattern *n* qauv haujlwm
pavement *n* kev taug
paw *n* kos taw tsiaj
pay *n* kev them
pay *iv* them
pay back *v* them rov qab
payable *adj* yuav tsum them
paycheck *n* nqi ntiav
payee *n* tus txais
payment *n* kev sim nyiaj
payroll *n* nyiaj hli
payslip *n* daim txais nyiaj

pea *n* taum
peaceful *adj* thaj yeeb
peach *n* txiv duaj
peacock *n* yaj yuam
peak *n* ncov, ncov roob
peanut *n* txiv laum huab xeeb
pear *n* txiv lws zoov
peasant *n* neeg ua liaj ua teb
pebble *n* pob zeb (me)
peck *v* txauj, thos
peck *n* kev dua, kev thos
peculiar *adj* txawv txawv heev
pedal *n* qhov chaw tuam
pedestrian *n* neeg hla kev
peel *v* tev, laws
peel *n* kev tev
peep *v* nyiag saib
pelican *n* noog noj ntses
pen *n* cwj mem
penalize *v* nplua
penalty *n* lub txim txaum
penance *n* nyiaj npib liab
penchant *n* nyiam heev
pencil *n* cwj me qhuav
pendant *n* kib, lub kib
pending *adj* khuam nyob
penetrate *v* nkag mus rau
penguin *n* noog phw kiv

penicillin *n* tshuaj kua mis
penniless *adj* kas tham tawg
penny *n* nyiaj npib (as kiv)
pension *n* nyiaj si hauj lwm
pentagon *n* tsib ces
pent-up *adj* sais siab
people *n* neeg
pepper *n* kua txob
per *pre* los ntawm
perceive *v* ntaus nqi
percent *adv* feem pua
percentage *n* qhov feem puas
perception *n* qhov to taub
perennial *adj* nyob txhua lub caij
perfect *adj* zoo nkauj kawg
perforate *v* tho qhov
perform *v* ua yeeb yam
performance *n* kev ua yeeb yam
perfume *n* tshuaj tsw qab
perhaps *adv* tej zaum
peril *n* kev txo siav
perilous *adj* nrhiav kev txo siav
perimeter *n* nrim
period *n* lub caij kawg
perish *v* tuag, ploj tuag
perishable *adj* lwj
perjury *n* kev dag tos qab
permanent *adj* ruaj, khov

permeate *v* nkag dhau
permission *n* kev tso cai
permit *v* tso cai rau
pernicious *adj* txaus ntsai
perpetrate *v* txaum, ua phem
persecute *v* tsim txom
persevere *v* ua siab ntev
persistent *adj* tiv tiag tiag
person *n* neeg, tib neeg
personal *adj* tus kheej
personify *v* ua tus qauv
perspective *n* kev xam pom
perspiration *n* kev tawm hws
perspire *v* tawm hws
persuade *v* ntxias haub
persuasion *n* kev ntxias haub
pertain *v* hais txog
pertinent *adj* tseem ceeb
perturb *v* ua ntxhov siab
perverse *adj* phem, twm xeeb
pervert *v* dag
pervert *adj* siab phem
pest *n* kab noj qoob loo
pester *v* thab
pesticide *n* tshuaj tua kab
pet *n* tsiaj tu saib
petal *n* nplaim paj
petite *adj* ntxim nyiam

petition *n* kev thov
petrified *adj* khov ua pob zeb
petroleum *n* roj av
pettiness *n* siab nqaim
petty *adj* meme
pew *n* rooj zaum
pharmacist *n* kws muab tshuaj
pharmacy *n* chaw yuav tshuaj
phase *n* vuag, theem
pheasant *n* nraj
phenomenon *n* qhov tseeb
philosopher *n* tub laj lim
philosophy *n* laj lim
phone *n* xov tooj
phone *v* ntaus xov tooj
phoney *adj* tsis ncaj ncees
phosphorus *n* tsaus tsiav
photo *n* duab
photograph *v* yees duab
photographer *n* kws yees duab
photography *n* kev yees duab
phrase *n* kab lus, zaj lus
physically *adj* ntsig txog lub cev
physician *n* kws kho mob
piano *n* lub phias naus
pick *v* xaiv, de
pick up *v* khaws, nqa hlo
pickup *n* ntsheb me

picture *n* duab, daiim duab
picture *v* saib pom duab
picturesque *adj* zoo nkauj
pie *n* taub ci
piece *n* thooj, daim
piecemeal *adv* ib qho zuj zus
pier *n* chaw ncej choj
pierce *v* nkaug, chob
piercing *n* kev nkaug
piety *n* kev saib siab
pig *n* npua
pigeon *n* nquab
pile *v* teeb, tum
pile *n* kev teeb, kev tum
pile up *v* ntxiv ntau tuaj
pilfer *v* nyiag meme
pill *n* ntshuaj lub
pillage *v* txhav, txeeb
pillar *n* ncej zeb
pillow *n* hauv ncoo
pilot *n* kws tsav dav hlaus
pimple *n* pob kab ntxau
pin *n* koob khawm
pincers *n* ciaj tais khoom
pinch *v* npaws, li
pinch *n* cws, khauj khaum
pine *n* thuv, ntoo thuv
pineapple *n* txiv puv luj

pink *adj* paj yeeb
pinpoint *v* taw tes rau
pious *adj* ncaj ncees
pipe *n* raj hlau, raj dej
pipeline *n* raj dej
pistol *n* yaj phom
pit *n* qhov av, qhov zawj
pitch-black *adj* dub nciab
pitchfork *n* rawg dig quav nyab
pity *n* kev tu siab
placard *n* duab loj
placate *v* tswj
place *n* qhov chaw
placid *adj* ntsiag to
plague *n* kev phem
plain *n* tiaj nrag
plain *adj* qhuav qhauv
plainly *adv* tsis hnav zoo
plaintiff *n* tus foob
plan *v* npaj
plan *n* tswv yim, qauv
plane *n* nyooj hoom
plant *v* cog
plant *n* nroj tsuag, ntoo
plaster *n* ntaub qhwv tes
plaster *v* npog yam tuab npo
plastic *n* roj hmab
plate *n* phiab, tais

platform *n* sam thiaj, lawj
platinum *n* kub dawb
platoon *n* pawg tub rog
plausible *adj* txaus ntseeg
play *v* ua si, mus ua si
play *n* kev ua si
player *n* tus ua yeeb yam
playful *adj* nyiam ua si
plea *n* lus thov pab
plead *v* thov, taij
pleasant *adj* kaj siab
please *v* thov caw
pleasing *adj* txaus siab
pleasure *n* kev zoo siab
pleat *n* kev ntsaw
pleated *adj* ntsaw, xav tau
pledge *v* tuaj yeem, cog lus
pledge *n* kev cog lus
plentiful *adj* ntau heev
plenty *n* kev zoo
pliable *adj* siab dav, hloov tau
pliers *n* ciaj, rab ciaj
plot *v* txov, thau
plot *n* lub tswv yim phem
plow *v* laij, tshom
ploy *n* tswv yim zoo
pluck *v* dob, rho
plug *v* txhaws, daig

plug *n* pob ntsaws
plum *n* ib hom ntxiv ntoo
plumber *n* kws hko kav dej
plumbing *n* kav dej
plump *adj* rog
plunder *v* nyiag, txeeb
plunge *v* tog, dhia nqis
plunge *n* kev dhia nqis
plural *n* qhov ntau
plus *adv* ntxiv rau
plush *adj* tsav, tsam
pocket *n* hnab tshos
poem *n* paj huam
poet *n* kws paj huam
poetry *n* paj huam
poignant *adj* tu saib heev
point *n* kev taw, kev qhia
point *v* taw, qhia rau
pointed *adj* ua kom pom
poise *n* kev nyob twj ywm
poison *v* lom
poison *n* taug
poisoning *n* tshuaj lom
poisonous *adj* tshuaj lom, kuab
police *n* tub ceev xwm
policeman *n* tub ceev xwm
policy *n* txoj cai
polish *v* txhuam

polite *adj* paub cai
politician *n* tus neeg coj cai
pollen *n* hmoov paj ntoo
pollute *v* ua tsaug
pollution *n* kec ua tsaug
pomegranate *n* txiv ntoo phis las
pomposity *n* kev khav theeb
pond *n* pas dej
ponder *v* ua tib zoo xav
pontiff *n* thawj txiv plig
pool *n* paj dej
poor *n* kev txom nyem
poorly *adv* phem heev
popcorn *n* paj kws
Pope *n* thawj txiv plig
poppy *n* yeeb, yaj yeeb
popular *adj* nto koob, nto npe
popularize *v* ua kom nto koob
populate *v* nyob
population *n* kev nto koob
porch *n* muam kaum
porcupine *n* tsaug, nploos
pore *n* qhov meme
pork *n* nqaij npuas
porous *adj* dej txeem tau
port *n* chaw nres nkoj
portent *n* kev taw qhia
porter *n* neeg nqa khoom**

portion *n* feem, ib pawg
portrait *n* duab tib neeg
portray *v* pias ntsig txog
pose *v* tawm suab
posh *adj* muaj xov lees heev
position *n* qhov chaw
positive *adj* sab zoo, tiag tiag
possess *v* tswj, kav
possession *n* kev tswj
possible *adj* tsim nyog
post *n* ncej, tswg
post office *n* chaw xa ntawv
postage *n* nqi xa
postcard *n* duab xa moo
poster *n* daim duab loj loj
postman *n* tus xa ntawv
postpone *v* ncua
postponement *n* kev ncua
pot *n* lauj kaub, hub
potato *n* qos, qos yaj ywm
potent *adj* muaj zog
pothole *n* qhov zawj
poultry *n* tsiaj tuaj tis
pound *n* nyiaj phaus
pour *v* hliv, nchuav
poverty *n* kev txom nyem
powder *n* hmoov
power *n* zog, lub zog

powerful *adj* muaj zog
powerless *adj* tsis muaj zog
practical *adj* siv tau, zoo siv
practice *v* xyaum, kawm
practise *v* xyaum tas li
practising *adj* muaj kev paub
prairie *n* nras tiaj
praise *v* qhuas, pom zoo
praise *n* kev qhuas
praiseworthy *adj* txaus qhuas
prawn *n* ntxhais cws
pray *v* thov ntuj
prayer *n* cov lus thov ntuj
preach *v* hais lus thov ntuj
preaching *n* cov lus qhuab qhia
preamble *n* sob lus qhia ua ntej
precarious *adj* tsis khov
precede *v* ua ntej
precedent *n* qauv, piv txwv
preceding *adj* los txog ua ntej
precept *n* siv tau, zoo siv
precious *adj* muaj nuj nqis heev
precise *adj* ncaj heev
precocious *adj* ntxhib heev
precursor *n* tus tsim, tus pib
predecessor *n* tus ua ntej
predict *v* twv, khwv yees
prediction *n* kev twv

predilection *n* qhov nyiam
predominate *v* qhov ntau
prefabricate *v* ua tseg ua ntej
prefer *v* nyiam dhau
pregnancy *n* kev xeeb tub
pregnant *adj* xeeb tub
preliminary *adj* qhov ua ntej
prelude *n* qhov qhib ua nntej
premature *adj* tshwm sim ua ntej
premeditate *v* npaj ua ntej
premier *adj* siv tau, zoo siv
premise *n* ncauj lus
premises *n* thaj chaw nrog tsev
preoccupy *v* puv lawm
preparation *n* kev npaj
prepare *v* npaj
prerogative *n* hwj chim
prescribe *v* taw qhia
presence *n* khoom plig
present *adj* tuaj
present *v* qhib
preserve *v* txuag cia
preside *v* tswj rooj sib tham
press *n* xov xwm
press *v* nias, qhuab yuam
pressing *adj* maj heev
pressure *v* ntxhov siab
pressure *n* zog cua

prestige *n* hwj chim
presume *v* khws yees
presumption *n* kev xav
presuppose *v* khaws dawb
presupposition *n* kev piv txwv
pretend *v* ua txuj, tsab
pretense *n* kev ua txuj
pretension *n* kev xav kom ua
pretty *adj* zoo nkauj
prevalent *adj* dav heev
prevent *v* thaiv, tiv thaiv
prevention *n* kev tiv thaiv
preview *n* saib, saib ua ntej
previous *adj* dhau, dhau los
previously *adv* ua ntej nov
prey *n* nqiaj
price *n* tus nqi
pricey *adj* kim heev
prick *v* kos, hau koob
priest *n* hauj sam
primarily *adv* los ua ntej
prime *adj* qhov zoo tshaj
prince *n* tub haub tais
princess *n* ntxhais huab tais
print *v* luam tawm
print *n* kev luam, yees
printing *n* kev luam ntawv
prior *adj* ua ntej

prism *n* ib thooj khoom
prison *n* tsev laj cuj
prisoner *n* tus neeg raug txim
privacy *n* lus npog
private *adj* muaj tswv li
privilege *n* sam xeeb
probe *v* tshuaj ntsuam
probing *n* kev tshuaj ntsuam
problem *n* teeb meem
procedure *n* txheej txeem
proceed *v* pib, ua mus
proceeds *n* nyiaj tau los
process *n* txheej txheem
proclaim *v* tshaj tawm
proclamation *n* kev tshaj tawm
procrastinate *v* laug
procreate *v* ua me nyuam
procure *v* yuav, maub los
prod *v* thawb
prodigious *adj* loj heev
produce *v* tsim tawm
produce *n* kev tsim tawm
product *n* khoom
profane *adj* tsim txom
profession *n* txoj hauj lwm
proficient *adj* ua tau zoo heev
profile *n* sab uas saib pom
profit *v* tshaj thawj

profit *n* kev tshaj thawj
profound *adj* tob heev
program *n* txheej txeem
programmer *n* tus sau txeej xwm
progress *v* ua tau zoo dua qub
progress *n* kev vam meej
prohibit *v* txwv, thaiv
prohibition *n* kev txwv
project *v* npaj, khws yees
projectile *n* yam uas loj zuj zus
prologue *n* lus qhib
prolong *v* laug
promenade *n* kev taw
prominent *adj* nrov npe
promiscuous *adj* liam heev
promise *n* kev cog lus
promote *v* paj, txhawb
promotion *n* kev txhawb
prompt *adj* si, ceev
prone *adj* nyiam, ntxiav
pronoun *n* lub npe hu hloov
pronounce *v* hais
proof *n* pov thawj
propaganda *n* tus dag ntxias
propagate *v* tshaj tawm
propel *v* kiv, ncig
proper *adj* zoo, raug
properly *adv* raug, zoo

property *n* tug, leej tug
prophecy *n* kev ua saub
prophet *n* saub
proportion *n* kev teeb tim
proposal *n* ntsab ntawv thov
propose *v* thov
prosecutor *n* tus mus ua plaub
prospect *n* zeem muag
prosper *v* vam meej
prosperity *n* kev vam meej
prosperous *adj* ruaj khov
prostate *n* taub kua phev
prostrate *adj* pw khwb rwg
protect *v* tiv thaiv
protection *n* kev tiv thaiv
protest *v* tawm tsam
protest *n* kev tawm tsam
prototype *n* qhov xub xub muaj
protract *v* ncua, laug
protracted *adj* laug ntev
protrude *v* tshwm
proud *adj* zoo siab
prove *v* qhia tau qhov tseeb
proven *adj* qhov sim ua ntej
proverb *n* paj lus, paj lug
provide *v* pu rau
providence *n* kev taw qhia
providing that *c* qhia hais tias

province *n* xeev
provision *n* kev pab cuam
provisional *adj* pab ib vuag
provocation *n* kev ntxias
provoke *v* thab
prow *n* tog hau nkoj
prowl *v* nyob
proximity *n* kev sib ze
proxy *n* tus sawv cev
prudence *n* kev xyuam xim zoo
prudent *adj* xxyuam xim, ntse
prurient *adj* phem, siab phem
pseudonym *n* npe cuav
psychiatrist *n* kws kho neeg vwm
psychopath *n* neeg vwm
public *adj* suav daws li
publish *v* luam tawm
publisher *n* tus luam tawm
puff *n* kiv cua
puffed *adj* ua pa nyuaj
pull *v* ruj, nqus
pull down *v* rub mus hauv
pull out *v* rub tawm
pulley *n* thob log hlau rub
pulp *n* txiv ntoo
pulpit *n* rooj hais lus
pulsate *v* qhia sib xws
pulse *n* mem tes

pulverize *v* zom kom ntoog
pump *v* nqus, ntxhuav
pump *n* twj nqus
pumpkin *n* taub dag
punch *v* ntau
punch *n* kev ntaus
puncture *n* xwb pleb, tawg
punish *v* rau txim
punishable *adj* ua rau raug txim
punishment *n* kev rau txim
puppet *n* me nyuam roj hmab
puppy *n* me nyuam aub
purchase *v* yuav, muas
purchase *n* kev yuav
pure *adj* dawb huv, tshiab
purgatory *n* pem nyuj vag teem
purge *n* ke txwv txiav
purge *v* muab tshem tawm
purity *n* kev dawb huv
purple *adj* paj yeeb
purpose *n* lub hom phiaj
purposely *adv* txhob txwm
purse *n* hnab
pursue *v* caum, raws qab
pursuit *n* kev caum
pus *n* paug, kua muag
push *v* thawj, xyeeb
pushy *adj* tsav

put *iv* tso rau
put aside *v* tso rau ib sab
put away *v* khaws cia
put off *v* laug, ncua
put out *v* tua, kaw
put up *v* nruab nrab
put up with *v* ua taus taus
putrid *adj* lwj
puzzling *adj* ua rau ruam tas
python *n* nab daj loj loj

Q

quagmire *n* pas dej
quail *n* noog w
quake *v* co, ntshee
qualify *v* peev xwm
quality *n* qhov zoo
quantity *n* qhov ntau
quarrel *v* sib cav sib ceg
quarrel *n* kev sib cav
quarrelsome *adj* nyiam sib cav
quarry *n* qhov nyiaj qhov kub
quarter *n* ib feem plaub
quarters *n* ib feem plaub

quash *v* rhuav, ntxeev
queen *n* niam huab tais
queer *adj* ntxawv txawv
quell *v* nias
quench *v* tso tawm
quest *n* kev nrhiav
question *v* nug
question *n* kev nug
questionable *adj* teem qiag
questionnaire *n* cov lus nug
queue *n* moj tuam
quick *adj* sai, ceev
quicken *v* ua kom sai
quickly *adv* yam sai
quicksand *n* hav xuab zeb nqus
quiet *adj* twj ywm
quietness *n* kev twj ywm
quilt *n* pam paj ntaub
quit *iv* tsum, tso tseg
quite *adv* tsawv, tsiam tsawv
quiver *v* tshee
quiz *v* twv, ntsuas
quote *v* hais, hais txog

R

rabbit *n* tus luav
rabies *n* kab mob aub vwm
raccoon *n* hma, tus hma
race *v* sib tw, sib txeeb
race *n* kev sub tw
racist *adj* sib faib haiv neeg
racket *n* duav ntau tis qaib
radiation *n* kev tso sab cia rau
radiator *n* tus tso saib cia rau
radical *adj* tshaj dhau
radio *n* xov tooj cua
radius *n* pob txha tes
raffle *n* kev rho hmoov
raft *n* phuaj
rag *n* plob hau
rage *n* kev chim siab heev
ragged *adj* khaub khaub hlab
raid *n* kev tua
raider *n* nro nyooj hoom tua
rail *n* pa taws
railroad *n* kev tsheb nqaj hlaub
rain *n* nag
rain *v* los nag
rainbow *n* zaj, duab zaj
raincoat *n* tsho tiv nag

rainfall *n* dej nag
rainy *adj* muaj nag tas li
raise *n* kev yug
raise *v* yug, tsa
rake *n* sua, kaus
ram *n* txiv yaj, laug yaj
ram *v* yuam, nias
ramification *n* nceg ncau
ramp *n* kev tawm
rampage *v* chim, npau taws
rampant *adj* dav heev
ranch *n* nkuaj yug tsiaj
rancor *n* kev chim
range *n* kev chim
rank *n* qeb duas
rank *v* tso ua qeb
ransack *v* nyiag tshawb
rape *v* yuam deev
rape *n* kev yuav deev
rapid *adj* sai sai, ceev
rapist *n* tus neeg yuav deev
rapport *n* kev sib raug zoo
rare *adj* nriav nyuaj
rarely *adv* nriav nyuaj
rascal *n* siab phem
rash *v* maj maj
rash *n* kev ua pob
raspberry *n* txiv pos nphuab

rat *n* nas tsuag
rate *n* nqi, tus nqi
rather *adv* tsawv, tsiam tsawv
ratification *n* kev tso cai
ration *v* faib, sib faib
ration *n* kev faib khoom
rational *adj* muaj qhov thawj
rattle *v* ntshee, co
ravage *v* ua puas
ravage *n* kev liam
raven *n* noog uab lag
ravine *n* toj rooj saib
raw *adj* nyoos
ray *n* sab, duab hnub
raze *v* tsoo kom puas
razor *n* tus chai hwj txwv
reach *v* ncav, ncav cuag
reach *n* ncua uas ncav cuag
react *v* nti, tig cev
reaction *n* kev tig cev
read *iv* nyeem
reader *n* tus nyeem
readiness *n* kev npaj tau
reading *n* kev nyeem
ready *adj* txawm peem
real *adj* tseeb, tiag tiag
reality *n* qhov tseeb
realize *v* ncag siab

really *adv* tiag tiag
realm *n* chaw, teb chaws
realty *n* nyaig khoom
reap *v* hlais, sau
reappear *v* tshwm sim
rear *v* cog, saib xyuas
rear *n* qab, nram qab
rear *adj* nyob nram qab
reason *v* siv phim thawj
reason *n* phim thawj
reasonable *adj* muaj laij thawj
reasoning *n* kev muaj laij thawj
reassure *v* kom tso siab
rebate *n* nyiaj them rov qab
rebel *v* ntxeev teb chaws
rebirth *n* kev nyug tshiab
rebound *v* thaws
rebuff *v* tsis lees, cav heev
rebuff *n* kev tsis leev
rebuild *v* rov ua dua tshiab
rebuke *v* thuam
rebuke *n* kev thuam
recall *v* muab rov qab
recant *v* thim, rhuav
recap *v* lo roj hmab
recapture *v* suav sau ntiab lus
recede *v* thaub qab
receipt *n* daim ntawv txais

receive *v* txais
recent *adj* sai sai nov
reception *n* kev tos txais
receptionist *n* tus neeg tos txais
receptive *adj* txias tos cia
recess *n* caij so, qhov plaub
recharge *v* rov muab saj dua
reciprocal *adj* sib pauv
recital *n* lus nyeem
recite *v* hais raws qab
reckless *adj* tsis xyuam xim
reckon *v* kaj, xav suav
reckon on *v* suav hauv siab
reclaim *v* hu rov qab
recline *v* pheeb nruab qaum
recluse *n* tus neeg twm zeej
recognition *n* kev cim xeeb tau
recognize *v* cim xeeb tau
recollect *v* rov xav tog
recollection *n* kev nco qab
recommend *v* qhuab qhia
recompense *v* muab khoom plig
recompense *n* khoom plig
reconstruct *v* kho dua tshiab
record *v* kaw suab
recorder *n* twj kaw suab
recording *n* kev kaw suab
recount *n* kev suav dua tshiab

recoup v muab rov qab
recourse v thov kev pab
recourse n kev thov kev pab
recover v muab rov qab
recovery n kev kho dua
recreate v kho tshiab
recreation n kev kho tshiab
rectify v ua kom raug
rector n xib fwb
rectum n hnyuv qhov quav
recuperate v zoo rov los
recur v tshwm sim
recurrence n rov tshwm sim dua
red adj liab, kob liab
red tape n daim ntaub liab
redden v dhau ua kob liab
redeem v txhiv, pab tso
redemption n kev txhiv, kev tso
redo v ua dua tshiab
redress v kho, kev sib kho
reduce v txo
redundant adj ntau dhau lawm
reed n nplaim
reef n nqaj roob pob zeb
reel n kauj
reelect v xaiv tsa tshiab
refer to v taw rau lwm qhov
referee n tus txiav txim siab

referendum n kev teeb tsa
refill v txhab, ntim ntxiv
refinance v txais nyiaj
refine v lim, ua kom ntshiab
refinery n chaw cais
reflect v thaws rov los
reflection n thaws rov los
reflexive adj rov raug tus kheej
reform v kho kom zoo zog
refrain v zam
refresh v ua dua tshiab
refreshing adj ua kom ntsiab
refrigerate v ua kom txias
refuel v rau roj av
refuge n qhov chaw tiv thaiv
refugee n neeg tawg rog
refund v muaj nyiaj rov qab
refurbish v kho, kho tshiab
refusal n kev yig
refuse v tsis lees yuav
refuse n kev xyeej
refute v tsis pom zoo
regain v yuav rov qab
regal adj hawm rau huab tais
regard v suav, xav
regarding pre ntsig txog
regardless adv tsis tas hais
regards n kev saib siab

remedy

regiment *n* paug peeb zeej
region *n* thaj tsam
register *v* rau npe
registration *n* kev rau
regret *v* khuv xim, tu siab
regret *n* kev tu siab
regrettable *adj* ua kom khuv xim
regularity *n* kev sib npaug
regularly *adv* ib sij
regulate *v* tiv thaiv
regulation *n* txoj cai
rehabilitate *v* ua kom rov zoo los
rehearsal *n* kev xyaum
rehearse *v* xyaum
reign *v* tuav tswj
reign *n* hwj chim
reimburse *v* them rov qab
rein *v* tuav tswj
rein *n* kev tuav tswj
reinforce *v* txhawb zog
reiterate *v* hais mus hais los
reject *v* tsis lees
rejection *n* kev tsis leev
rejoice *v* txais tos
rejoin *v* rov nkag koom dua
related *adj* muaj kev txheeb ze
relationship *n* sib raug zoo
relative *adj* txheej ze

relative *n* kws tij
relax *v* so, zaum
relax *n* kev so
relaxing *adj* ua kom tau sau
relay *v* khoom pab cuam
release *v* tso tawm, daws
relegate *v* muab tso qeb duas
relevant *adj* nkag ntsiab lus
reliable *adj* nteeg tau
reliance *n* kev tso siab
relic *n* khoom plig
relief *n* kev pab cuam
relieve *v* pab cawm
religion *n* dab qhuas
relinquish *v* rhuav tshem
relish *v* lom zem
relive *v* rov xav txog
reluctant *adj* tsis yeem
reluctantly *adv* ib siab ob siab
rely on *v* ntseeg siab
remain *v* khuam tseg
remainder *n* qhov seem nyob
remaining *adj* seem nyob
remains *n* txoj lw
remake *v* ua tshiab
remarkable *adj* zoo heev li
remarry *v* ua tshoob tshiab
remedy *v* kho, ua kom zoo

remedy *n* ntsuaj
remember *v* nco qab
remembrance *n* kev nco qab
remind *v* hais kom nco qab
remit *v* xa rov qab
remittance *n* kev xa nyiaj
remnant *n* ib qhov me me
remodel *v* kho, hloov tshiab
remorse *n* mluas, ntsoos
remorseful *adj* xav txhaum
remote *adj* nrug deb heev
removal *n* rho tawm
remove *v* tshem tawm
remunerate *v* them
renew *v* ua tshiab
renewal *n* kev pi dua tshiab
renounce *v* thim, seem
renovate *v* kho kom zoo zog
renowned *adj* muaj suab nro npe
rent *v* ntiav, ntiav tsev so
rent *n* nqi tsev, kab ntuag
reorganize *v* kho dua tshiab
repair *v* ntxiv, kho
reparation *n* nyiaj them
repay *v* rov them nyiaj dua
repeal *v* tso tseg, rhuav
repeal *n* kev tso tseg
repeat *v* hais dua, ua dua

repel *v* tshem tawm
repent *v* tu siab tom qab
repentance *n* kev tu siab
repetition *n* zaj qub
replace *v* hloov, pauv
replay *n* kev hloov
replenish *v* ntxiv
replete *adj* puv puv
replica *n* qhov qog qab
replicate *v* kev qog qab
reply *v* teb rov qab
reply *n* kev teb rov qab
report *v* thoob xov, fi xov
report *n* kev fi xov
reporter *n* tus thoob xov
repose *v* pw so, so
repose *n* kev pw so, kev so
represent *v* sawv ces, tam
repress *v* thaiv tseg
repression *n* kev thaiv tseg
reprint *v* thauv tawm
reprint *n* kev thauv tawm
reproach *v* thuam
reproach *n* kev thuam
reproduce *v* rov ua dua
repudiate *v* tsis lees
repugnant *adj* qias neeg
repulse *v* tsis nyiam

repulse *n* kev tsis lees
repulsive *adj* ntxim ntxub
request *v* thov
request *n* kev thov kev pab
require *v* xav tau
requirement *n* kev xav tau
rescue *v* pab lub neej txoj sia
research *v* tshawb, nrhiav
research *n* kev tshawb
resemblance *n* kev zoo ib yam
resemble *v* zoo ib yam
resent *v* xa rov qab
resentment *n* kev xa rov qab
reservation *n* kev tshwj tseg
reserve *v* tshwj tseg
reservoir *n* pas dej tauv
reside *v* nyob rau ntawv
residence *n* qhov chaw nyob
residue *n* qhov seem
resign *v* thov tawm, zeem
resignation *n* kev zeem
resilient *adj* muaj peev xeem
resist *v* tiv, nres
resistance *n* kev tiv
resolve *v* pom zoo
resort *v* ib sij mus ib zaug
resounding *adj* txaus qhuas
resource *n* kev pab

respect *v* saib taus
respect *n* kev sab tau
respectful *adj* muaj kev saib taus
respiration *n* kev ua pa
respite *n* kev so
respond *v* teb, teb rov qab
response *n* cov lus teb
responsibility *n* feem xyuam
responsible *adj* saib xyuas, lis
responsive *adj* teb, lis sai heev
rest *v* tsum, so
rest *n* kev tsum, kev so
rest room *n* chav dej, tsev dej
restaurant *n* khw noj mov
restful *adj* ntiag to
restitution *n* kev teem, kev kho
restless *adj* tsis tau so
restore *v* muab rov qab
restrain *v* tuav tseg
restraint *n* kev tuav tseg
restrict *v* txwv
result *n* qhov kawg
resume *v* ntsiab lus
retain *v* khaws cia
retaliate *v* pauj, ua pauj
retaliation *n* kev pauj
retarded *adj* tswv yim tsawg
retention *n* kev khaws cia

retire *v* so hauj lwm
retirement *n* kev tawm hauj lwm
retract *v* thim, thau tawm
retreat *v* thim rov los
retreat *n* kev thim
retrieval *n* kev dawm
retrieve *v* tshawb los
return *v* rov qab
return *n* kev rov qab
reveal *v* nthuav tawm
revel *v* lom zem
revelation *n* kev zoo siab
reverence *n* kev siab taus
reversal *n* kev tig rov qab
reverse *n* kev ntxeev
review *v* saib xyuas dua
revise *v* ua tshiab
revoke *v* rho tawm
revolt *v* sawv ntxeev
revolting *adj* kev thab plaub
revolve *v* tig
revolver *v* yaj phom
revulsion *n* kev ntxub
reward *v* tau khoom plig
rhinoceros *n* twj kum
rhyme *n* lus sib qhos
rib *n* tav, txha tav
ribbon *n* paj ntaub

rice *n* mov, txhuv
riddle *n* txhiaj txhais
ride *iv* caij
ridge *n* laj rooj
ridicule *v* luag, thuam
ridicule *n* kev luag
ridiculous *adj* xav luag
rifle *n* pom ntev
rift *n* kev sib nrug
right *adv* tsim nyog
right *adj* sab xis
right *n* cai, txoj cai
rigid *adj* tawv, ruaj
rigor *n* kev coj nruj
rim *n* ntug, sab ntug
ring *iv* rub lub suab nrov
ring *n* nplaib
rinse *v* yaug
riot *v* sib ntaus sib chua
rip *v* txiav
rip apart *v* faib tawm
rip off *v* nyiag
ripe *adj* siav
ripen *v* ua kom siav
ripple *n* ntas
rise *iv* sawv, nce
risk *v* pheej hmoo ua
risk *n* kev pheej hmoo

risky *adj* txaus ntshai
rite *n* kab ke
rival *n* yeeb ncuab
rivalry *n* kev sib tw
river *n* dej, niam dej
rivet *v* ntaus ntsia hlaub
riveting *adj* poob siab
road *n* kev, txoj kev
roam *v* ncig
roar *v* suab nrov
roar *n* lub suab nrov
roast *v* ci, ncu
roast *n* nqaij ci
rob *v* tub sab, tub nyiag
robber *n* neeg tub sab
robbery *n* kev tub sab
robe *n* tsho tshooj
robust *adj* muaj zog
rock *n* pob zeb
rocky *adj* ua pob zeb
rod *n* pas nrig
rodent *n* nas, nas tsuag
roll *v* dov, kauv
romance *n* kev sib hlub
roof *n* ru tsev
room *n* chav, kem
roomy *adj* loj, dav
rooster *n* lau qaib

root *n* cag, caj ceg
rope *n* hlua
rose *n* paj ntshua nplaim
rot *v* ua kom lwj
rot *n* yam khoom lwj
rotate *v* tig, ncig
rotation *n* kev tig, kev ncig
rotten *adj* lwj, lwj lwj
rough *adj* ntxhib, tsis du
round *adj* kheej
rousing *adj* zoo heev
route *n* txoj kev
routine *n* qhov qub
row *v* nquam nkoj
row *n* kab, leej
rowdy *adj* lwj liam, phem
rub *v* zuaj, plws
rubber *n* roj hmab
rubbish *n* khoom qias
rubble *n* tsig pob zeb
rude *adj* phem
rudeness *n* kev tsis paub cai
rudimentary *adj* thaum xub thawj
rug *n* ntaub pua tw rooj
ruin *v* ua puas, rhuav
rule *v* kav, tswj
rule *n* cai, txoj cai
ruler *n* tus ntsuas

rum *n* txhab pob kws
rumble *v* xyu, nroo
rumble *n* suab xyu
rumor *n* lus xaiv lus ncua
run *iv* khiav, dhia
run away *v* khiaj mus
run into *v* khiav los
run out *v* tag
run over *v* khiav dhau
run up *v* khiav lawm sauv
runner *n* tus khiav
runway *n* tshav dav hlau
rupture *n* kev tawg
rupture *v* tawg, pluam
rural *adj* toj siab
ruse *n* lom txwm
rush *v* maj, rawm
Russia *n* teb chaw lav xias
Russian *adj* neeg lav xias
rust *v* xeb
rust *n* kab xeb
rustic *adj* ntsig txog toj siab
rust-proof *adj* ntsig txog kev xeb
rusty *adj* xeb
ruthless *adj* siab phem heev
rye *n* nplej teb

S

sack *v* ntim hnab
sack *n* lub hnab
sacred *adj* leej, muaj tiag
sacrifice *n* kev ua pub
sad *adj* tu siab
sadden *v* ua rau tu siab
saddle *n* eeb nees
sadness *n* kev tu siab
safe *adj* nyab xeeb
safety *n* kev nyab xeeb
sail *v* khiav nkoj cua
sail *n* nkoj cua
sailboat *n* nkoj cua
sailor *n* kws tsav nkoj cua
salary *n* nyiaj hli
sale *n* kev muag
sale slip *n* daim ntawv muag
salesman *n* neeg muag khoom
saliva *n* qaub ncaug
saloon *n* chav loj
salt *n* ntsev
salty *adj* daw ntsev
salvage *v* sau tseg
salvation *n* kev dim lub txim
same *adj* zoo ib yam

sample *n* tus qauv
sanctify *v* foom lus
sanction *v* lees yuav
sanction *n* kev rau txim
sanctity *n* kev leej
sanctuary *n* thaj chaw uas leej
sand *n* suab zeb
sane *adj* tsis vwm
sanity *n* kev meej pem zoo
sap *n* kua mis ntoo
sap *v* nqus tawm
sarcasm *n* kev luaj
sarcastic *adj* luaj
satanic *adj* lim hiam
satire *n* kev sib thuam
satisfaction *n* kev txaus siab
satisfactory *adj* txaus siab
satisfy *v* ua rau txaus siab
saturate *v* ua rau ntub
sauce *n* kua txob tuav
saucer *n* plaj tiag khob
sausage *n* nyhuv ntxwm
savagery *n* tsiv heev
save *v* pab
savings *n* txuag
savior *n* tus cawm txoj sia
savor *v* tau ntxhiab, saj
saw *iv* siv rab kaw txiav

saw *n* rab kaw
say *iv* hais, tham
saying *n* kev hais
scald *v* ua rau kub lug
scale *v* ntxeev, tig
scale *n* rab teev luj
scalp *n* tawv taub hau
scam *n* kev ntxias dag
scar *n* caws pliav
scarce *adj* uas caws pliav
scarcely *adv* uas nrhiav nyuaj
scare *v* ua rau ntshai
scare *n* kev ntshai
scary *adj* txaus ntshai
scatter *v* w mus
scenery *n* duab teb chaws
scenic *adj* duab zoo nkauj
scent *n* ntxhiab tswj qab
sceptic *adj* uas khuam siab
schedule *v* teev sij hawm tseg
scheme *n* phiaj xwm
schism *n* tawg
scholar *n* tub ntxhais kawm
school *n* tsev kawm
scissors *n* rab txiab
scoff *v* lus txhob
scold *v* cem
scope *n* cheeb tsam**

scorch *v* hlawv
scorn *v* saib tsis taus
scornful *n* kev saib tsis taus
scorpion *n* raub ris teb
scoundrel *n* neeg phem
scour *v* khaub rhuab
scourge *n* tus pas nplawm
scramble *v* sib txeeb
scrambled *adj* do kom thoob
scrap *n* khoom seem
scrap *v* sib ntaus
scrape *v* khaub, kuam
scratch *v* kuam
scratch *n* tsos kuam
scream *v* qw nrov nrov
scream *n* kev qw nrov nrov
screech *v* suab qw nrov nrov
screen *v* npog, thaiv
screw *v* ntswj ntsia
screw *n* tus ntsia hlau ntswj
scribble *v* sau zoo li qaib raub
scroll *n* kauv ntawv
scrub *v* sib txhuam
scruples *n* kev ywj fab ywj fwj
scrupulous *adj* ceev faj
scrutiny *n* kev soj ntsuam
sculptor *n* kws txaug khoom
sculpture *n* kev txaug khoom

sea *n* hiav txwv
seal *v* ntaus thwj
seal *n* lub thwj
seam *n* txoj kab ntxiv
search *v* tshawb nrhiav
search *n* kev tshawb nrhiav
seasick *adj* qaug nkoj
seaside *adj* ntug hiav txwv
season *n* caij ntuj xyoo
seasonal *adj* raws caij ntuj xyoo
seat *n* chaw zaum
seated *adj* faus tob, faus ruaj
secede *v* sib nrug tawm
secluded *adj* tseg ua leeg kheej
seclusion *n* kev nrug tawm
second *n* thib ob
secondary *adj* thib ob
secrecy *n* lus zais, lus npog
secret *n* lus zais, lus npog
section *n* feem
sector *n* feem
secure *v* ruaj ntseg
secure *adj* uas ruaj ntseg
security *n* kev ruaj ntseg
sedate *v* ntsiag to
sedation *n* kev ntsiag to
seduce *v* ntxias siab
seduction *n* kev ntxias

see *iv* pom
seed *n* noob
seedless *adj* tsis muaj noob
seedy *adj* ntshaus ntsaus
seek *iv* nrhiav
seem *v* ntxim li hais tias
segment *n* pawg
seize *v* kav xyeem
seizure *n* kev ntes
seldom *adv* tsawg tsaj plaws
select *v* xaiv
selection *n* kev xaiv
self-concious *adj* ras txog
self-evident *adj* paub tseeb
selfish *adj* qia dub
selfishness *n* kev qia dub
sell *iv* muag
seller *n* tus muag
send *iv* xa
sender *n* tus xa
senile *adj* laus
senior *adj* laus, paub ntau
seniority *n* txheej laus
sense *v* chwv
senseless *adj* ruam
sensible *adj* muaj paus ntsis
sentence *v* txiav txim
sentence *n* kab lus

sentry *n* tub peeb zeej zov
separate *v* faib tawm, cais
separate *adj* cais lawm
separation *n* kev faib tawm
September *n* Lub Cuaj Hli Ntuj
serene *adj* ntsiag twj ywm
serenity *n* kev ntsiag twj ywm
series *n* theem
serious *adj* nruj, kub ntxhov
seriousness *n* kev nruj
sermon *n* lus qhuab qhia
servant *n* tus nqev, tub txib
serve *v* tos txib
service *n* pab cuam
set *iv* teeb, tsa
set about *v* tshaj xo
set off *v* sawv kev
set out *v* sawv kev mus
set up *v* teeb tsa
setting *n* kev teeb tsa
settle down *v* cov ncej
settle for *v* lees yuav
setup *n* kev teeb tsa
seven *adj* xya
seventeen *adj* kaum xya
seventh *adj* thib xya
seventy *adj* xya caum
sever *v* faib

several *adj* ntau
severance *n* kev faib tawm
severe *adj* heev, nruj
severity *n* kev ua nruj
sew *v* xaws
sewage *n* dej qias neeg
sewer *n* ciav dej qias neeg
sewing *n* kev xaws
sexuality *n* kev sib deev
shabby *adj* ntshaus
shackle *n* yawm sij
shade *n* tus duab ntxoo
shadow *n* duab ntxoo
shady *adj* duab ntxoo puv tag
shake *iv* co, yoj
shaken *adj* co, yoj
shaky *adj* co, yoj
shallow *adj* ntiav, tsis tob
sham *n* kev ua cuav
shambles *n* tsev tua tsiaj
shame *v* txaj muag
shame *n* kev txaj muag
shameful *adj* txaus txaj muag
share *v* muaj kev koom
share *n* nyiaj koom
shareholder *n* tus koom nyiaj
sharp *adj* ntse, tsis npub
sharpen *v* hov kom ntse

sharpener *n* tus hov kom ntse
shave *v* chais
she *pro* nws (poj niam)
shear *iv* txiav plaub kom luv
shed *iv* zeeg, ntws
sheep *n* tus yaj
sheets *n* daim
shelf *n* txheej
shell *n* daim tawv qwj
shelter *v* npog
shelter *n* chaw nkaum
shelves *n* theem cia
shepherd *n* neeg yug yaj
shield *v* tiv thaiv
shield *n* khoom tiv thaiv
shift *v* hloov caij hauj lwm
shine *iv* ci
shiny *adj* ci ci
ship *n* nkoj loj
shipwreck *n* nkoj tawg
shipyard *n* chaw kho nkoj
shirk *v* zam, lug
shirt *n* tsho tsis muaj ntsej
shiver *v* tshee (vim no no)
shiver *n* kev tshee
shock *v* poob siab tuag tsig
shoddy *adj* phem
shoe *n* khau

shoelace *n* hlua khau
shoepolish *n* tshuaj txhuam khau
shoestore *n* tsev muag khau
shoot *iv* tua
shoot down *v* tua poob
shop *v* ncig yuav khoom
shop *n* tsev muag khoom
shore *n* ntug hiav txwv
short *adj* luv, tsis ntev
shortage *n* tu ncua
shortcut *n* txoj kev txais
shorten *v* ua rau lwv
shorthand *n* sau luv
shortlived *adj* muaj txoj sia luv
shortly *adv* piav qhia luv luv
shorts *n* ris ceg luv
shot *n* tshuaj txhaj
shotgun *n* phom luv
shoulder *n* xwb pwg
shout *v* qw nrov nrov
shout *n* suab qw nrov nrov
shouting *n* kev qw nrov nrov
shove *v* thawb mus
shove *n* kev thawb mus
show *iv* qhia pom
show off *v* khav
show up *v* tshwm rau pom
shower *n* nthwv nag

shred *n* daim seem
shrewd *adj* ntse
shriek *v* hu suab soob
shrimp *n* cws
shrine *n* tsev teev ntuj
shrink *iv* khiav
shroud *n* ntaub qwv tuag
shrouded *adj* uas npog cia
shrub *n* hav ntoo
shudder *n* kev poob plig
shudder *v* poob plig
shun *v* zam tawm ntawm
shut *iv* kaw
shut off *v* kaw lawm
shut up *v* tsis nqhis
shy *adj* txaj muag
shyness *n* kev txaj muag
sick *adj* mob nkeeg, mob
sicken *v* kev rau mob nkeeg
sickening *adj* tab tom mob
sickle *n* rab liag
sickness *n* kev mob nkeeg
side *n* ib sab
sideburns *n* paig txig
sidestep *v* zam
siege *n* kev puav ncig
siege *v* puav nciv ntaus
sift *v* kis, kem

sigh *n* kev ua pa loj loj
sigh *v* ua pa loj loj
sight *n* zeem muag
sightseeing *v* ncig teb chaws
sign *v* kos npe
sign *n* qhov cim
signal *n* muab kev qhia
signature *n* kev kos npe
significance *n* kev tseem ceeb
significant *adj* tseem ceeb
signify *v* muaj txiaj ntsig
silence *n* kev ntsiag to
silence *v* ua rau ntsiag
silent *adj* ntsig twj ywm
silk *n* ntaub ntos
silly *adj* ruam
silver *n* nyiaj, kob nyiaj
silversmith *n* kws ntaus nyiaj
silverware *n* khoom nyiaj
similar *adj* sib thooj
similarity *n* kev zoo sib xws
simmer *v* ncu
simple *adj* yooj yim
simplicity *n* kev yooj yim
simplify *v* ua rau yooj yim
simply *adv* tsuas yog
simulate *v* ua cuav
simultaneous *adj* thooj txhij

sin *v* ua kev npam
sin *n* npam
since *c* vim tias
since *pre* txij li thaum
sincere *adj* ncaj ncees
sinful *adj* phem
sing *iv* hu nkauj
singer *n* tub hu nkauj
single *n* ib leeg xwb
single *adj* nkauj xwb
singular *adj* tsawg
sink *iv* tog
sink in *v* tog mus
sinner *n* neeg npam
sip *v* saj, sim saj
sip *n* kev saj
sister *n* niam laus
sister-in-law *n* niam tij
sit *iv* zaum
site *n* qhov chaw
six *adj* rau
sixteen *adj* kaum rau
sixth *adj* thib rau
sixty *adj* rau cuam
sizable *adj* loj heev lawm
size up *v* ua kom loj ntxiv
skeptic *adj* ua ib siab ob siab
sketch *v* kos duab

sketch *n* kev kos duab
skill *n* kev txawj
skillful *adj* muaj kev txawj
skim *v* ua rau du
skin *v* laws tawv
skin *n* daim tawv
skinny *adj* yuag heev
skip *v* dhia hla
skip *n* kev dhia hla
skirt *n* daim tiab
skull *n* pob txha taub hau
sky *n* qab ntuj
skylight *n* qhov muag tsev
slab *n* thooj tuab
slack *adj* qeeb
slacken *v* sib tes
slacks *n* ris hom hnav xoob
slam *v* luag thuam
slander *n* ntxiv lus
slanted *adj* zij, nkhaus
slap *v* npuaj ntsej muag
slash *n* hniav riam
slash *v* txiav
slate *n* lag zeb
slaughter *v* tua tsiaj
slaughter *n* kev tua tsiaj
slave *n* qhev
slavery *n* kev ua qhev

slay *iv* tua
sleazy *adj* qias neeg
sleep *iv* pw
sleep *n* kev pw tsaug zog
sleeve *n* tes tsho
sleeveless *adj* tsis muaj tes tsho
slender *adj* yuag zoo nkauj
slice *n* daim nyias nyias
slide *iv* txav mus
slightly *adv* me ntsis
slim *adj* nyias, yuag
slip *v* nplua
slipper *n* khau khiab
slippery *adj* nplua
slit *iv* tawg pleb
slob *adj* uas ruam
slope *n* ntxhab
slot *n* lub qhov me me
slow *adj* qeeb
slow down *v* khiav maj mam
slow motion *n* mus los qeeb
slowly *adv* qeeb qeeb
sluggish *adj* tub nkeeg
slump *v* poob nqi
slump *n* poob los sai
slur *v* hais tsis meej
smack *n* kev npuaj
smack *v* npuaj plhu

small *adj* me
small print *n* tus ntawv hom me
smallpox *n* mob thoj plab
smart *adj* ntse
smash *v* ntaus, tsoo
smear *n* kev qias neeg
smear *v* ua rau qias neeg
smell *iv* hnia ntxhiab
smelly *adj* muaj ntxhiab
smile *v* luag ntxhi
smile *n* kev luag ntxhi
smith *n* kws ntaus hlau
smoke *v* hauv luam yeeb
smoked *adj* uas ncho pa
smooth *v* ua rau du du
smooth *adj* du du
smoothly *adv* tiav tag lawm
smother *v* vuag pa
smuggler *n* tus nyiag nkag
snail *n* qwj
snake *n* nab
snare *v* cuab ntxiab
snare *n* ntxiab
snatch *v* kav xyeem
sneak *v* hais ub hais no
sneeze *v* txham
sneeze *n* kev txham
sniff *v* taug ntxhiab

sniper *n* kws ntiav tua neeg
snitch *v* nyiag
snooze *v* tsaug zog looj hlias
snore *v* ua qaj
snore *n* kev pw ua qaj
snow *v* los daus, los te
snow *n* daus, te
snowfall *n* cov tej, cov daus
soak *v* tsau, tsau cia
soak in *v* txia tawm los
soak up *v* tsau hauv
soar *v* tshoom ya mus
sob *n* suab quaj
sober *adj* tsis qauv
so-called *adj* qhia tsis raug
society *n* zej tsoom
sock *n* hnab looj taw
soft *adj* zooj
soften *v* ua rau zooj
softly *adv* zooj zooj
softness *n* kev zooj
soggy *adj* ntub, noo
soil *v* ua rau lo av
soil *n* av
soiled *adj* lo av
solder *v* cam, txuas
soldier *n* tub rog
sold-out *adj* muag tag du lug

sole *n* ib qho, ib leeg
sole *adj* ib qhov xwb
solely *adv* ib leeg kheej
solemn *adj* nruj
solicit *v* thov, yaum
solid *adj* khov
solitary *adj* twm zeej
solve *v* daws teeb meem
somber *adj* tsaus ntuj nti
some *adj* qee, qee yam
somebody *pro* ib tug twg
someday *adv* ib hnub twg
someone *pro* qee leej
something *pro* qee yam
sometimes *adv* qee lub caij
somewhat *adv* ib yam dab tsi
son *n* tus tub
song *n* zaj nkauj
son-in-law *n* tus yauv
soon *adv* sai sai no
soothe *v* ua rau kaj siab
sorcery *n* yees siv
sore *n* pob
sore *adj* mob
sorrow *n* kev tu siab
sorrowful *adj* tu siab
sorry *adj* thov txim
sort *n* hom, yam

sort out *v* cais tawm
soul *n* ntsuj plig
sound *n* suab
sound *v* xa suab
sound out *v* xa suab tawm
sour *adj* qaub
source *n* lub hauv paus
south *n* sab qab teb
southern *adj* yav qab teb
southerner *n* neeg qab teb
souvenir *n* khoom puav pheej
sow *iv* w, tseb
space out *v* ua rau sib nrug
spacious *adj* loj dav
span *v* tuam choj
span *n* ntu sij hawm
spank *v* ntaus pob tw
spanking *n* kev ntaus pob tw
spare *v* muaj tseg
spare *adj* khoob, khoom
sparingly *adv* txuag heev
spark off *v* txawm txim (cig)
sparkle *v* ci ntsa iab
sparrow *n* noog tsev
sparse *adj* sib, tsis tuab
spasm *n* ntsai ntsai
speak *iv* tham, hais
speaker *n* tus tshaj lus

spear *n* hmuv
special *adj* tshwj xeeb
specialize *v* tshaj lij
specialty *n* yam tshwj xeeb
species *n* cov
specific *adj* kiag
specimen *n* khoom ua qauv
speck *n* tej tee me me
spectator *n* tus saib
speech *n* lus hais
speechless *adj* tsis muaj lus hais
speed *iv* mus ceev
speed *n* qhov ceev
speedily *adv* ceev
speedy *adj* ceev ceev li
spell *n* yees siv
spend *iv* siv
spending *n* kev siv
sperm *n* phev
sphere *n* kheej
spicy *adj* ntsim
spider *n* tus kab laug sab
spiderweb *n* txoj kab laug sab
spill *iv* phwj
spill *n* seem
spin *iv* zom rwb
spine *n* txha nqaj qaum
spineless *adj* tais caus

spinster *n* nkauj laug
spirit *n* ntsuj plig, dab
spit *iv* nti qaub ncaug
spite *n* kev mob siab
splash *v* ntov dej rau
splendor *n* kev zoo nkauj
split *n* kev tawg tawm
split *iv* phua
split up *v* phua tawm
spoil *v* ua rau tsw qaub
sponsor *n* tus txhawb nqa
spooky *adj* txaus ntshai
spoon *n* rab diav
spoonful *n* puv diav
sporadic *adj* tshwm sim ua ntu
spot *v* ua tee
spot *n* tee
spotless *adj* ua muaj tee
spouse *n* txij nkawm
sprawl *v* pw xyab
spray *v* txau
spread *iv* ua rau tawg pes vog
spring *iv* dhia nce dhia nqis
spring *n* caij nplooj ntoos hlav
springboard *n* chaw dhia dej
sprinkle *v* los nag tshauv
sprout *v* ntsuag, kaus
spur *v* ua rau mus ceev

spy *v* taug lw lus zais
spy *n* kws taug lw
squalid *adj* qias neeg
squander *v* siv ua dog ua dig
squash *v* khawm, zuaj
squeaky *adj* suab soob
squeeze *v* yuam, zuaj
squeeze in *v* nias ntxiv
squeeze up *v* txav mus ze ze
squirrel *n* nas ncuav
stab *v* nkaug
stab *n* kev nkaug
stability *n* kev coj tus
stable *adj* tus tus
stable *n* nkuaj nees
stack *v* sib tshooj ua pawg
stack *n* pawg
staff *n* neeg ua hauj lwm
stagger *v* tsis tus
staggering *adj* tsis tus
stagnant *adj* tus tus
stagnate *v* nyob tus tus
stagnation *n* kev nres tus tus
stain *v* qias
stain *n* qhov qhias
stair *n* theem ntaiv
staircase *n* tus ntaiv
stairs *n* tus ntaiv, ntaiv

stake *n* ncej laj kab
stake *v* twv ntxhias
stale *adj* qub qub
stalk *v* nyas
stalk *n* tus kav
stall *n* nkuaj tsiaj
stall *v* lawv nkag nkuaj
stamp *v* lo nqi xa ntawv
stampede *n* kev ceeb
stand *iv* sawv
stand *n* chaw so khoom
stand for *v* uv, hloov
stand out *v* yog qhov tseem
stand up *v* sawv tsees
standard *n* tus qauv
standing *n* koob npe
standpoint *n* chaw sawv
standstill *adj* txog ntua thaum
staple *v* xaws ntawv
staple *n* tus hlau tom ntawv
star *n* hnub qub
starch *n* hmoov
starchy *adj* ua hmoov
stark *adj* tawv, khov
start *v* pib
start *n* kev pib
startle *v* ua rau ceeb
startled *adj* poob plig

starvation *n* kev nqhis
starve *v* tshaib nqhis
state *n* xeev
state *v* qhia tawm rau paub
statement *n* kev qhia tawm
station *n* chaw
statue *n* tus mlom
statute *n* cai yuam
staunch *adj* siab tawv qhawv
stay *v* nyob
stay *n* kev so
steady *adj* nplaum
steak *n* nqaij ces qab
steal *iv* nyiag
stealthy *adj* nkaum nkaum
steam *n* cub
steel *n* hlau
steep *adj* ntxhab
stem *n* taub hau nkoj
stem *v* txiav tus kav
stench *n* ntxhiab tswj phem
step *n* ruam kev
step down *v* thaub qab
step up *v* rhais ruam nce
stepbrother *n* tij laug qhuav
step-by-step *adv* ib theem zuj zus
stepdaughter *n* ntxhais qhuav
stepfather *n* txiv qhuav

stepmother *n* niam qhuav
stepsister *n* nkauj muam qhuav
stepson *n* tub qhuav
sterilize *v* tua kab mob
stern *n* nram qab nkoj
stern *adj* nruj
sternly *adv* nruj heev
stick *v* lo
stick *iv* nkaug
stick around *v* tos, nyob tos
stick out *v* cev tawm los
stick to *v* lo nrog
sticker *n* tus coj nruj
sticky *adj* nplaum
stiff *adj* tawv, khov
stiffen *v* tawv nrees
stiffness *n* kev nkees sab
stifle *v* ua rau meem txom
stifling *adj* vuag pa
still *adj* tsis co taw
still *adv* tseem
stimulant *n* qhov rub lub siab
stimulate *v* rub lub siab
sting *iv* tom, plev
sting *n* plev
stinging *adj* mob li raug ntaus
stingy *adj* cuaj khaum
stink *iv* ua rau tsw ntxhiab

stink *n* tsw ntxhiab
stinking *adj* ua rau tsw
stipulate *v* sib pom zoo
stir *v* do
stir up *v* ua rau tshwm sim
stitch *v* xaws, ntxiv
stitch *n* kab xaws
stock *v* sau ua pawg cia
stock *n* kev koom nrog
stocking *n* hnab looj taw ntev
stockroom *n* chav cia khoom
stomach *n* plab
stone *n* pob zeb
stone *v* cuam pob zeb
stool *n* lub tog peb ceg
stop *v* nres, tsum
stop *n* kev tsum
stop by *v* los saib
stop over *v* pw ib hmos
storage *n* kev khaws
store *v* khaws cia
store *n* khw muag khoom
story *n* zaj dab neeg
stove *n* lub qhov cub
straight *adj* ncaj
straighten out *v* xyab kom ncaj
strain *v* nruj
strain *n* kev ua nruj

strained *adj* uas ua rau nruj
strainer *n* tshuab lim dej
strange *adj* txawv
strangle *v* zawm caj pas
strap *n* txoj siv
strategy *n* tswv yim npaj tseg
straw *n* qauv nyab
stray *adj* ua yaj ua yeeb
stray *v* mus rau ub rau no
street *n* txoj kev, kev
streetcar *n* tsheb
streetlight *n* teeb raws ntug kev
strength *n* qhov muaj zog
strengthen *v* muaj zog
strenuous *adj* ua nruj
stress *n* suab nyhav
stressful *adj* coj nruj
stretch *n* thaj chaw
stretch *v* xyab
stretcher *n* txaj nqa
strict *adj* nruj
stride *iv* hla ruam dav
strike *n* kev sib ntaus
strike back *v* ntaus rov qab
strike out *v* plaj caij, plag
strike up *v* pib ua yeeb yam
striking *adj* uas zoo tshaj
string *n* hlua

stringent *adj* nruj
strip *n* daim, txoj
strip *v* hle khaub ncaws
strive *iv* ua txoj ntev
stroll *v* taug kev ua si
strong *adj* muaj zog
struggle *v* peem ua
struggle *n* kev peem ua
stubborn *adj* tawv ncauj
student *n* tub ntxhais kawm
study *v* kawm ntawv
stuff *n* tej khoom
stuff *v* ntsaws nyhuv
stuffing *n* kev ntsaws nyhuv
stuffy *adj* txhaws ntswg
stumble *v* dawm taw
stupid *adj* ruam qauj
stupidity *n* kev ruam qauj
sturdy *adj* thev
stutter *v* hais lus xaiv xaiv
style *n* hom
subdued *adj* ntsiag
subject *n* thawj
sublime *adj* zoo tshaj plaws
submerge *v* uv
submit *v* xa
subsequent *adj* uas raws qab los
subsidize *v* txhawb pab nyiaj

subsidy *n* nyab txhawb pab
substance *n* khoom ntiag tug
substandard *adj* qis dua tus qauv
substantial *adj* muaj zog, loj tshaj
substitute *v* nkag hloov chaw
subtle *adj* tob heev
subtract *v* rho tawm
subtraction *n* kev rho tawm
suburb *n* ntug nroog
succeed *v* ua tiav
success *n* kev ua tiav
successful *adj* ua rau tiav
successor *n* tus ua noob
succulent *adj* muaj dej ntau
succumb *v* ua siab swb
such *adj* xws li
suck *v* nqus
sucker *adj* nqus
sudden *adj* tam sim ntawd
sue *v* ua plaub
suffer *v* nyob txom nyem
suffering *n* kev txom nyem
sufficient *adj* txaus
sugar *n* piam thaj
suggest *v* taw qhia
suggestion *n* kev taw qhia
suggestive *adj* ua kev taw qhia
suit *n* kev ua plaub

swamped

suitable *adj* tsim nyog
summarize *v* hais kiag lub ntsiab
summer *n* caij ntuj sov
summit *n* uas siab kawg
summon *v* hu los
sumptuous *adj* luam thuam
sun *n* lub hnub
sunblock *n* kev thaiv tshav kub
sunburn *n* tshav kub hle tawv
sundown *n* caij lub hnub poob
sunny *adj* tshav kub heev
sunrise *n* hnub tawm
sunset *n* hnub poob
superb *adj* zoo tshaj plaws
superfluous *adj* ntau dhau lawm
superior *adj* uas siab dua
superiority *n* kev tshaj dua
supermarket *n* khw muag khoom
supersede *v* hloov chaw
supervise *v* saib xyuas
supervision *n* kev saib xyuas
supper *n* pluas hmo lig
supple *adj* ua raws yooj yim
supply *v* xa khoom
support *v* txhawb nqa
supporter *n* tus txhawb nqa
suppose *v* piv txwv hais tias
supposing *c* piv txwv hais tias

supposition *n* kev xav tseg
suppress *v* nias tseg
supreme *adj* siab kawg kiag
sure *adj* paub meej
surely *adv* paub meej
surface *n* nplaim, npoo
surname *n* lub xeem
surpass *v* tshaj
surplus *n* qhov tshaj
surrender *v* ua siab swb
surrender *n* kev ua siab swb
surround *v* ib ncig
surroundings *n* tej nyob ib ncig
surveillance *n* kev ceev faj
survey *n* kev ntsuam xyuas
survive *v* dim tuag
survivor *n* tus dim tuag
susceptible *adj* siab ntsws muag
suspect *v* ua ib siab ob siab
suspend *v* kuav cia tso
suspension *n* qhov nres ib pliag
suspicion *n* lw
suspicious *adj* ua ib siab ob siab
sustain *v* txhawb, txheem
sustenance *n* kev tu yug
swallow *v* nqos
swamp *n* pas dej loj
swamped *adj* puv tes

swan *n* hauv vag
swap *v* sib hloov
swap *n* kev sib hloov
swarm *n* pawg, pab
sway *v* yoj mus yoj los
swear *iv* cog lus tseg
sweat *n* hws
sweat *v* tawm hws
sweater *n* tsho plaub
sweep *iv* cheb
sweet *adj* qab zib
sweeten *v* ua rau qab zib
sweetheart *n* tus hlub
sweetness *n* kev qab zib
sweets *n* qab zib
swell *iv* su, o
swelling *n* kev su, kev o
swift *adj* sai
swim *iv* ua luam dej
swimmer *n* tus ua luam dej
swimming *n* kev ua luam dej
swindle *v* dag ntxias
swindle *n* kev dag ntxias
swindler *n* neeg dag ntxias
swing *iv* yoj mus los
switch *v* hloov
switch off *v* tua
switch on *v* qhib, taws

swivel *v* tig
swollen *adj* o, su
sword *n* rab ntaj
symbol *n* cim
symbolic *adj* uas kev cim
symmetry *n* qhov sib npaug
sympathize *v* pab tu siab
sympathy *n* kev pab tu siab
synonym *n* lo lus sib xws
syringe *n* koob txhaj tshuaj

T

table *n* lub rooj, rooj
tablecloth *n* ntaub pua rooj
tablespoon *n* diav haus kua
tablet *n* lub, ntsiav
tack *n* tus ntsia hlau me
tackle *v* tsoo, phoom
tact *n* laj lim plab plaw
tactics *n* tswv yim npaj tseg
tail *n* ko tw, nram qab
tail *v* raws qab
tailor *n* kws txiav ris tsho
tainted *adj* qhov tsis zoo

tenth

take *iv* tuav, muab
take apart *v* rhuav tawm
take away *v* nqa tawm mus
take in *v* mus saib
take off *v* hle tawm
take out *v* tshem tawm
tale *n* zaj lus
talk *v* tham
talkative *adj* txawj tham heev
tall *adj* siab, tsis qis
tangible *adj* tseeb
tangle *n* kev cuam tshuam
tank *n* thawv rau roj
tantrum *n* tus kais dej
tapestry *n* ntaub pua
tardy *adv* tuj tws
target *n* hom phiaj
task *n* txoj hauj lwm
taste *v* saj, sim saj
tasteful *adj* qab
tasteless *adj* tsis qab
tasty *adj* qab
tavern *n* tsev muag cawv
tax *n* se
tea *n* tshuaj yej
teach *iv* qhia, qhuab qhia
teacher *n* xib fwb
team *n* pawg, pab

teapot *n* lauj kaub tshuaj yej
tear *iv* dua
tear *n* kua muag
tearful *adj* quaj
tease *v* qhog
teaspoon *n* diav tshuaj yej
technical *adj* phab kws paub
technician *n* tus kws paub
tedious *adj* ntxim dhuav
tedium *n* qhov ntxim dhuav
teenager *n* cov hluas
teeth *n* kaus hniav
telephone *n* xov tooj
tell *iv* qhia
telling *adj* uas raws lw
tempest *n* cua daj cua dub
temple *n* tsev hauj sam
temporary *adj* ib ntus
temptation *n* yam ntxias ua
tempting *adj* ntxias ua
ten *adj* kaum
tenacity *n* kev tawv ncauj
tenant *n* tus qiv
tenor *n* muaj feem
tense *adj* nruj
tension *n* xwm nruj
tentacle *n* tshiaj cov hwj txwv
tenth *n* thib kaum

T

tepid

tepid *adj* sov siab
terminate *v* kawg lawm
termite *n* ntsaum kab rwg
terrain *n* teb chaws
terrestrial *adj* ntsig txog thooj av
terrible *adj* txaus ntshai
terrific *adj* tshaj lij heev
terrify *v* ua rau ntshai
terrifying *adj* ua rau ntshai
territory *n* suam av
terror *n* kev ntshai
terse *adj* luv
test *v* sim, ntsuam txuj
test *n* kev sim
testament *n* cov lus ua ntej tuag
testify *v* nrog pom
testimony *n* tus nrog pom
text *n* zaj lus
textbook *n* phau ntawv kawm
thank *v* ua tsaug
thankful *adj* kev ua tsaug
thanks *n* ua tsaug
that *adj* ntawd
thaw *v* yaj ua dej
thaw *n* kev yaj ua dej
theft *n* kev nyiag
theme *n* ntsiab lus
themselves *pro* lawv tus kheej

then *adv* tom qab ntawd
therapy *n* kho mob
there *adv* tov, ntawm ntawd
therefore *adv* yog li ntawd
these *adj* cov no
they *pro* lawv
thick *adj* tuab
thicken *v* ua kom tuab
thickness *n* qhov tuab
thief *n* tus tub sab
thigh *n* ncej puab
thin *adj* yuag, nyias
thing *n* yam khoom
think *iv* xav
thinly *adv* nyias nyias
third *adj* thib peb
thirst *v* nqhis dej
thirsty *adj* xav haus dej
thirteen *adj* kaum peb
thirty *adj* peb caug
this *adj* nov, qhov no
thorn *n* tus pos
thorny *adj* muaj pos
thorough *adj* mus ib txhis
those *adj* cov ntawd
though *c* txawm hais tias
thought *n* txoj kev xav
thousand *adj* txhiab, phav

thread *v* chob xov
thread *n* txoj xov
three *adj* peb
thresh *v* ntaus nplej
threshold *n* taw qhov rooj
thrifty *adj* txuag
thrive *v* vam meej
throat *n* lub qa, caj pas
thrombosis *n* thooj tshav txhaws
throng *n* pawg neeg
through (thru) *pre* dhau mus
throw *iv* cuam, yuj
throw away *v* cuam pov tseg
throw up *v* ntuav
thumb *n* ntiv taw xoo
thunder *n* xob nthe
thunderbolt *n* xob laim
thunderstorm *n* nag daj nag dub
thus *adv* yog li ntawd
thwart *v* thaiv, txwv txiav
tickle *v* ua rau rhiab
tickle *n* kev ua rau rhiab
ticklish *adj* rhiab
tidal wave *n* dej foo
tide *n* dej nce dej nqig
tidy *adj* dej nce dej nqig
tie *v* khi, pav
tiger *n* tsov

tight *adj* zawm ruaj, ceev
tighten *v* zaum ntxiv
till *adv* txog ntua
till *v* npaj av
tilt *v* zij, nkaus
timber *n* thooj ntoo kaw
time *n* sij hawm
time *v* tuav sij hawm
timeless *adj* mus ib txhis
times *n* caij nyoog
timetable *n* kev teev sij hawm
timid *adj* txaj muag
timidity *n* kev txaj muag
tiny *adj* me me quav
tip *n* nyiaj pub
tiptoe *n* ntsis ntiv taw
tired *adj* sab
tiredness *n* kev sab
tireless *adj* tsis sab
tiresome *adj* meem txom
to *pre* txog, txog rau
toad *n* qav kaws
toast *v* ci mov
toast *n* mov ci
toaster *n* lub tshuab ci mov
tobacco *n* luam yeeb
today *adv* hnub no
toe *n* ntiv taw

toenail *n* rau taw
together *adv* ua ke
toil *v* ua hauj lwm ntau
toilet *n* tsev dej
token *n* khoom plig
tolerable *adj* thev taus nyog
tolerance *n* kev thev taus
tolerate *v* thev taus
toll *n* nqi zog
toll *v* ntaus lub tswb
tomato *n* txiv lws suav
tomb *n* lub qhov ntxa
tomorrow *adv* tag kis
tone *n* lub suab
tongs *n* tus ciaj tais
tongue *n* tus nplaig, nplaig
tonight *adv* hmo no
too *adv* zoo ib yam
tooth *n* kaus hniav
toothache *n* mob hniav
toothpick *n* pas dig hniav
top *n* saum ncov
torch *n* teeb tsom
torrent *n* dej ntws ceev heev
torrid *adj* hov vaum heev
torso *n* tus kheej, lub cev
tortoise *n* vaub kib
toss *v* pov mus, yuj mus

total *adj* tag nrho
touch *n* kev chwv
touch *v* chwv
touch up *v* chwv txog
touching *adj* kev chwv
tough *adj* muaj zog
toughen *v* ua rau muaj zog
tour *n* ncig teb chaws
tournament *n* kev sib tw yeej
tow *v* rub, luag
towards *pre* mus cuag
towel *n* phuam so cev
tower *n* lub pob qa
town *n* nroog
toxic *adj* muaj taug
toxin *n* kev muaj taug
trace *v* raws neev
track *n* neev taw
track *v* raws neev taw
traction *n* kev luag, kev rub
trade *n* kev lag luam
trade *v* ua lag luam
trademark *n* daim cim lag luam
trader *n* tus ua lag luam
tradition *n* kab ke
traffic *v* lag luam
tragedy *n* xov xwm tu siab
tragic *adj* tu siab

triumph

trail *v* raws
trail *n* lw, neev
train *n* tsheb ciav hlau
train *v* xyaum, qhuab qhia
trainee *n* tus xyaum
training *n* kev qhuab qhia
traitor *n* tus ntxeev siab
tram *n* tsheb
trance *n* mooj
tranquility *n* kev ntsiag to
transcend *v* nyob siab tshaj
transfer *v* hloov xa
transform *v* hloov
transformation *n* kev hloov
transfusion *n* hloov ntshav
transient *adj* ib ntus
transition *n* kev hloov
translate *v* txhais lus
translator *n* tus txhais lus
transmit *v* xa mus
transparent *adj* ntshiab
transplant *v* hloov cog
transport *v* thauj xa
trap *n* ntxiab
trash *n* khoom qias
traumatize *v* ua qhov nqaij mob
travel *v* taug kev, mus
traveler *n* neeg taug kev

tray *n* lub tais
treacherous *adj* ntxeev siab
treachery *n* kev ntxeev siab
tread *iv* tsuj
treasure *n* khoom ntiag tug
treat *v* tu, kho
treat *n* yam uas tu xyuas
treatment *n* kev kho mob nkeeg
treaty *n* daim ntawv cog lus
tree *n* tsob ntoo
tremble *v* co, yoj
tremendous *adj* looj heev dhau
tremor *n* lub suab yoj
trial *n* kev nug plaub ntug
tribe *n* haiv neeg
tribulation *n* kev txom nyem
tribute *n* kev sau se
trick *v* ntxias dag yuav
trick *n* tswv yim ntxias
trickle *v* nrog ua tee
trigger *v* thaum pib
trigger *n* qib phom
trim *v* txiav tawm, cais
trip *n* kev taug kev mus
trip *v* dawm taw
triple *adj* peb npaug
tripod *n* rooj peb ceg
triumph *n* kev muaj yeej

troop *n* pawg tub rog
tropic *n* sab ntuj sov
trouble *n* kev ntxhov siab
trouble *v* tab kaum
trousers *n* ris ceg ntev
truce *n* kev khiav nkaum
truck *n* tsheb thauj khoom
trumped-up *adj* ua txuj
trunk *n* ntxhw tus cov txwv
trust *v* ntseeg siab
trust *n* kev ntseeg siab
truth *n* qhov tseeb
truthful *adj* ncaj ncees
try *v* sim siab
tuition *n* nqi kawm
tumble *v* rov quav nris
tummy *n* plab
tumor *n* tuav qog
tumultuous *adj* nrov plawg ntia
tune *v* ntshwj mus
tune up *v* ntswj nce, qhib
tunic *n* tsho tshooj
tunnel *n* lub qhov av
turbulence *n* kev kub ntxhov
turf *n* tshav nyom
turmoil *n* kev nyuaj
turn *n* lem
turn *v* lem

turn back *v* lem rov qab
turn down *v* tsis lees
turn in *v* mus pw
turn off *v* tua
turn on *v* qhib
turn out *v* tswm sim tuaj
turn over *v* kwb
turn up *v* ntxeev
turret *n* tsev zov
turtle *n* vaub kib
tusk *n* kaus ntxhw
twelfth *adj* thib kaum ob
twelve *adj* kaum ob
twentieth *adj* thib nees nkaum
twenty *adj* nees nkaum
twice *adv* ob zaug
twin *n* ntxhaib
twinkle *v* ci ntsaj
twist *v* ntswj
twist *n* ntswj kom nkhaus
twisted *adj* ua kom txhaum cai
two *adj* ob
type *n* hom
type *v* ntaus ntawv

U

ugliness *n* qhov tsis zoo nkauj
ugly *adj* phem
ulcer *n* rwj
ultimate *adj* theem kawg
ultimatum *n* lus tu nrho
umbrella *n* lub kaus
umpire *n* tus txiav txim
unable *adj* tsis muaj peev xwm
unanimity *n* kev lees yuav ua ke
unarmed *adj* tsis nqa riam phom
unassuming *adj* tsis khav theeb
unattached *adj* tsis muaj khub
unbearable *adj* uv tsis tau li
unbelievable *adj* tsis txaus ntseeg
unbiased *adj* tsis tuaj leej twg tog
unbroken *adj* tsis tu ncua
uncertain *adj* uas paub tsis meej
uncle *n* ntxiv ntawm
uncomfortable *adj* meem txom
uncommon *adj* tshwj ceeb
unconscious *adj* tsis nco xav
uncover *v* tsis npog
undeniable *adj* tsis lees tsis tau
under *pre* tsawg dua
underground *adj* qab av
underlie *v* ua pov thawj
undermine *v* khawb
underneath *pre* nkaum nyob hauv
underpass *n* txoj kev qauv av
understand *v* nkag siab, to taub
understandable *adj* uas nkag siab tau
understanding *adj* kev nkag siab tau
undertake *v* cog lus
underwrite *v* lees lav
undeserved *adj* tsis tsim nyog
undesirable *adj* tsis xav tau
undisputed *adj* cav tsis tau
undo *v* nthuav
undress *v* hle
undue *adj* tsis tsim nyog
unearth *v* nthuav qhia tawm
uneasiness *n* qhov tsis yooj yim
uneasy *adj* tsis yooj yim
unemployed *adj* nyob dawb
unequal *adj* uas tsis sib npaug
unequivocal *adj* pom tseeb
uneven *adj* uas tsis du
uneventful *adj* ntsiag, taj tus
unfailing *adj* tsis paub kawg
unfair *adj* tsis ncaj ncees
unfairness *n* kev tsis ncaj ncees
unfaithful *adj* uas coj tsis ncaj
unfamiliar *adj* tsis swm

unfasten *v* ntuav tawm los
unfavorable *adj* uas tsis ntxim siab
unfit *adj* uas tsis tsim nyog
unfold *v* qhib tawm
unforeseen *adj* ua xav yuam kev
unfounded *adj* tsis muaj taw
unfriendly *adj* tsis ua phooj ywg
ungrateful *adj* paub hlub tej laus
unhappiness *n* kev ntxhov siab
unhappy *adj* ntxhov siab
unharmed *adj* tsis raug mob
unhealthy *adj* muaj mob
unhurt *adj* tsis mob
unification *n* kev sib sau ua ke
uniform *n* tsoos khaub ncaws
unify *v* sib sau ua ke
unilateral *adj* muaj ib sab
union *n* kev sib sau
unique *adj* ib qhov xwb
unit *n* pawg, lub
unite *v* sib sau
unity *n* kev sib koom tes
universal *adj* thoob ntuj
universe *n* qab ntuj khwb
university *n* tsev kawm qib siab
unjust *adj* tsis ncaj ncees
unjustified *adj* tsis ncaj ncees
unknown *adj* tsis paub

unleaded *adj* tsis muaj tus coj
unleash *v* daws hlua
unless *c* tshwj hais tias yog
unlike *adj* sib txawv
unlikely *adj* tsis paub meej
unlimited *adj* tsis muaj ciam
unload *v* thau nqis
unlock *v* qhib yawm sij
unlucky *adj* hmoov phem
unmarried *adj* tsis tau sib yuav
unmistakable *adj* tsis yuam kev li
unnecessary *adj* tsis tsim nyog
unpack *v* hle tawm
unpleasant *adj* tsis txaus siab
unplug *v* nrh tawm
unpredictable *adj* twv tsis raug
unravel *v* hle
unreal *adj* tsis yog tiag
unrealistic *adj* uas tsis yog tiag
unselfish *adj* siab dav
unspeakable *adj* hais tsis tau
unstable *adj* tsis ncaj
unsteady *adj* tsis ruaj ntseg
unsuitable *adj* tsis tsim nyog
untie *v* hle, hle tawm
until *pre* txog ntua thaum
untouchable *adj* kov tsis tau
untrue *adj* tsis ncaj ncees

valid

unusual *adj* tsis zoo li yav tas los
unwind *v* tso tawm
unwise *adj* tsis ntse
unwrap *v* hle daim qhwv tawm
upgrade *v* nce qib
upheaval *n* kev raug tab kaum
uphill *adv* nce toj
uphold *v* txhawb nqa
upkeep *n* kev saib xyuas
upon *pre* sauv, tshaj
upper *adj* siab dua
upright *adj* uas teeb tsa muaj
uproar *n* kev kub ntxhov
uproot *v* nrho
upset *v* nchuav
upside-down *adv* khwb
upstairs *adv* hauv lub siab
uptight *adj* nruj, npau taws
up-to-date *adj* raws cuag txheej
upturn *n* ntswj nce
urban *adj* zoo li nroog
urge *n* zog txhawb
urge *v* txhawb
urgency *n* kev maj
urgent *adj* kom maj
urinate *v* tso zis
urine *n* zis
urn *n* tais

us *pro* peb
usage *n* kev siv
use *v* siv
use *n* kev siv
used to *adj* tau ua hlau los
useful *adj* muaj txiaj ntsim
user *n* tus siv
usher *n* tus qhia chaw zaum
usual *adj* xwm yeem, tas li
usurp *v* sib txeeb
uterus *n* tsev me nyuam
utmost *adj* kawg zog
utter *v* hais tawm los

V

vacancy *n* txoj hauj lwm seem
vacation *n* caij so
vacillate *v* hloov mus los
vagrant *n* neeg loj leeb
vague *adj* tsis tseeb
vain *adj* khav theeb
vainly *adv* tsis muaj nuj nqis
valiant *adj* muaj peev xwm
valid *adj* raug raws li

validity *n* raug
valley *n* dawm, kwj ha
valuable *adj* muaj nqis
value *n* tus nqi
vampire *n* puav nqus ntshav
van *n* tsev iav
vandalism *n* kev ntiav ntuj
vanguard *n* tus coj noj coj ua
vanish *v* neeg laib
vanquish *v* tua kom tag
variable *adj* uas hloov txawv tau
varied *adj* sib txawv
variety *n* hloov tau
various *adj* muaj ntau yam
varnish *v* pleev kom ci
vary *v* txawv, hloov
vast *adj* loj dav
veer *v* tsis ncaj, lov
vegetable *v* cog zaub
vegetation *n* zaub
vein *n* txoj ntshav dub
velocity *n* mus ceev
velvet *n* xim ntsuab tsaus
venerate *v* saib siab
venison *n* nqaij mos lwj
venom *n* moj kuab txhaum
vent *n* chaw hliv cua
ventilate *v* sib hloov huab cua

verbally *adv* ntawm lo lus
verdict *n* lus txiav txim
verge *n* ntug
verse *n* lus taum huam
version *n* tsab (ntawv),
versus *pre* sib ntaus sib tua
vertebra *n* txha nqaj qaum
very *adv* tiag tiag, ntau
vessel *n* tais
vestige *n* hneev tawv
veterinarian *n* kws kho tsiaj mob
veto *v* tsis kheev rau
viaduct *n* choj hla
vibrant *adj* nplaim qeej
vibrate *v* tshee
vibration *n* kev tshee
vice *n* kev ua txhaum
vicious *adj* tsim txom
victor *n* tus muaj yeej
victorious *adj* uas muaj yeej
victory *n* muaj yeej
view *n* duab tsua muag
view *v* ntsia
viewpoint *n* lus pom txog
vigil *n* pw lig
village *n* zos
villager *n* pej xeem hauv zos
villain *n* neeg tsis zoo

vindictive *adj* uas muaj siab ntxub
vine *n* hmab ntoo
vinegar *n* dej qaub
violate *v* rhuav tshem
violet *n* xiav tsaus
violin *n* xem xau
violinist *n* tub qoj xem xau
virginity *n* kev dawb huv
virility *n* xws li txiv neej
virtually *adv* yam tiag tiag
virtue *n* txhiaj ntsig
virus *n* vais lav
visible *adj* uas ntsia pom
vision *n* ntsiab lug pom txog
visit *n* kev sib saib xyuas
visit *v* saib xyuas
visitor *n* tus tuaj saib xyuas
visualize *v* ua rau ntsia pom
vital *adj* hais txog sim neej
vitality *n* dag zog
vitamin *n* vitamin
vivacious *adj* muaj sia
vivid *adj* tseeb
vocabulary *n* los lus,
vocation *n* luag hauj lwm
voice *n* suab hais lus
void *adj* siv tsis tau
volatile *adj* dhau mus ua pa tau

volcano *n* roob hluav taws
voltage *n* zog hluav taws xob
volume *n* tsab (ntawv)
vomit *v* ua rau ntuav
vomit *n* ntuav
vote *v* tawm suab teeb tsa
vouch for *v* lav txais
vow *v* cog lus
vowel *n* xaj laj
voyage *n* taug kev
voyager *n* tus taug kev
vulgar *adj* nchav
vulgarity *n* kev hais lus nchav
vulnerable *adj* yam hais lus nchav
vulture *n* dav qhuav

W

wag *v* co mus co los
wage *n* nqi so
wagon *n* thawv tsheb luv fais
wail *v* quaj qw
wail *n* kev quaj qw
waist *n* duav
wait *v* tos

waiter *n* tub nqa dej mov
waiting *n* kev tos
waitress *n* ntxhais nqa dej mov
waive *v* raug rho cai
wake up *iv* tsa sawv
walk *v* mus ncig
walk *n* mus taw, ncig
wall *n* phab ntsa
wallet *n* hnab nyiaj
walnut *n* taum walnut
walrus *n* ntxhw dej
waltz *n* suab xem xau
wane *v* tsawg zuj zus
want *v* xav tau
war *n* tsov rog
warden *n* yob hauv
warehouse *n* tsev khaws khoom
warfare *n* kev tsov rog
warm *adj* sov, txais tos zoo
warm up *v* ua kom zov
warmth *n* sov so
warn *v* ceeb toom
warning *n* lus ceeb toom
warp *v* nkhaus
warped *adj* tsis qaij mus los
warrant *v* tsim nyog tau txais
warrant *n* lees paub, lav paub
warranty *n* kev lav

warrior *n* tub rog
warship *n* nkoj tua rog
wart *n* thooj me me
wary *adj* xuyuam xim
wash *v* ntxuav, ntxhua
washable *adj* ntxuav tau
wasp *n* nkawj
waste *v* ua rau tsis zoo siv
waste *n* khoom tsis zoo siv
wasteful *adj* luaj thuam
watch *v* saib, ntsia
watch out *v* xyuam xim
watchmaker *n* kws uas moos
water *n* dej
water *v* ywg dej
water down *v* ua rau tsuag
waterfall *n* dej tsaws tsag
waterheater *n* hwj kais rhaub dej
watermelon *n* dib nom
waterproof *adj* chaw thaiv dej
watershed *n* qab deg
watertight *adj* thaiv dej
watery *adj* ua dej
wave *n* tsa tes co mus los
waver *v* co mus co los
wax *n* ciab, loj tuaj
way *n* kev, txoj hau kev
way out *n* kev tawm

whine

we *pro* peb sawv daws
weak *adj* qaug qib
weaken *v* uas rau qaug qib
weakness *n* kev qaug qib
wealth *n* kev nplua nuj
wealthy *adj* nplua nuj
weapon *n* yeej cuab
wear *n* yaig
wear *iv* hnav, txig rau
wear down *v* ua rau swb
weary *adj* sab, dhuav
weather *n* huab cua
weave *iv* ntos
web *n* hlab
web site *n* vev xaib
wed *iv* noj tshoob
wedding *n* ua tshoob
wedge *n* tshuas
Wednesday *n* hnub vas phoov
weed *n* ntxhov
weed *v* nthua nroj
week *n* as thiv
weekday *adj* hnub ua hauj lwm
weekend *n* hnub so hauj lwm
weekly *adv* txhua as thiv
weep *iv* quaj qw
weigh *v* nyhav
weight *n* nyhav

weird *adj* txawv
welcome *v* zoo siab
welcome *n* zoo siab txais tos
weld *v* txuas
welder *n* kws txuas ub no
welfare *n* thov kom mus zoo
well *n* zoo
well-to-do *adj* nplua nuj
west *n* sab hnub poob
wet *adj* ntub
whale *n* ntses whale
wharf *n* chaw nres koj
what *adj* dab tsi
whatever *adj* tas nrhog
wheat *n* pob kws
wheel *n* thob log, log tsheb
wheeze *v* ua pa nrov viv
when *adv* thaum twg
whenever *adv* thaum twg los xij
where *adv* qhov twg
whereabouts *n* chaw nyob
whereas *c* thaum uas
whereupon *c* txuas ntxiv ntawv
wherever *c* qhov twg los xij
whether *c* los sis
which *adj* yam twg
while *c* thaum uas
whine *v* qab puab tsaig

whip *v* xuas pas ntaus
whip *n* tus pas ntaus
whirl *v* hloov mus los
whirlpool *n* dej ntaus yis
whisper *v* ntxhi
whisper *n* kev ntxhi
whistle *v* xuav qhov ncauj
white *adj* xim dawb
whiten *v* dhau mus ua dawb
whittle *v* hliav
who *pro* leej twg, tus uas
whoever *pro* leej twg los xij
whole *adj* tas nrho
wholehearted *adj* txaus siab,
wholesome *adj* zoo, dawb huv
whom *pro* leej twg, uas
why *adv* vim li cas
wicked *adj* phem
wickedness *n* kev lim hiam
wide *adj* dav, siab dav
widely *adv* yam nthuav dav
widen *v* ua kom dav
widespread *adj* muaj cuaj
widow *n* poj ntsuam
widower *n* yawg ntsuag
width *n* qhov dav
wield *v* siv (hwj chim)
wife *n* poj niam

wig *n* plaub hau cuav
wiggle *v* co mus co los
wild *adj* hav zoov, vwm
wild boar *n* npua teb
wildlife *n* tsiaj hav zoov
will *n* siab, npaj siab
willfully *adv* yam npaj siab hlo
willingly *adv* yam txaus siab
willingness *n* kev txaus siab
willow *n* ib hom ntoo
wily *adj* dag, zab
wimp *adj* qaug qib
win *iv* muaj yeej
wind *n* cua
wind *iv* kauv, tig
wind up *v* tiag rau
winding *adj* cua, xov xwm
window *n* qhov rai
windpipe *n* txoj hlab cua
windy *adj* cua hlob
wine *n* cawv vees
winery *n* tsev ua cawv vees
wing *n* tis
wink *n* ib ntsais muag
wink *v* ntsais muag
winner *n* tus yeej
winter *n* cai ntuj no
wipe *v* so

wipe out *v* rhuav
wire *n* xov pos hlau
wisdom *n* kev txawj tse
wise *adj* ntse
wish *v* thov kom
wish *n* xav tau
wit *n* ntse, tswv yim ntse
witch *n* poj dab
witchcraft *n* thim rov
with *pre* nrog, los nrog,
withdraw *v* rho
withdrawal *n* rho tawm
withdrawn *adj* thaub rov qab
wither *v* ntsws
withhold *iv* cheem
within *pre* sab hauv
without *pre* tsis muaj
withstand *v* tim thaiv,
witness *n* tus pom
witty *adj* tswv yim
wives *n* poj niam
wizard *n* txiv dab
woes *n* kev txom nyem,
wolf *n* hma
woman *n* poj niam (ib leeg)
womb *n* tsev me nyuam
women *n* cov poj niam
wonder *v* xav paub tias

wonder *n* txawv tshaj plaws
wood *n* ntoo
wooden *adj* xuas ntoo ua
wool *n* plaub yaj, paj rwb
woolen *adj* zoo xws li plaub yaj
word *n* lo lus
wording *n* kev siv lo lus
work *n* hauj lwm
work *v* ua hauj lwm
work out *v* xam
worker *n* tub haujlwm
world *n* lub ntuj
worldly *adj* pom
worldwide *adj* ntuj dav
worm *n* cua nab, kab
worn-out *adj* siv qub lawm
worrisome *adj* ntxhov siab
worry *v* tab kaum
worry *n* txhawj xeeb
worse *adj* phem, tsis zoo
worsen *v* phem dua tuaj
worship *n* saib siab
worst *adj* phem tshaj
worthless *adj* tsis muaj nqis
worthy *adj* muaj nqis
would-be *adj* xav kom yog
wound *n* qhov txhab
wound *v* ua rau raug mob

woven *adj* ntos, hiab
wrap *v* qhwv, kauv
wrap up *v* qhwv, kauv
wrath *n* kev chim
wreath *n* kauj paj teev hawm
wreck *v* rhuav tshem
wreckage *n* kev rhuav tsem
wrestle *v* qhau
wrestling *n* qhau
wretched *adj* hmoov phem
wring *iv* nyem
wrinkle *v* ntsws
wrinkle *n* ntsws
wrist *n* yas tes
write *iv* sau
write down *v* sau rau
writer *n* tus sau
writhe *v* nkhaus mus los
writing *n* kev sau
written *adj* tau sau
wrong *adj* txhaum, yuam kev

Y

yacht *n* cov nkoj ncua
yam *n* qos liab
yard *n* tshav hav nyom
yarn *n* xov, dab neeg
yawn *n* kev rua lo
yawn *v* rua lo
year *n* xyoo
yearly *adv* hauv xyoo,
yearn *v* nco txog, xav tau
yeast *n* poom cawv
yell *v* qw
yellow *adj* daj
yes *adv* yog
yesterday *adv* nag hmo
yet *c* tseem tshuav,
yield *v* kheev pub rau
yield *n* qhov uas tau txais
yolk *n* nkaub qes
you *pro* koj
young *adj* hluas
youngster *n* tus hluas
your *adj* koj li
yours *pro* koj tug
yourself *pro* koj tus kheej
youth *n* tub ntxhais hluas

youthful *adj* tseem hluas

Z

zap *v* tua, tsoo
zeal *n* rau siab
zealous *adj* kev txaus siab
zebra *n* nees txais
zero *n* tag
zest *n* qab, lom zem
zinc *n* ib yam hlau
zipper *n* swb
zone *n* suam, cheeb tsam
zoo *n* vaj tsiaj

Hmong-English

Bilingual Dictionaries, Inc.

Abbreviations

a - article
n - noun
e - exclamation
pro - pronoun
adj - adjective
adv - adverb
v - verb
iv - irregular verb
pre - preposition
c - conjunction

A

ab kaum *n* hindrance
as thiv *n* week
aub *n* dog
av *n* earth, soil
av ci *n* brick
av deeg *n* earthquake
av nplaum *n* clay
aws *v* claim

C

cab *v* haul
cag *n* root
cai *n* right, rule
cai ntuj no *n* winter
cai tshwj xeeb *n* franchise
cai tswv *n* copyright
cai yuam *n* statute
caij *v* mount, ride
caij lub hnub poob *n* sundown
caij nkoj ua si *v* cruise
caij ntuj sov *n* summer
caij ntuj xyoo *n* season
caij nyoog *n* duration, time; chance
caij nyoog zoo *n* heyday
caij so *n* recess, vacation
caij yuav tsaus ntuj *n* nightfall
cais *adj* assorted
cais *v* separate, trim
cais lawm *adj* separate
cais tawm *v* sort out
cais tawm tsis tau *adj* inseparable
cais tseg *v* isolate
caj ceg *n* blood
caj dab hwj *n* bottleneck
caj dab tes tsho *n* cuff
caj dwb *n* neck
caj pas *n* throat
cam *v* argue
cam tsis tau lawm *adj* irrefutable
caub fab *n* barbarian
caum *v* pursue, chase
caum cuag *v* catch
caum tsis cuag *v* fall behind
cav *v* argue
cav heev *v* rebuff
cav tsis tau *adj* undisputed
caw *v* invite
caws *v* curl
caws caws *adj* curly
caws pliav *n* scar
cawv *n* brandy, liquor

cawv qab zib *n* liqueur
cawv tov *n* cocktail
cawv vees *n* wine
ceeb *adj* amazing
ceeb toom *adj* alarming
ceeb toom *v* warn, notify
ceev *adj* compact, tight, fast
ceev ceev li *adj* speedy
ceev faj *v* alert, beware
ceev faj *adj* careful, cautious
ceev tseg *v* detain
ceg dej *n* lagoon
ceg ntoo *n* branch
ceg tawv *adj* cripple, lame
cem *v* chide, scold
cem *n* gripe
ces dej *n* cove
ces kaum *n* angle, corner
cev tawm los *v* stick out
chais *v* shave
chav *n* chamber, room
chav cia khoom *n* stockroom
chav dej *n* bathroom
chav hauv av *n* basement
chav kawm *n* class
chav kawm ntawv *n* classroom
chav loj *n* saloon
chav noj mov *n* dining room

chav plob *n* lavatory
chav pw *n* bedroom
chav pw sawd daws *n* dormitory
chav qauv qab av *n* cellar
chav sib puab *adj* next door
chav tos qhua *n* living room
chav tos qhua loj *n* lobby
chav tuag *n* mortuary
chav xyaum tes taw *n* gym
chaw *n* realm, station
chaw cais *n* refinery
chaw ci khoom noj *n* bakery
chaw dhia dej *n* springboard
chaw faus neeg *n* catacomb
chaw haus cawv *n* bar
chaw hla kev *n* crosswalk
chaw hliv cua *n* vent
chaw khiav nkaum *n* asylum
chaw kho nkoj *n* shipyard
chaw los *n* source
chaw ncej choj *n* pier
chaw nkaum *n* shelter
chaw nres koj *n* wharf
chaw nres nkoj *n* port, harbor
chaw ntes tsheb *n* parking
chaw nyob *n* whereabouts
chaw rau khoom *n* bunker
chaw rau khoom noj *n* pantry

chaw rau tsheb *n* garage	chig taws tau *adj* flammable
chaw sawv *n* standpoint	chij *n* banner, flag
chaw seev cev *n* ballroom	chim *v* frustrate
chaw so khoom *n* stand	chim heev *adj* furious
chaw tawm *n* origin	chim siab *adj* dejected
chaw thaiv dej *adj* waterproof	chimkawg nkaus *adv* furiously
chaw tiag taw *n* cornerstone	chiv *n* compost
chaw tov tshuaj *n* lab	chiv quav tsiaj *n* manure
chaw tshua *n* memory	chob *v* pierce
chaw tub rog *n* fort	chob xov *v* thread
chaw tws *n* bay	choj *n* bridge
chaw twv txiaj *n* casino	choj hla *n* viaduct
chaw txua nkoj *v* dock	chua *v* deprive
chaw ua dav hlau *n* aviation	chwv *v* sense, touch
chaw ua hauj lwm *n* firm	chwv txog *v* touch up
chaw ua haujlwm *n* agency, bureau	ci *v* bake, roast
chaw ua hlau *n* foundry	ci ci *n* glare, gloss
chaw ua si *n* park	ci ci *adj* glossy, shiny
chaw xa ntawv *n* post office	ci mov *v* toast
chaw yuav tshuaj *n* pharmacy	ci nqaij *v* grill
chaw yug dev *n* kennel	ci ntsa iab *adj* brilliant
chaw yug nyuj mis *n* dairy farm	ci ntsa iab *v* glow, sparkle
chaw zaum *n* seat	ci ntsaj *v* twinkle
cheb *v* clean, sweep	ci rov qab *adj* luminous
cheeb tsam *n* scope	ci rov tuaj *v* reflect
cheeb tsam nyob ze *n* vicinity	cia *v* lay
cheeb tsam plab *n* loin	cia hauv plawv *v* center
cheem *v* inhibit, withhold	cia kom muaj quaj *v* file

cia nkag los *v* let in
cia qiv *v* lend
cia siab *n* hope
cia siab ntsoov *v* anticipate
cia tawm *v* omit
ciag hiav txwv *n* gulf
ciaj *n* pliers
ciaj ciam *n* parameters
ciaj tais khoom *n* pincers
ciam *n* boundary, limit
ciam teb *n* border
ciam teb chaw *n* frontier
ciav dej cug nag *n* gutter
ciav dej qias neeg *n* sewer
cib ceg *v* haggle
cig *adj* ablaze, fiery
cig *v* illuminate
cig *n* symbol, badge
cim qiag *n* bracket
cim tseg *v* earmark
cim xeeb tau *v* recognize
co *v* quake, shake, rattle
co mus co los *v* wiggle, waver
cog *v* plant, grow, rear
cog lus *v* pledge, vow
cog lus tseg *v* swear
cog rau *v* implant
cog zaub *v* vegetable

coj *v* coach, facilitate, lead
coj li txiv neej *adj* manly
coj los sib piv *v* compare
coj lus *v* coordinate
coj mus ntxiv *v* carry on
coj nruj *adj* stressful
coj qhia ua txhaum *adj* misguided
coj raws *v* comply
coj tsis ncaj *v* cheat
coj tus *adj* discreet
coj tus yam ntxwv *v* act, behave
coj zoo *adj* meek, moral
coj zoo *v* mellow
coob *adj* many
cov *n* species
cov cov *v* confound, confuse
cov cov *adj* confusing
cov hluas *n* teenager
cov iav *n* crystal
cov kev pom zoo *n* amenities
cov lus *n* issue, message
cov lus hais tas li *n* catchword
cov lus ntseeg *n* creed
cov lus nug *n* questionnaire
cov lus qhuab ntuas *n* moral
cov lus qhuab qhia *n* preaching
cov lus tawm qhia *n* foreword
cov lus teb *n* response

cov lus thov ntuj *n* litany, prayer
cov lus thuam *n* libel
cov lus ua ntej tuag *n* testament
cov me nyuam *n* children
cov nas *n* mice
cov ncej *v* settle down
cov neeg nkij *adj* Greek
cov nkoj ncua *n* yacht
cov no *adj* these
cov ntawd *adj* those
cov ntawv kawm *n* course
cov nyom *v* conflict
cov phaw nyuj *n* oxen
cov poj niam *n* women
cov suav tau *n* count
cov tej *n* snowfall
cov thawj tswj *n* executive
cov tuv *n* lice
cov txiv neej *n* mankind, men
cov zog *n* manpower
cua *n* air, wind
cua *adj* winding
cua daj cua dub *n* cyclone
cua hliv *n* breeze
cua hlob *n* gale
cua hlob *adj* windy
cua kub *n* heat, heating
cua nab *n* worm

cuab *v* feign
cuab kav *n* capability
cuab ntxiab *v* snare
cuab tam *n* asset
cuab yeej ua rog *n* armaments
cuaj *adj* nine
cuaj caum *adj* ninety
cuaj khaum *adj* greedy, stingy
cuam *v* dash
cuam cuag *v* overtake
cuam kawb *adj* hilly
cuam pob zeb *v* stone
cuam pov tseg *v* throw away
cuam tam *n* assets
cuam tshuam *v* disrupt, intrude
cuam tshuam txog *v* apply
cuav *adj* counterfeit, fake
cub *n* steam
cub cawv *v* brew
cus cus *adj* energetic
cwj me qhuav *n* pencil
cwj mem *n* pen
cwj mem av qhuav *n* chalk
cwj mem loj *n* marker
cwj pwm *n* attitude, manner
cwj pwm txawv *n* mannerism
cws *n* pinch, shrimp
cws hiav txwv *n* lobster

D

da dej *v* bathe
dab *n* demon
dab neeg *n* myth, allegory
dab neeg txua *n* fiction
dab noj hnub *n* eclipse
dab qhuas *n* religion
dab ros *n* humor
dab teb *n* hell
dab tsi *n* matter
dab tsi *adj* what
dab tsiaj *n* crib
dab zaub *n* manger
dag *v* beguile, fool, lie
dag *adj* hypocrite, wily
dag *n* liar
dag ntxias *adj* deceitful
dag ntxias *v* swindle
dag zog *n* labor, vitality
dai *v* hang, dangle
daig *v* clog, plug
daig caj pas *v* choke
daiim duab *n* picture
daim *n* piece, sheets
daim cim lag luam *n* trademark
daim duab loj loj *n* poster
daim hom phiaj *n* diagram
daim iav *n* looking glass
daim lev *n* mat
daim npav *n* card
daim nplooj *n* leaf
daim ntaub liab *n* red tape
daim ntaus cim *n* label
daim ntawv *n* fiber, form
daim ntawv cog lus *n* contract
daim ntawv muag *n* sale slip
daim ntawv sau nqi *n* bill
daim ntawv teev npe *n* list
daim ntawv tshaj *n* flier
daim ntawv tso cai *n* licence
daim ntawv tswv *n* patent
daim ntawv txais *n* receipt
daim nyias nyias *n* slice
daim pam *n* blanket
daim qauv *n* design
daim qhia chaw *n* map
daim seem *n* shred
daim tawv *n* skin
daim tawv ntoo *n* bark
daim tawv qwj *n* shell
daim tawv txiv *n* hull
daim tiab *n* skirt
daim txais nyiaj *n* payslip
daim txiag *n* board

daim txiag dub *n* blackboard
dais *n* bear
daj *adj* yellow
dam *adj* broke
daus *n* ice, snow
dav *adj* roomy, wide, broad
dav dav *n* general, generic
dav heev *adj* prevalent
dav hlau *n* aircraft
dav hlau loj *n* airliner
dav qhuav *n* vulture
daw ntsev *adj* salty
dawb huv *n* chastity
dawb huv *adj* wholesome
dawm taw *v* stumble, trip
daws *v* emancipate
daws hlua *v* unleash
daws kho tsis tau *adj* irrevocable
daws teeb meem *v* cope, solve
de *v* nip, pick
deb *adv* afar, far
deb deb *adj* faraway
deb zog *adv* farther
deeg siab *v* captivate
deev *v* attract
deev siab *v* charm
dej *n* river, water
dej caw *n* beverage
dej cawv *n* drink
dej foo *n* tidal wave
dej khov *n* ice
dej khov txias *adj* ice-cold
dej nag *n* rainfall
dej nce dej nqig *n* tide, tidy
dej nkag tau *adj* porous
dej ntaus yis *n* whirlpool
dej ntws *n* flow
dej ntws ceev heev *n* torrent
dej num *n* activity, career
dej qaub *n* vinegar
dej qias neeg *n* sewage
dej tsaws tsag *n* waterfall
dej tsaws tsag loj *n* cataract
dej tsaws tsag me *n* cascade
dej txuav kub *n* geyser
dev caum nqaij *n* hound
dev mub *n* flea
dhau *v* exceed, pass
dhau kev *v* come across
dhau li ntawd *adv* aside from
dhau los lawm *adj* past
dhau los lawm *adv* before
dhau mus *adj* fleeting
dhau mus *pre* through (thru)
dhau mus ua dawb *v* whiten
dhau mus ua pa tau *adj* volatile

dhau sij hawm *adv* overtime
dhau ua kob liab *v* redden
dhia *v* run
dhia hla *v* leap, skip
dhia nce dhia nqis *v* spring
dhia nqis *v* plunge
dhia paj paws *v* hop
dhia tawm *v* bail out
dhos *v* paste
dhos ua ke *v* assemble
dhuav *adj* bored, insipid
dhuav *v* frustrate, bore
dhuav qee yam *v* eat away
di maug *n* eyelid
di ncauj *n* lip
diav *n* dog
diav haus kua *n* tablespoon
diav tshuaj yej *n* teaspoon
dib *v* lure
dib nom *n* watermelon
dib pag *n* melon
dib txaig *n* cantaloupe
dig muag *adj* blind
dig muag *adv* blindly
dim tuag *v* survive
do *v* stir
do dwb dus *adj* bleak
do hau *adj* bald

do kom thoob *adj* scrambled
dob *v* pluck
dog dig *adj* indifferent
doog *adj* livid
doog ntshav *n* bruise
dos *n* onion
dov *v* roll
du du *adj* bald, smooth
dua *v* tear
dua li natwv *adv* furthermore
duab *n* image, picture
duab ci *n* light
duab kos *n* art
duab loj *n* placard
duab mus kev *n* film
duab ntxoo *n* shadow
duab taw qhia *n* chart
duab teb chaws *n* scenery
duab teeb cig *n* flash
duab tib neeg *n* portrait
duab tsua muag *n* view
duab xa moo *n* postcard
duab zoo nkauj *adj* scenic
duav *adj* boring
duav *n* waist
dub *adj* black
dub *n* blackness
dub nciab *adj* pitch-black

E

eeb nees *n* saddle
ev pab cuam *n* patronage

F

fab *adj* allergic
fab *v* ration, divide
faib rau *v* dispense
faib raws phuv *v* allot
faib sib npaug *adv* fifty-fifty
faib tau *adj* divisible
faib tawm *v* detach, rip apart
faj lem *n* astrology
faj seeb *v* alert
faj tim teb chaws *n* empire
faus *v* bury
faus tob *adj* seated
faus zoo *adj* entrenched
feeb *n* minute
feem *n* section, sector
feem ntau *adv* mainly, mostly
feem ntau *n* majority
feem pua *adv* percent
feem txuam *n* mixture
fi rau *v* convey
fi xov *v* report
fij dav hlau *n* flight
fij xab *n* briefcase
foo *v* paint
foob pob *n* bomb, grenade
foob pob hluav taws *n* rocket
foob pob txiv tawg *n* dynamite
foom *v* damn
foom koob hmoov *v* bless
foom lus *v* sanctify
foom lus phem *v* curse
foom phem *v* cuss
free *v* break free
fws *n* humidity

H

hais *v* address
hais dua *v* repeat
hais kiag lub ntsiab *v* summarize
hais kom nco qab *v* remind
hais kom tso cai rau *v* assure

hais kwv txhiaj *v* improvise
hais lus ceev ceev *adj* brusque
hais lus qias *adj* lewd
hais lus thov ntuj *v* preach
hais lus tso tshav *adj* outspoken
hais lus xaiv xaiv *v* stutter
hais mus hais los *v* reiterate
hais phem rau *v* denigrate
hais phem txog *v* malign
hais plaub ntug *v* litigate
hais qhia ua ntej *v* forewarn
hais rau *v* convey
hais raws qab *v* recite
hais tau meej *v* articulate
hais tau ob yam lus *adj* bilingual
hais tawm los *v* utter
hais tsis meej *v* slur
hais tsis tau *adj* unspeakable
hais tso tshav lug *v* confide
hais txog *pre* about
hais txog *v* mention, quote; pertain, deal
hais txog *adj* oriented
hais txog cag nroj *adj* grassroots
hais txog dej cawv *adj* alcoholic
hais txog sim neej *adj* vital
hais ub hais no *v* sneak
hais yam luv luv *adv* briefly
haiv kev *v* bar

haiv neeg *n* citizenship
hau *v* boil
hau kev *n* method
hau koob *v* prick
haub khwb *n* cover
hauj lwm *n* labor, work
hauj sam *n* clergy, priest
haujlwm *n* career, activity
haujlwm kos duab *n* artwork
haujlwm vaj tse *n* chore
haus *v* drink
haus tau *adj* drinkable
haus tshuaj nees *v* dope
hauv *n* front
hauv *pre* in
hauv caug *n* knee
hauv luam yeeb *v* smoke
hauv lub siab *adv* upstairs
hauv ncoo *n* pillow
hauv nruab nrab *pre* between
hauv ntej *adj* front
hauv pliaj *n* forehead
hauv qab *adv* below
hauv qab *pre* beneath
hauv qab *n* bottom
hauv qab lawj *n* ground floor
hauv roob *n* crest
hauv siab *n* clemency

hauv teb chaws *adj* domestic	**hla ruam dav** *v* stride
hauv teb chaws *adv* inland	**hlab** *n* web
hauv tsev *adv* indoor	**hlab ntsha** *n* nerve
hauv vag *n* swan	**hlab ntshav liab** *n* artery
hauv xyoo *adv* yearly	**hlab pas nqos mov** *n* esophagus
hauv zos *adj* local	**hlab teb chaws** *adv* overseas
hav iav *n* bog	**hlais** *v* reap, harvest, cut
hav nroj tsuag *n* bush	**hlau** *n* iron, steel
hav ntoo *n* shrub	**hlau nplaum** *n* magnet
hav nyom *n* grass	**hlau nyom** *n* wedge
hav suab zeb *n* beach	**hlawv** *v* burn, scorch
hav xuab zeb nqus *n* quicksand	**hlawv (neeg tuag)** *v* cremate
hav zoo *n* forest	**hlawv thee** *v* char
hav zoov *adj* wild	**hle** *v* undress, unravel
hav zoov nuj txeeg *n* jungle	**hle daim qhwv tawm** *v* unwrap
hawm *v* exalt, glorify	**hle khaub ncaws** *v* strip
hawm rau huab tais *adj* regal	**hle tawm** *v* take off, unpack, untie
hawm txog *adj* dear	**hleb** *n* casket, coffin
hawv *v* intimidate	**hli** *n* month
heev *adj* drastic, severe	**hliav** *v* whittle
heev nyuj *n* bull	**hliv** *v* pour
hem *v* frighten, daunt	**hlob** *v* grow
hiab *adj* woven	**hlob txaus** *v* bloom
hiav txwv *n* ocean, sea	**hloov** *adj* alternate
hla *v* cross, pass	**hloov** *v* change, modify
hla *pre* across	**hloov** *adv* instead
hla cai *v* violate	**hloov caij hauj lwm** *v* shift
hla dhau *v* come over	**hloov chaw** *v* displace

hloov cog *v* transplant
hloov kho tsis tau *adj* inflexible
hloov mus los *v* vacillate, whirl
hloov ntshav *n* transfusion
hloov raws *v* adapt
hloov raws tau *adj* adaptable
hloov tau *adj* pliable
hloov tau *n* variety
hloov tes *v* hand over
hloov tsis tau lawm *adj* immutable
hloov txav tau *adj* mobile
hloov xa *v* transfer
hloov zuj zus *v* evolve
hlua *n* hose, rope, string
hlua khau *n* shoelace
hlua khi *n* leash
hlua khi nees *n* bridle
hlua raj dej *n* hose
hlua xov tooj *n* cable
hluas *adj* young
hluas nkauj *n* girlfriend
hluas nraug *n* boyfriend
hluav *n* cinder
hluav ncaig *n* coal
hluav taws *n* fire
hluav taws xob *n* electricity
hlub *v* love
hlub teb chaws *adj* patriotic
hlub tshua *v* cherish
hlwb *n* brain
hlwb pob txha *n* bone marrow
hlwb yas txha *n* marrow
hlwv *n* blister
hma *n* hyena, wolf
hmab ntoo *n* vine
hmo no *adv* tonight
hmo ntuj *n* night
hmoo *n* chance
hmoov *n* powder, starch
hmoov av *n* grime
hmoov paj ntoo *n* pollen
hmoov phem *adj* unlucky
hmoov plej *n* flour
hmoov tshauv *n* ash
hmoov zoo *adj* lucky
hmuv *n* spear
hmuv nkaug ntses *n* harpoon
hnab *v* pack
hnab *n* bag, case, purse
hnab ev *n* backpack
hnab khuam *n* handbag
hnab looj taw *n* sock
hnab looj taw ntev *n* stocking
hnab ntawv *n* envelope
hnab nyiaj *n* wallet
hnab tais ntawv *n* folder

hnab tes *n* glove
hnab tog hauv ncoo *n* pillowcase
hnab tshos *n* pocket
hnav *v* clothe, wear
hnav ris tsho *v* dress
hneev taw *n* footprint
hneev tawv *n* vestige
hnia *v* kiss
hnia ntxhiab *v* smell
hniav *n* tooth
hniav kab noj *n* cavity
hniav riam *n* slash
hnoos *v* cough, hack
hnov *v* feel, hear
hnov lawm *adj* awake
hnov qab *v* leave out
hnov qab *adj* oblivious
hnov zoo *adj* audible
hnub *n* day
hnub kawg *n* deadline
hnub no *adv* today
hnub nyoog *n* age
hnub poob *n* sunset
hnub qub *n* star, czar
hnub qub ko tw *n* comet
hnub qub poob *n* meteor
hnub so *n* holiday
hnub so hauj lwm *n* weekend

hnub tawm *n* sunrise
hnub tim *n* date
hnub tseem ceeb *n* anniversary
hnub tsib *n* Friday
hnub ua hauj lwm *adj* weekday
hnub vas phoov *n* Wednesday
hnub yug *n* birthday
hnyav *v* frown
hnyav *adj* heavy
hnyuv qhov quav *n* rectum
hom *n* brand, model, type
hom cim *n* emblem
hom laib loj loj *n* guerrilla
hom nyiaj txiag *n* currency
hom phiaj *n* goal, target
hov kom ntse *v* sharpen
hov vaum heev *adj* torrid
hqia kev *v* guide
hqov nruab nrab *n* hub
htem *v* give
hu *v* call, evoke
hu loj heev *adj* insatiable
hu los *v* summon
hu nkauj *v* sing
hu rau *v* contact
hu rov qab *v* recall, recoup
hu suab soob *v* shriek
hu xov tooj *v* call

huab *n* cloud, fog, haze
huab *adj* foggy
huab cua *n* climate, weather
huab cua no tsawv *n* chill
huab tais *n* king
huam yees *v* crave
huas pa *v* gasp
hub *n* pot
hub rau dej *n* jug
huv *adj* clean
hwj chim *n* prestige, reign
hwj kais rhaub dej *n* waterheater
hwj txwv *n* beard
hwm *v* glorify
hwm cia *v* conserve
hws *n* humidity; sweat

I

iab *adj* bitter
iab iab *adv* bitterly
iab liam *v* incriminate
iab oo *n* fog, haze
iav *n* glass
iav qhov muag *n* eyeglasses

ib *a* a, an, one
ib chav me me *n* cubicle
ib chav tsev loj loj *n* hall
ib cheeb tsam *pro* around
ib co khoom noj *n* paste
ib co ntau ntawv *n* dossier
ib cuab tsoom fwv *n* bureaucracy
ib feeb *n* fraction
ib feem *adv* partly
ib feem plaub *n* quarter, quarters
ib hnub twg *adv* someday
ib hom hnub qub *n* asteroid
ib hom ntoo *n* willow
ib hom ntoo tawv *n* hardwood
ib hom ntxiv ntoo *n* plum
ib kab lus *n* clause
ib kem *n* block
ib koog tsev *n* block
ib leeg *adj* alone
ib leeg ib sab *adj* opposite
ib leeg ib sab *adv* opposite
ib leeg kheej *n* monopoly
ib leeg kheej *adv* solely
ib lub plaub *n* file
ib ncig *v* surround
ib ncig rov los *n* cycle
ib npis *n* cent
ib nrab *n* half

ib nrab *adj* half
ib nrab *adv* partly
ib nrab hwj *n* glassware
ib ntsais muag *n* wink
ib ntus *n* episode
ib ntus *adj* temporary
ib pab neeg *n* circus, crowd
ib pliag *n* moment
ib pliag ntshis *adv* momentarily
ib pob *n* batch
ib pob pav ua ke *n* bale
ib puag ncig *n* environment
ib puas *adj* hundred
ib qho *n* sole
ib qho kev xav *n* hypothesis
ib qho me me *n* particle
ib qho ntxiv *adj* additional
ib qho tsaus me me *n* dot
ib qho zuj zus *n* detail
ib qho zuj zus *adv* piecemeal
ib qhov xwb *adj* sole
ib sab *adj* lateral
ib sab *n* page, side
ib sab *pre* alongside
ib sij *adv* regularly
ib sij mus ib zaug *v* resort
ib sij tshwm ib zaug *n* frequency
ib sim *adv* forever
ib sim neej *adj* lifetime
ib tag hmo *n* midnight
ib tee kua *n* blot
ib thaj av daus *n* glacier
ib theem zuj zus *adv* step-by-step
ib thooj *n* amount
ib thooj *adj* bulky
ib thooj khoom *n* prism
ib tug twg *pro* somebody
ib txhis *adv* forever
ib txwm *adv* often, always
ib txwm coj li *adj* habitual
ib txwm pom *adj* common
ib txwm tsis *adv* never
ib txwm zoo li *adj* innate
ib xees *n* cent
ib yam dab tsi *adv* somewhat
ib yam hlau *n* zinc
ib yam li poj niam *adj* ladylike
ib yam nkaus *adv* either
ib yam twg *adj* any, each
ib yam twg *n* single
ib zaug *adv* once
ib zaug ntxiv *adv* again

K

kab *n* bug, worm
kab av xwb pleb *n* crevice
kab cis liv *n* cricket
kab ke *n* ceremony, rite
kab ke *adj* orthodox
kab ke coj noj coj ua *n* custom
kab ke ntxhuav plig *n* baptism
kab ke thov ntuj *n* liturgy
kab laum pij *n* cockroach
kab lus *n* phrase
kab lw *n* clue
kab mob *n* germ, infection
kab mob aub vwm *n* rabies
kab mob aws *n* epidemic
kab mob kev nkeeg *n* disease
kab noj qoob loo *n* pest
kab ntsig *n* caterpillar
kab nuv ntshes *n* bait
kab pleb tawg *n* defect
kab tawg pleb *v* crack
kab tsib *n* cane
kab xaws *n* stitch
kab xeb *n* rust
kais dej *n* faucet
kaj *v* reckon

kaj *adj* bright
kaj huv *adj* safe
kaj lug *adj* clear
kaj ntug txoog *n* dawn
kaj siab *v* ease
kaj siab *adj* pleasant
kaj siab lug *adj* cheerful
kam qiv nyiaj *v* loan
kan tes *n* fingerprint
kas fes *n* coffee
kas tham tawg *adj* penniless
kau nqaij *n* broth
kauj *n* reel
kauj paj teev hawm *n* wreath
kauj quam *n* footstep
kauj toog npab *n* bracelet
kauj tsaim *n* chin
kaum *adj* ten
kaum cuaj *adj* nineteen
kaum ib *adj* eleven
kaum ob *n* dozen
kaum ob *adj* twelve
kaum peb *adj* thirteen
kaum plaub *adj* fourteen
kaum rau *adj* sixteen
kaum tsib *adj* fifteen
kaum xya *adj* seventeen
kaum yim *adj* eighteen

kaus *n* parachute
kaus hniav *n* tooth, teeth
kaus hniav cuav *n* dentures
kaus mom *n* hat
kaus ncauj noog *n* beak
kaus ntxhw *n* ivory, tusk
kauv *v* muffle, roll, wrap
kauv ntawv *n* scroll
kav *v* rule, govern
kav dej *n* plumbing
kav liam *v* forget
kav mus ib txhis *adj* everlasting
kav ntev *adj* durable
kav xwm *n* manager
kav xyeem *v* seize, snatch
kaw *v* close, shut, put out
kaw lawm *v* shut off
kaw suab *v* record
kawg *v* end
kawg lawm *v* terminate
kawg zog *adj* utmost
kawm *v* practice, learn
kawm ntawv *v* study
kawm tias *v* graduate
kaws *v* nibble
kaws nkuaj *v* incarcerate
ke txwv txiav *n* purge
kec ua tsaug *n* pollution

keeb *n* element
keeb kwm *n* chronicle, history
keeb kwm *adj* genetic
kem *v* block, sift
kem tawm tsam *n* fuss
kev *n* way
kev cai *n* code
kev cai lij choj *n* law
kev cai lus *n* grammar
kev cais *n* discrimination
kev cais tseg *n* isolation
kev caiv *n* restraint
kev caum *n* pursuit
kev caum tsiaj *n* chase
kev cav sib ceg *n* hassle
kev caw *n* invitation
kev cawm seej *n* hero
kev caws *n* curl
kev ceeb *n* panic
kev ceeb toom *n* notification
kev ceev *n* freeway
kev ceev faj *n* surveillance
kev ceg tawv *n* limp
kev cem *n* admonition
kev chim *n* anger, rancor, wrath
kev chim siab *n* frenzy, furor
kev chim siab heev *n* fury, rage
kev chua *n* deprivation

kev chwv *n* touch
kev chwv *adj* touching
kev ci ntsa *n* brightness
kev cia siab ntsoov *n* anticipation
kev cib nyeej *n* feud
kev cim xeeb tau *n* recognition
kev cob *n* cultivation
kev cog lus *n* pledge, promise
kev cog lus lag luam *n* bargaining
kev coj li txiv neej *n* manliness
kev coj lus *n* coordination
kev coj nkag *n* intake
kev coj noj coj ua *n* leadership
kev coj nruj *n* austerity, rigor
kev coj tus *n* discretion
kev coj tus cwj pwm *n* demeanor
kev coj tus tus *n* calm
kev coj zoo *n* meekness
kev cov nyom *n* complexity, maze
kev cuam tshuam *n* disruption
kev da dej *n* bath
kev dag *n* falsehood
kev dag noj *n* fraud
kev dag ntxias *n* deceit
kev dag tos qab *n* perjury
kev daig *n* hurdle
kev dav *n* immensity
kev dawb huv *n* virginity

kev dawm *n* retrieval
kev de *n* nip
kev deb *n* expedition
kev deev hluas *n* infidelity
kev dej nyab *n* flooding
kev dhau *n* pass
kev dhia *n* jump
kev dhia hla *n* leap, skip
kev dhia nce *n* climbing
kev dhia nqis *n* plunge
kev dhuav kev chim *n* frustration
kev dig muag *n* blindness
kev dim lub txim *n* salvation
kev dua *n* peck
kev fab *n* allergy
kev faib *n* distribution
kev faib khoom *n* ration
kev faib raws phuv *n* allotment
kev faib tawm *n* separation
kev faj seeb *n* alert
kev faus neeg *n* burial
kev fi xov *n* report
kev foob pob tawg *n* bombing, explosion
kev hais *n* saying
kev hais lus nchav *n* vulgarity
kev hais lus tiag *n* maxim
kev hais luv luv *n* briefing
kev hais plaub ntug *n* litigation

kev hais tau meej *n* articulation
kev hais txog *n* dealings
kev hauv tsev *n* corridor
kev hawm duab *n* idolatry
kev hem neeg *n* blackmail
kev hla *n* crossing, pass
kev hlauv hnyuv *n* hernia
kev hlawv *n* burn
kev hloov *n* change, transition
kev hloov kev *n* diversion
kev hloov raws *n* adaptation
kev hloov txawv qub *n* deformity
kev hlub *n* love
kev hlub tshua *n* affection
kev hlub tshua *adj* favorable
kev hnav zoo heev *n* array
kev hnia *n* kiss
kev hnov *n* feeling
kev hnov lus *n* hearing
kev hnov qab *n* oblivion
kev hu *n* call
kev hu loj *n* greed
kev hu xov tooj *n* calling
kev huam yees *n* craving
kev hwm *n* homage
kev iab *n* bitterness
kev iab liam *n* accusation
kev ib *n* leaning

kev kaj *n* light
kev kaj huv *n* safety
kev kaj siab *n* ease
kev kav *n* conquest
kev kaw suab *n* recording
kev kaw tseg *n* closure
kev kawg *n* demise
kev kawm *n* learning
kev kawm tias *n* graduation
kev khaus *n* itchiness
kev khav theeb *n* hypocrisy
kev khawm *n* clipping
kev khaws *n* gathering
kev khaws cia *n* retention
kev khi *n* obligation
kev khi hlua *n* hitch
kev khiav nkaum *n* evasion
kev khiav nkoj *n* navigation
kev khib dwb *n* mischief
kev khib siab *n* envy
kev kho *n* edition
kev kho dua *n* recovery
kev kho dua tshaib *n* revision
kev kho kom yog *n* correction
kev kho kom zoo *n* atonement
kev kho kom zoo zog *n* reform
kev kho mob nkeeg *n* treatment
kev kho ntaub ntawv *n* amendment

kev kho siab khuav *n* desolation
kev kho tshiab *n* recreation
kev khob *n* knock
kev khov ua thooj *n* clot
kev khwb cia *n* hangup
kev khwv yees *n* guess
kev kib *n* fries
kev kiv kiv taub hau *n* dizziness
kev koom nrog *n* stock
kev koom tes *n* cooperation
kev koom tes ua ke *n* partnership
kev kos duab *n* sketch
kev kos npe *n* signature
kev kub ntxhov *n* turbulence
kev kwv yees *n* estimation
kev lag luam *n* commerce, trade
kev lag luam nqis *n* downturn
kev laug sij hawm *n* delay
kev lav *n* warranty
kev laws tawv *n* chip
kev leej *n* sanctity
kev lees yuav ua ke *n* unanimity
kev liab qab *n* nudity
kev liam *n* ravage, blame
kev liam sim *n* holocaust
kev lim hiam *n* atrocity
kev lo ua ke *n* graft
kev loj *n* highway

kev loj hlob *n* growth
kev loj kawg *n* maturity
kev lom zem *n* fun, joy
kev lomzem *n* enjoyment
kev loog *n* numbness
kev luag *n* laughter, ridicule
kev luag ntxhi *n* smile
kev luaj *n* sarcasm
kev luam *n* duplication
kev luam ntawv *n* copy, printing
kev lug *n* bypass
kev maj *n* haste, urgency
kev maj ua *n* eagerness
kev meej pem zoo *n* sanity
kev meem txom *n* nuisance
kev mloog lus *n* docility
kev mob *n* ache, agony
kev mob hawb pob *n* asthma
kev mob nkeeg *n* illness
kev mob nyhav *n* malignancy
kev mob siab *n* gusto, passion; spite
kev mob tes taw vwm *n* gout
kev mua siab nraws *n* parallel
kev muab *n* offer
kev muab hlob *n* arrogance
kev muab txim *n* conviction
kev muag *n* sale
kev muaj ciam *n* limitation

kev muaj laij thawj *n* reasoning
kev muaj ntau *n* luxury
kev muaj peev xwm *n* bravery
kev muaj siab *n* excitement
kev muaj siab ua *n* endeavor
kev muaj tiag *n* existence
kev muaj tsim *n* eloquence
kev muaj yeej *n* triumph
kev mus koom *n* attendance
kev nam los txeeb *n* invasion
kev ncaj ncee *n* fidelity
kev ncaj ncees *n* integrity
kev nce ntxiv *n* increase
kev nceev *n* fatigue
kev nchuav *n* cloning
kev ncig saib xyuas *n* patrol
kev ncig teb chaws *n* journey
kev nco qab *n* remembrance
kev nco vaj tse *n* nostalgia
kev ncua *n* postponement
kev nias *n* compression
kev nkag *n* access
kev nkag siab *n* knowledge
kev nkag siab tau *adj* understanding
kev nkaug *n* piercing, stab
kev nkees sab *n* stiffness
kev no no *n* coldness
kev noj nyiaj *n* corruption
kev noj nyiaj txiag *n* bribery
kev noj qab nyob zoo *n* health
kev noj tsis txaus *n* malnutrition
kev npaj *n* arrangement, preparation
kev npaj siab *n* expectation
kev npaj tau *n* readiness
kev npaj ua phem *n* malice
kev npaj zoo ua ntej *n* precaution
kev npau suav *n* dream
kev nplua nuj *n* opulence
kev npuaj *n* smack
kev nqa *n* hoist
kev nqhis *n* starvation
kev nqis hav *n* inclination
kev nqis peev *n* investment
kev nqis tes ua *n* action
kev nquag cem *n* ferocity
kev nquag plias *n* enthusiasm
kev nqus lag luam *n* importation
kev nres tus tus *n* stagnation
kev nrhiav *n* quest
kev nrhiav pom *n* discovery
kev nrhiav tau nyuaj *n* scarcity
kev nriav *n* research
kev nrog raus tes *n* involvement
kev nroo *n* groan
kev nruav tshem *n* genocide
kev nrug tawm *n* seclusion

kev nruj *n* seriousness
kev ntaus *n* hit, punch
kev ntaus nqi *n* appraisal
kev ntaus pob tw *n* spanking
kev ntaus rog *n* onslaught
kev nteeg *n* faith
kev ntes *n* arrest, seizure
kev nthuav dav *n* expansion
kev nthuav loj tuaj *n* enlargement
kev nthuav qhia *n* declaration
kev nti *n* reaction
kev ntiab tawm *n* expulsion
kev ntiav *n* bribe
kev ntiav ntuj *n* vandalism
kev ntim *n* fulfillment
kev nto hws *n* perspiration
kev nto npe *n* population
kev ntog *n* collapse
kev ntoo kos mom *n* crowning
kev ntsaj *n* groan
kev ntsaw *n* pleat
kev ntsaws nyhuv *n* stuffing
kev ntseeg *n* belief
kev ntseeg siab *n* trust
kev ntseeg tus kheej *n* assurance
kev ntshai *n* scare, terror
kev ntsia *n* look
kev ntsia ib plia *n* glimpse

kev ntsia ntev ntev *n* graze
kev ntsia rov tom qab *n* hindsight
kev ntsiag to *n* silence
kev ntsiag twj ywm *n* serenity
kev ntsuam xyuas *n* survey
kev ntsuas *n* measurement
kev ntswj *n* distortion
kev ntuas *n* counsel
kev ntws nkag los *n* influx
kev ntxeev *n* reverse
kev ntxeev siab *n* betrayal
kev ntxhi *n* whisper
kev ntxhov nyho *n* chaos, mess
kev ntxhov siab *n* anxiety, trouble
kev ntxias *n* provocation
kev ntxias dag *n* scam, hoax
kev ntxias haub *n* persuasion
kev ntxig *n* insertion
kev ntxub *n* loathing, revulsion
kev ntxub ntxaug *n* antipathy, hatred
kev nug *n* question
kev nug plaub ntug *n* trial
kev nyeem *n* reading
kev nyiag *n* theft
kev nyiag neeg *n* kidnapping
kev nyiag nkag *n* infiltration
kev nyiag xov xwm *n* espionage
kev nyiam *n* liking, interest

kev nyiam huv *n* cleanliness
kev nyo hau *n* bow
kev nyob *n* dwelling
kev nyob twj ywm *n* poise
kev nyuaj *n* turmoil
kev nyuaj heev *n* harshness
kev nyuam kev *n* goof
kev nyug tshiab *n* rebirth
kev pab *n* aid, help
kev pab cuam *n* provision, relief
kev pab hlub tshua *n* compassion
kev pab tu siab *n* sympathy
kev paub cai *n* etiquette
kev paub meej *n* certainty
kev paub txaus *n* moderation
kev pauj *n* retaliation
kev pauv hloov *n* alteration
kev peem *n* lift-off
kev peem ua *n* struggle
kev phais *n* incision
kev phais mob *n* operation
kev phais neeg tuag *n* autopsy
kev pheeb *n* leaning
kev pheej hmoo *n* risk
kev phem *n* horror, plague
kev phooj ywg *n* friend
kev phoom *n* jolt
kev pi dua tshiab *n* renewal

kev piav ces *n* gesture
kev piav qhia txog *n* description
kev pib *n* start, outset
kev pib ua *n* beginning
kev piv txwv *n* hint
kev ploj *n* loss
kev ploj luam dej *n* diving
kev pom tsis tseeb *n* obscurity
kev pom zoo *n* agreement
kev poob plig *n* shudder
kev poob siab *n* dismay
kev poob tsim *n* downfall
kev pos nkaum *n* camouflage
kev pov tseg *n* disposal
kev puag *n* hug, embrace
kev puas hlwb *n* insanity
kev puas ntsoog *n* damage
kev puas ntsoog loj *n* disaster
kev puas tes taw *n* handicap
kev puas tsuaj *n* detriment, havoc
kev puav *n* blockade
kev puav ncig *n* cordon, siege
kev pub *n* dispensation
kev pub dawb *n* donation
kev pw tsaug zog *n* sleep
kev pw ua qaj *n* snore
kev qab los noj *n* appetite
kev qab zib *n* sweetness

kev qaug qib *n* weakness
kev qauv cawv *n* drunkenness
kev qawm *n* embrace
kev qeeb *n* hesitation
kev qhia *n* portent, point
kev qhia *v* gesticulate
kev qhia paub *n* confirmation
kev qhia rau pom *n* indication
kev qhia tawm *n* statement
kev qhib *n* opening
kev qhos ceev *n* gulp
kev qhuab *n* commendation
kev qhuab qhia *v* censure
kev qhuab qhia *n* discipline
kev qhuas *n* praise
kev qia dub *n* selfishness
kev qias neeg *n* smear
kev qog qab *v* replicate
kev quab yuam *n* coercion
kev quaj *n* crying
kev quaj nyiav *n* lament
kev quaj qw *n* wail
kev quam yuam *n* extortion
kev quav cawv *n* alcoholism
kev qw nrov nrov *n* scream, shouting
kev ras txog *n* awareness
kev rau *n* registration
kev rau mob nkeeg *v* sicken

kev rau npe *n* enrollment
kev rau siab ua *n* incentive
kev rau txim *n* punishment
kev raug kuav tseg *n* detention
kev raug mob *n* harm, injury
kev raug ntaus mob *n* mayhem
kev raug ntxias dag *n* delusion
kev raug rhuav tsem *n* destruction
kev raug tab kaum *n* upheaval
kev raug tsoo *n* concussion
kev raug txo *n* degeneration
kev raus *n* immersion
kev rho hmoov *n* raffle
kev rho tawm *n* subtraction
kev rho tes sau *n* handwritting
kev rhuav *n* repeal
kev rhuav tsem *n* demolition
kev ris txiaj ntsim *n* appreciation
kev rog rog *adj* corpulent
kev rov qab *n* return
kev rov qab los *n* comeback
kev rua lo *n* yawn
kev ruaj ntseg *n* security
kev ruam qauj *n* folly
kev sab *n* fatigue, tiredness
kev sab tau *n* respect
kev saib *n* looks
kev saib ib muag *n* glance

kev saib qis *n* insult
kev saib siab *n* regards
kev saib tsis taus *n* contempt, scornful
kev saib tus kheej qis *n* vanity
kev saib xyuas *n* care, custody
kev saib yuam kev *n* oversight
kev saj *n* sip
kev sam *n* ordination
kev sam ntxiv *n* filling
kev sau *n* collection, writing
kev sau se *n* tribute
kev sau tub rog *n* draft
kev sawv *n* boost
kev sawv siab *n* ascendancy
kev sawv tawm tsam *n* revolt
kev seev cev *n* dance, dancing
kev seev suab *n* chant
kev siab kub *n* impulse
kev siab phem *n* bestiality
kev siab taus *n* reverence
kev siab tawv *n* audacity
kev siab xyuas dua *n* review
kev siab zoo *n* euphoria
kev sib cav *n* debate, quarrel
kev sib cav sib ceg *n* altercation
kev sib cuag *n* contact
kev sib deev *n* sexuality
kev sib faib *n* division, parting

kev sib hais *n* discussion
kev sib haum xeeb *n* harmony
kev sib hloov *n* swap
kev sib hlub *n* romance
kev sib hlub sib pab *n* solidarity
kev sib hwm *n* allegiance
kev sib koom *n* joint
kev sib koom tes *n* association
kev sib ncaim *n* farewell
kev sib npaug *n* regularity
kev sib nrauj *n* divorce
kev sib ntaus *n* attack, strike
kev sib ntaus sib tua *n* scuffle
kev sib ntxiv *n* addition
kev sib ntxub *n* animosity
kev sib nug moo *n* communication
kev sib nyiam *n* attraction
kev sib pab *n* brotherhood
kev sib piv *n* comparison
kev sib pub *n* charity
kev sib qhaib *n* engagement
kev sib raug zoo *n* fellowship
kev sib saib xyuas *n* visit
kev sib sau *n* integration
kev sib sau ua ke *n* unification
kev sib tham lus *n* interview
kev sib thuam *n* criticism, satire
kev sib tsoo *n* clash, collision

kev sib tua *n* carnage, combat
kev sib tw *n* contest, rivalry
kev sib tw ua si *n* game
kev sib tw yeej *n* tournament
kev sib twv *n* bet
kev sib txawv *n* difference
kev sib txheeb ze *n* kinship
kev sib txhuam *n* friction
kev sib txig *n* parity
kev sib txig sib luag *n* equation
kev sib txuam *n* connection
kev sib txuas lus *n* liaison
kev sib txuas zus *n* continuation
kev sib yuav *n* marriage
kev sib ze *n* proximity
kev sib zog *n* effort
kev sibntaus *n* fight
kev sim *n* attempt, test
kev sim nyiaj *n* payment
kev siv *n* spending, usage
kev siv lo lus *n* wording
kev siv nyiaj txiag *n* expenditure
kev siv tsis raws cai *n* exploit
kev so *n* relax, rest
kev soj ntsuam *n* observation
kev soj qab taug lw *n* investigation
kev sov siab *n* ardor
kev su *n* swelling

kev suav *n* calculation
kev suav dua tshiab *n* recount
kev suav nqis *n* countdown
kev suav sau *n* harvest
kev sub tw *n* race
kev swb *n* loss
kev tag hnub nyoog *n* expiration
kev tais caus *n* cowardice
kev tau khoom plig *n* reward
kev taug *n* pavement
kev taug kev deb *n* hike
kev taug kev mus *n* trip
kev taug lw lus *n* inquest
kev taug xaiv sai sai *n* grapevine
kev taw *n* point
kev taw qhia *n* insinuation
kev tawg *n* blast, outburst
kev tawg tawm *n* split
kev tawm *n* exit, way out
kev tawm hauj lwm *n* retirement
kev tawm hws *n* perspiration
kev tawm los *n* exertion
kev tawm ntsav *n* bleeding
kev tawm suab *n* critique
kev tawm tsam *n* protest, mutiny
kev tawv *n* hardness
kev tawv ncauj *n* disobedience
kev teb rov qab *n* reply

kev teeb *n* pile
kev teeb tim *n* proportion
kev teeb tsa *n* institution
kev teeb tsam *n* organization
kev teeb txeeb *n* formation
kev teem *n* restitution
kev teev sij hawm *n* timetable
kev tev *n* peel
kev thab *n* harassment
kev thab plaub *n* disturbance
kev thaiv *n* prohibition
kev thaiv tseg *n* repression
kev tham nqi *n* negotiation
kev thauj khoom *n* burden
kev thauv tawm *n* reprint
kev thawb *n* force
kev thawb mus *n* shove
kev thaws *n* bounce
kev them *n* compensation
kev them (nuj nqis) *n* liquidation
kev them rov *n* claim
kev thev taus *n* tolerance
kev thim *n* retreat
kev thim xav *n* conscience
kev thov *n* petition
kev thov kev pab *n* request, recourse
kev thov txim *n* apology
kev thov ua *n* application

kev thuam *n* reproach, rebuke
kev ti heev *n* congestion
kev tiaj tiaj *n* flat
kev tig *n* rotation
kev tig rov qab *n* reversal
kev tis npe *n* christening
kev tiv *n* resistance
kev tiv thaiv *n* defense, protection
kev tom dab tsi *n* bite
kev tos *n* waiting
kev tos txais *n* hospitality
kev tov sib xyaws *n* blend
kev tsab *n* pretense
kev tsam plab *n* constipation
kev tsau *n* infusion
kev tsaug ib tsig zog *n* doze
kev tsaus maug *n* faint
kev tsaus ntuj *n* darkness
kev tsav *n* gain
kev tsav tsheb *n* drive
kev tsawv *n* draw
kev tseem ceeb *n* importance
kev tseev plaub hau *n* hairdo
kev tshaib nqhis *n* hunger
kev tshaib plab *n* famine
kev tshaj dua *n* superiority
kev tshaj tawm *n* broadcast
kev tshawb nrhiav *n* search

kev tshaws *n* interference
kev tsheb *n* avenue
kev tsheb loj *n* boulevard
kev tsheb nqaj hlaub *n* railroad
kev tshee *n* shiver, vibration
kev tshiab *n* purity
kev tshuab cua *n* inflation
kev tshuaj ntsuam *n* analysis
kev tshuam *n* crossroads
kev tshwj *n* exception
kev tshwj tseg *n* reservation
kev tshwj tseg rau *n* dedication
kev tshwm ncaj *n* coincidence
kev tshwm sim *n* appearance
kev tsim *n* concoction
kev tsim kho *n* construction
kev tsim tawm *n* produce
kev tsim txom *n* mistreatment
kev tsim ua *n* creation
kev tsis hlub tshua *n* apathy
kev tsis khav theeb *n* modesty
kev tsis lees *n* repulse
kev tsis lees paub *n* denial
kev tsis leev *n* rebuff, rejection
kev tsis meej pem *n* amnesia
kev tsis muaj *n* lack
kev tsis ncaj ncees *n* dishonesty
kev tsis nco xav *n* indiscretion

kev tsis ntseeg *n* disbelief
kev tsis ntseeg siab *n* mistrust
kev tsis nyiam *n* dislike
kev tsis nyob lawm *n* absence
kev tsis paub cai *n* disrespect
kev tsis paub tab *n* innocence
kev tsis paub tuag *n* immortality
kev tsis quav ntsej *n* indifference
kev tsis sib npaug *n* inequality
kev tsis tu ncua *n* constancy
kev tsis txaus siab *n* displeasure
kev tsis ua raws *n* outrage
kev tsis xis nyob *n* heartburn
kev tsis xyuam xim *n* carelessness
kev tsis yeem *n* hesitation
kev tsis yuav *n* overthrow
kev tsis zoo tag tag *n* imperfection
kev tsiv mus *n* move
kev tso *n* launch
kev tso cai *n* permission
kev tso cai hla *n* passage
kev tso cai nkag tau *n* admittance
kev tso cai pom zoo *n* approval
kev tso cia *n* hangup
kev tso dag tso luag *n* joke
kev tso kwj dej *n* irrigation
kev tso pa tawm *n* exhaustion
kev tso pov tseg *n* abandonment

kev tso sab cia rau *n* radiation
kev tso siab *n* reliance
kev tso tawm *n* liberation
kev tso tseg *n* cancellation
kev tsov rog *n* campaign
kev tsuav khoom *n* chop
kev tsub *n* gain
kev tsum *n* rest, stop
kev tswj *n* control
kev tswj xyuas *n* management
kev tswm seeb *n* attention
kev tswm siv *v* flare-up
kev tu *n* cultivation
kev tu ib ce du lug *n* hygiene
kev tu ncua *n* gap
kev tu plaub ntug *n* arbitration
kev tu siab *n* sorrow, regret
kev tu yug *n* sustenance
kev tua *n* killing, raid
kev tua neeg *n* assassination
kev tua pov tseg *n* butchery
kev tua tsiaj *n* slaughter
kev tua tsiaj qus *n* hunting
kev tua yeej *n* defeat
kev tuag *n* death
kev tuag neeg *n* murder
kev tuav tes *n* handshake
kev tuav tswj *n* rein
kev tub nkeeg *n* laziness
kev tub sab *n* robbery
kev tum *n* pile
kev twj lij *n* autonomy
kev twj ywm *n* quietness
kev twv *n* conjecture
kev twv ub no *n* bid
kev txais tsis tau *n* impossibility
kev txaj muag *n* blush, shame, timidity
kev txaug khoom *n* sculpture
kev txaug ub no *n* engraving
kev txaum *n* offense
kev txaus ntseeg *n* credibility
kev txaus siab *n* acceptance
kev txav chaw *n* movement
kev txav kom haum *n* adjustment
kev txawj *n* skill
kev txawj tse *n* wisdom
kev txeeb *n* deprivation
kev txeej *n* leakage
kev txhais lus *n* interpretation
kev txhaj tshuaj *n* injection
kev txham *n* sneeze
kev txhaub kom ua *n* incitement
kev txhaum *n* fault, allergy
kev txhav *n* grip
kev txhawb nqa *n* backing
kev txhim kho *n* improvement

kev txhiv *n* redemption
kev txhom *n* arrest
kev txhua *n* building
kev txhuam cai *n* abuse
kev txhuam kob *n* painting
kev txia *n* disguise
kev txias *n* coolness
kev txiav *n* bypass, cut
kev txiav plaub hau *n* haircut
kev txiav txim siab *n* decision
kev txiav tximsiab *n* consideration
kev txo hwj chim *n* humility
kev txo kom luv *n* abbreviation
kev txo nqi nqis *n* depreciation
kev txo nqi nyiaj *n* devaluation
kev txo nqis *n* decline
kev txo riam phom *n* disarmament
kev txo siav *n* peril
kev txo theem *n* degradation
kev txom nyem *n* hardship, woes
kev txua tawm *n* invention
kev txuam muaj *n* contamination
kev txuas *n* attachment, link
kev txuas ntxiv *n* extension
kev txwv *n* ban
kev ua *n* commitment
kev ua cuav *n* sham
kev ua dhau los *n* experience

kev ua haujlwm *n* employment
kev ua kom mooj *n* hypnosis
kev ua kom nplua *n* lubrication
kev ua laij *n* farming
kev ua laj kab *n* fencing
kev ua luam dej *n* swimming
kev ua mob *n* ailment
kev ua neej *n* lifestyle
kev ua noj ua haus *n* livelihood
kev ua nom *n* lordship
kev ua nruj *n* severity, strain
kev ua ntsos *n* hiccup
kev ua pa *n* breathing
kev ua pa loj loj *n* sigh
kev ua phem *n* barbarism
kev ua phem rau *n* assault
kev ua plaub *n* suit
kev ua pob *n* rash
kev ua pub *n* devotion
kev ua qais *n* belch
kev ua qhev *n* slavery
kev ua qoob ua loo *n* agriculture
kev ua rau lag ntseg *n* deafness
kev ua rau lwj *n* decay
kev ua rau rhiab *n* tickle
kev ua saub *n* prophecy
kev ua si *n* play
kev ua siab dav *n* openness

kev ua siab nqaim *n* meanness
kev ua siab ntev *n* patience
kev ua siab swb *n* surrender
kev ua siab txias *n* composure
kev ua siab zoo *n* courtesy
kev ua tau *n* attainment
kev ua taug *n* toxin
kev ua tiav *n* completion
kev ua tsaug *adj* thankful
kev ua tsis taus pa *n* asphyxiation
kev ua tswv *n* ownership
kev ua twj ywm *n* appeasement
kev ua txhaum *v* err
kev ua txhaum *n* vice
kev ua txiv *n* fatherhood
kev ua yeeb yam *n* performance
kev ua yuav kev *n* mistake
kev ua zaub mov *n* cuisine
kev ua zaub mov noj *n* cooking
kev uv tsis taus *n* intolerance
kev uv zis uv quav *n* incontinence
kev vaj voom *n* cloister
kev vam meej *n* prosperity
kev vij thaiv *n* blockade
kev voos *n* inflammation
kev vwm *n* lunacy, madness
kev xa khoom *n* delivery
kev xa nyiaj *n* remittance
kev xa rov qab *n* resentment
kev xa tus sawv cev *n* delegation
kev xaiv *n* selection, choice
kev xaiv nom *n* election
kev xam *n* calculation
kev xam pom *n* perspective
kev xau *n* leakage
kev xav *n* perspective
kev xav kom ua *n* pretension
kev xav sim ua *n* challenge
kev xav tau *n* desire
kev xav tseg *n* supposition
kev xav tsis thoob *n* amazement
kev xaws *n* sewing
kev xeeb tub *n* conception
kev xiam oob qhab *n* disability
kev xiav *n* bribe
kev xub pib *n* initials
kev xyaum *n* rehearsal
kev xyaum tub rog *n* maneuver
kev xyeej *n* availability
kev xyuam xim zoo *n* prudence
kev ya dav hlau *n* airline
kev yaj *n* disappearance
kev yaj ua dej *n* thaw
kev yeej *n* beating
kev yees duab *n* photography
kev yig *n* refusal

kev yog hauj sam *n* priesthood
kev yoo zaub mov *n* abstinence
kev yoob *n* consternation
kev yooj yim *n* simplicity
kev yua *n* force
kev yuam cai *n* constraint
kev yuav *n* purchase
kev yuav deev *n* rape
kev yug *n* raise
kev ywj fab ywj fwj *n* scruples
kev ywj pheej *n* freedom, liberty
kev yws *n* complaint
kev zam *n* exemption
kev zam txim *n* excuse, pardon
kev zaum qhov qub *n* sitting
kev zawv plaub hau *n* hairbrush
kev zeem *n* resignation
kev zom zaub mov *n* digestion
kev zoo *n* fertility, plenty
kev zoo ib yam *n* resemblance
kev zoo mob rov los *n* cure
kev zoo nkauj *n* beauty, grace
kev zoo siab *n* happiness
kev zoo siab heev *n* greatness
kev zoo sib xws *n* affinity
kev zooj *n* softness
kev zuaj ib ce *n* massage
kevv vwm *n* craziness

khau *n* shoe
khau khiab *n* slipper
khau raj *n* boot
khaub *v* scrape
khaub khaub hlab *adj* ragged
khaub ncaws *n* clothes, gear
khaub ncaws hnav *n* costume
khaub rhuab *n* broom
khaub thuas *n* flu
khaub thuas loj *n* influenza
khauj ncaws *n* garment
khaum *v* hide
khaum kev *v* hinder
khaus *v* curve
khav *v* brag, boast
khav theeb *adj* conceited, ostentatious
khawb *v* dig, excavate
khawb qhov av mus *v* mine
khawm *v* clip, fasten
khaws *v* pick up
khaws cia *v* keep, retain, store
khaws dawb *v* presuppose
khaws tau *v* absorb
kheej *adj* round
kheej *n* sphere
kheej kheej *adj* circular
kheej li lub qe *adj* oval
kheev pub rau *v* yield

khev *n* cake
khi *adj* binding
khi *v* obligate, tie
khi (nkoj) *v* moor, bind
khiaj mus *v* run away
khiav *v* flee, run
khiav ceev dua *v* outrun
khiav dhau *v* run over
khiav lawm sauv *v* run up
khiav los *v* run into
khiav maj mam *v* slow down
khiav nkoj *v* navigate
khiav nkoj cua *v* sail
khiav nrog *v* pace
khiav tawm *v* escape
khiav teb chaw *v* immigrate
khiav teb chaws *v* migrate
khiav tsis dhau *adj* inevitable
khib *adj* envious, jealous
khib *v* envy
kho *v* counsel; remodel
kho dua tshiab *v* reorganize
kho kom haum xeeb *v* reconcile
kho kom ncaj ncaj *v* calibrate
kho kom yog *v* correct
kho kom zoo *v* atone
kho kom zoo nkauj *v* embellish
kho kom zoo zog *v* reform

kho mob *n* therapy
kho nyiaj xa *v* fund
kho siab *adj* lonesome
kho siab khuav *adj* desolate
kho tshiab *v* recreate
khob *v* knock
khob iav *n* glass
khoo *v* impose
khoob *adj* spare
khoob lug *n* emptiness
khoom *adj* available
khoom *n* product
khoom cog qiv *n* mortgage
khoom hauv *n* foodstuff
khoom lag luam *n* merchandise
khoom muag *n* goods
khoom muaj taug *n* hazard
khoom noj *n* bun, food
khoom ntiag tug *n* treasure
khoom ntsuas *v* gauge
khoom nyiaj *n* silverware
khoom pab cuam *v* relay
khoom pleev plhu *n* makeup
khoom plig *n* award, gift
khoom puav pheej *n* souvenir
khoom qab zib *n* dessert, pastry
khoom qias *n* filth, trash
khoom qub *n* junk

khoom seem *n* scrap
khoom siv *n* appliance
khoom teej tug *n* estate
khoom thauj *n* load
khoom tiv thaiv *n* shield
khoom tsab *n* ornament
khoom tsab zam *n* cosmetic
khoom tshiab *n* novelty
khoom tsis zoo siv *n* waste
khoom txhaum cai *n* contraband
khoom txhawb siab *n* bounty
khoom txom ncauj *n* appetizer
khoom ua qauv *n* specimen
khoom xuas tes ua *n* craft
khoos *adj* immune
khoos *v* bend
khoov pob *n* hunchback
khov *adj* permanent, solid
khov *v* freeze, harden
khov kho *n* firmness
khov ua pob zeb *adj* petrified
khov ua thooj *v* coagulate
khuam *v* hang
khuam nyob *adj* pending
khuam tseg *v* remain
khuv xim *v* regret
khw muag khoom *n* store
khw muag ntawv *n* bookstore
khw noj mov *n* restaurant
khwb *v* overturn
khwb *adv* upside-down
khws muag khoom *n* mall
khwv heev *adj* hectic
khwv yees *v* guess
kiab khw *n* bazaar, market
kiag *adj* exact, specific
kiag xwb *adv* particularly
kib *adj* fried
kib *n* pendant
kim *adj* costly
kim cua *n* fan
kim heev *adj* pricey
kis *n* aisle
kis *v* sift
kis cua nkag *n* outlet
kis tsev *n* hallway
kiv *v* propel
kiv cua *n* puff
kiv kiv taub hau *adj* dizzy
kiv ncig *adj* circular
ko ntaj *n* hilt
ko paj *n* flowerpot
ko taw *n* feet
ko tw *n* tail
kob *n* color
kob liab *adj* red

kob roj *adj* fatty
kob xiav *adj* blue
kob zas ntaub *n* dye
koj *pro* you
koj li *adj* your
koj tug *pro* yours
koj tus kheej *pro* yourself
kom maj *adj* urgent
kom ntaug *v* lubricate
kom them nqi *v* charge
kom tso siab *v* reassure
koob khawm *n* pin
koob meej *n* fame
koob npe *n* standing
koob thaij duab *n* camera
koob tsom kev deb *n* binoculars
koob txhaj tshuaj *n* syringe
koog neeg *n* community
koom *v* join
koom haum *n* club, league
koom ntaus *v* lynch
koom tes *v* cooperate
koom tes nrog *v* affiliate
koom ua *v* get along
koos haum *n* council, guild
kos *v* prick
kos duab *v* sketch, draw
kos mom hlau *n* helmet

kos mom huab tais *n* crown
kos moom *n* cap
kos npe *v* sign
kos poom *n* can
kos taw *n* foot
kos taw tsiaj *n* paw
kov *v* feel
kov tawb *v* fondle
kov tsis tau *adj* untouchable
kua *n* fluid
kua dej *n* fluid
kua mem *n* ink
kua mis *n* milk
kua mis ntoo *n* sap
kua muag *n* tear
kua nplaum *n* glue
kua nqaij *n* gravy
kua ntswg *n* mucus
kua tsib *n* bile
kua txiv xyoob ntoo *n* juice
kua txob *n* pepper
kua txob tuav *n* sauce
kuab *adj* poisonous
kuab *v* scratch
kuav cia tso *v* suspend
kuav tseg *v* detain
kub *n* gold
kub dawb *n* platinum

kub heev *adj* fiery
kub nyhiab *adj* ablaze
kub nyhiab *v* burn
kuj tseem *adv* also
kuv *pro* I
kuv li *pro* mine
kuv tus kheej *pro* myself
kwb *v* turn over
kwj *n* ditch, drainage
kwj av *n* furrow
kwj deg *n* canal, groove
kwj deg me *n* creek
kwj ha *n* gorge
kwj ha ti ti *n* chasm
kwj ha tob tob *n* canyon
kws hais plaub *n* attorney
kws hko kav dej *n* plumber
kws hluav taws xob *n* electrician
kws keeb kwm *n* historian
kws kev cai lij choj *n* lawyer
kws kho (tsheb) *n* mechanic
kws kho hniav *n* dentist
kws kho mob *n* doctor
kws kho neeg vwm *n* psychiatrist
kws kho plaub hau *n* hairdresser
kws kho plawv *n* cardiology
kws kho tsiaj mob *n* veterinarian
kws kos duab *n* artist
kws leg hauj lwm *n* officer
kws muab tshuaj *n* pharmacist
kws ntaus hlau *n* blacksmith
kws ntaus nyiaj *n* silversmith
kws ntiav tua neeg *n* sniper
kws ntoo *n* carpenter
kws paj huam *n* poet
kws qhia *n* instructor
kws sau zaj nkauj *n* composer
kws soj ntsuam *n* detective
kws taug lw *n* spy
kws teev ntuj *n* bishop
kws tij *n* relative
kws tsav dav hlaus *n* pilot
kws tsav nkoj cua *n* sailor
kws tsim *n* maker
kws tso luag *n* comedian
kws tu plaub ntug *n* magistrate
kws tua phom *n* gunman
kws txaug khoom *n* sculptor
kws txiav ris tsho *n* tailor
kws txuas ub no *n* welder
kws ua yees siv *n* magician
kws uas moos *n* watchmaker
kws xa ntawv *n* mailman
kws yees duab *n* photographer
kwv *n* brother
kwv huam *n* allegory

kwv tij *n* brethren
kwv tij *adj* fraternal
kwv yees *pre* about
kwv yees *v* assume
kwv yees li *v* estimate

L

lag luam *v* traffic, business
lag ntseg *adj* deaf
lag zeb *n* slate
laij *v* plow
laim *v* flicker
laim laim *v* flicker
laj kab *n* barricade, fence
laj lim *n* philosophy
laj lim plab plaw *n* tact
laj rooj *n* ridge
lam hwj *n* bottle
lam qhuas *v* flatter
lam xav *v* presume
lau qaib *n* rooster
laug *v* put off, prolong
laug ntev *adj* protracted
laug tos *v* loiter

laus *adj* senile, senior
lav txais *v* vouch for
lawg *n* hail
lawj *n* platform
laws *v* peel
laws tawv *v* skin
lawv *pro* they
lawv nkag nkuaj *v* stall
lawv tus kheej *pro* themselves
leeb nkaub *n* corpuscle
leeg tuav pob txha *n* ligament
leej *adj* sacred
leej niam *n* mother
leej tug *n* property
leej tug *pro* who
leej twg *pro* whom
leej twg los tau *pro* anybody
leej twg los xij *pro* whoever
leej txiv *n* dad
lees *v* confess
lees lav *v* underwrite
lees paub *adj* avowed
lees paub *n* warrant
lees paub txog *v* acknowledge
lees txim *v* admit
lees yuav *v* settle for
lem *v* bend, distort
lem rov qab *v* turn back

li cas *adv* how
li cas los *c* nonetheless
li cas los tau *pro* anyhow
li cas los xij *c* however
li ntawb *adv* hence
li ua tau *adj* down-to-earth
liab *adj* red
liab qab *adj* nude, naked
liam *v* accuse, blame
liam *v* allege
liam heev *adj* promiscuous
liam sim *adj* chaotic
lig *adj* belated, late
lim *v* distill, refine
lim hiam *adj* brutal, inhuman
lim hiam rau *v* brutalize
lis *adj* responsible
lis *v* handle
lis txog *v* deal
liv *v* filter
lo *v* glue, stick
lo av *adj* dirty, soiled
lo lus *n* word
lo lus qhuas *n* flattery
lo lus sib xws *n* synonym
lo lus zais *n* password
lo nqi xa ntawv *v* stamp
lo nrog *v* stick to

lo roj *v* grease
lo roj hmab *v* recap
lo ua ke *v* graft
log tawg *n* blowout
log tsheb *n* wheel
loj *adj* big, large
loj dav *adj* spacious, vast
loj heev *adj* gigantic, huge
loj heev lawm *adj* sizable
loj heev li *adv* exceedingly
loj hlob *v* grow up
loj kawg *adj* mature
loj leeb *adj* homeless
loj leeb *v* drift
loj loj *adj* enormous
loj txaus *adj* mature
lom *v* poison
lom txwm *n* ruse
lom txxwm ua *v* fake
lom zem *adj* festive, lively
lom zem *v* relish, revel
lom zem xauv npo *adj* dashing
lomzem *v* enjoy
loog *n* courtyard
looj heev dhau *adj* tremendous
los *v* affix
los daus *v* snow
los daus loj heev *n* blizzard

los lawg *v* hail
los lus *n* vocabulary
los nag *v* rain
los nag tshauv *v* drizzle, sprinkle
los nrog *v* attach
los nrog *adj* attached
los nrog *pre* with
los nrog ua ke *v* come apart
los ntawm *pre* by, per
los saib *v* drop in, stop by
los sis *c* or, whether
los txog *v* get in
los txog ua ntej *adj* preceding
los ua ke *v* huddle
los ua ntej *adv* primarily
los yog *c* or
lov *adj* broke
lov *v* veer
luag *v* laugh
luag hauj lwm *n* function
luag muaj ceem *adj* extremist
luag nrov *v* giggle
luag ntxhi *v* smile
luag nyav *v* grind
luag saib tsis tau *v* deride
luag saib tsis taus *v* mock
luag thuam *v* slam
luag twj ywm *v* chuckle

luaj *adj* sarcastic
luaj thuam *adj* wasteful
luam *v* duplicate
luam lug *n* glut
luam ntawv *v* copy
luam tawm *v* print, publish
luam tawm *adj* sumptuous
luam yeeb *n* cigar, tobacco
lub *n* tablet, unit
lub caij kawg *n* period
lub caij nres tsum *adj* deadlock
lub caij tuaj txog *n* arrival
lub cauj lem *n* helm
lub cav laij lej *n* calculator
lub cev *n* body
lub cev *v* outline
lub cev neeg tuag *n* carcass, corpse
lub cim *n* mark, badge
lub coob meej loj *n* feast
lub cua sov *n* furnace
Lub Cuaj Hli Ntuj *n* September
lub dab dej *n* bathtub
lub dib *n* cucumber
lub foob pob tawg *v* bomb
lub hau *n* cloak
lub hau npog *n* lid
lub hau ntsaws *n* cork
lub hauv *n* foundation

lub hauv paus *n* base, basis
lub hauv paus *adj* basic
lub hli *n* moon
lub hloov *n* adapter
lub hlwv *n* blister
lub hnab *n* sack
lub hnub *n* sun
lub hom phiaj *n* objective
lub hub *n* jar
Lub Ib Hlis Ntuj *n* January
lub kaus *n* umbrella
lub khob *n* cup
lub kis taj *n* guitar
lub kos poom hlau *n* canister
lub laub *n* cart
lub luag haujlwm *n* duty, occupation
lub moo *n* clock
lub ncov *n* climax
lub neej nyob txim *n* captivity
lub npe hu hloov *n* pronoun
lub npe ua si *n* nickname
lub npis nyiaj kaum *n* dime
lub nrig *n* fist
lub nroog *n* city
lub nruas *n* drum
lub nruas phoo *n* lock
lub ntaub liv *n* filter
lub ntiaj teb *n* globe, earth

lub ntsag *n* hip
lub ntsiab *n* core, meaning
lub ntsiab lus *n* definition
lub ntsis *n* consequence
lub ntsws *n* lung
lub ntuj *n* world
Lub Ob Hlis Ntuj *n* February
lub paj taub *n* amplifier
Lub Peb Hlis Ntuj *n* March
lub phaj *n* dish
lub phias naus *n* piano
Lub Plaub Hlis Ntuj *n* April
lub plawv *n* heart
lub plawv kauv hlua *n* spool
lub plawv xa ntshav *n* heartbeat
lub pob *n* ball
lub pob qa *n* tower
lub pob qhov rooj *n* knob
lub pob teeb cig *n* floodlight
lub qa *n* throat
lub qe *n* egg
lub qhov *n* hole
lub qhov av *n* tunnel
lub qhov cub *n* stove
lub qhov me me *n* slot
lub qhov ntxa *n* tomb
lub qhov phom *n* caliber
lub qhov rooj nkag *n* doorway

lub qhov tob heev *n* abyss
lub qhov tsua loj loj *n* cavern
lub qhov xau *n* leak
lub raj *n* flute
Lub Rau Hli Ntuj *n* June
lub raum *n* kidney
lub ris *n* pants
lub rooj teeb *n* battery
lub rooj them nyiaj *n* counter
lub rooj zaum *n* chair
lub siab *n* liver
lub siab zoo *n* generosity
lub so tawm *n* eraser
lub suab *n* accent, tone
lub suab luag *n* laugh
lub suab nrov *n* roar
lub suab paj nruag *n* beat
lub suab tawg *n* boom
lub suab yoj *n* tremor
lub suab yws *n* murmur
lub tais *n* tray
lub taub ntswg *n* nose
lub taw kev *n* compass
lub teeb ntais *n* lighter
lub teev tsa sawv *n* alarm clock
lub thawv *n* container
lub thi *n* clamp
lub thoob me *n* keg
lub thwj *n* seal
lub tog peb ceg *n* stool
lub tsev loj loj *n* edifice
lub tsev me me *n* cottage
lub tshau ub no *n* drill
lub tshav dav hlau *n* airstrip
lub tshuab *n* machine
lub tshuab ci mov *n* toaster
lub tshuab ci nqaij *n* broiler
lub tshuab cua sov *n* heater
lub tshuab nqa *n* elevator
lub tshuab zom *n* mill
Lub Tsib Hlis Ntuj *n* May
lub tswb qhov rooj *n* doorbell
lub tswv yim *n* concept
lub tswv yim phem *n* device, plot
lub twv huab cua *n* barometer
lub txaj *n* bed
lub txhab *n* barn
lub txim *n* charge
lub txim txaum *n* penalty
lub txim txaum loj *n* felony
lub txiv mis *n* nipple
lub vas *n* mesh
lub vauj *n* kite
lub xauv tes *n* handcuffs
lub xeem *n* clan, surname
Lub Xya Hli Ntuj *n* July

Lub Yim Hli Ntuj *n* August
lub zais *n* balloon
lub zog *n* energy, power
lub zom khoom noj *n* blender
lub zos yug *n* homeland
lug *v* bypass, elude
lug cog tseg *n* oath
luj taws *n* heel
luj tshib *n* elbow
lus *n* language
Lus Askiv *adj* English
lus ceeb toom *n* notice, warning
lus cog tseg *n* covenant
lus dag *n* lie
lus hais *n* homily, speech
lus hais txog *n* allusion
lus nco txog *n* inscription
lus ncua *n* hearsay
lus npog *n* mystery, secret
lus npog cia *n* confidence
lus ntxias *n* comfort
lus ntxo *n* accusation
lus nug *n* inquiry
lus nyeem *n* recital
lus piav qhia ntxiv *n* annotation
lus piv tooj lus *n* parable
lus pom txog *n* viewpoint
lus qhib *n* prologue

lus qhuab qhia *n* lecture, sermon
lus qhuas *n* complement
lus qias *n* obscenity
lus sau ntawm ntxa *n* epitaph
lus saub *n* oracle
lus sib qhos *n* rhyme
lus sib tham *n* conversation
lus taum huam *n* verse
lus tawv *n* objection
lus teb *n* answer
lus thov pab *n* plea
lus thuam *n* affront
lus tshaj tawm *n* announcement
lus tso cai *n* consent
lus tu nrho *n* ultimatum
lus txhais *n* glossary
lus txhawb siab *n* compliment
lus txhob *v* scoff
lus txiav txim *n* verdict
lus txib *n* order, mandate
lus xaiv *n* gossip, hearsay
lus xaiv lus ncua *n* rumor
lus xav *n* comment
lus zais *n* code, secrecy
luv *adj* short, terse
luv luv *adj* brief
lw *n* clue, suspicion
lwg dej *n* dew

lwg khov *n* frost
lwg noj lwg haus *v* decompose
lwg noj lwg haus *adj* rotten, putrid
lwj liam *adj* rowdy, rotten
lwj siab lwj ntsws *adj* distressing
lwm qhov ntxiv *adv* elsewhere
lwm txoj kev *n* alternative
lwm yam *adj* another, other
lwm yam *adv* else

M

main *adj* essential, main
main *n* fund
maj *v* hurry, rush
maj heev *adj* eager
maj maj *adj* impatient
maj maj heev *adv* hastily
maj mam *adj* gradual
maj mam nthuav tis *v* flutter
maj mam plaws *v* caress
maj mam txav *v* hang around
maj me ntsis *v* hurry up
maj tau heev *adj* ambitious
mauj iab oo *adj* foggy
maum nees *n* mare
me *adj* junior
me kab me ntsaum *n* insect
me kawg kiag *adj* least
me me *n* bit
me me *adj* paltry
me me quav *adj* tiny
me ntsis *n* little bit
me ntsis *adv* slightly
me nyuam *n* child
me nyuam aub *n* puppy
me nyuam hauj sam *n* novice
me nyuam kas tom *adj* brat
me nyuam miv *n* kitten
me nyuam mos ab *n* infant
me nyuam nees *n* colt
me nyuam ntsuag *n* orphan
me nyuam nyuj *n* calf
me nyuam pob zeb *n* marble
me nyuam qaib *n* chick
me nyuam roj hmab *n* puppet
me nyuam tsaub *n* bastard
me nyuam tsev *n* cabin
me nyuam tub *n* boy
me nyuam yaj *n* lamb
me nyuam yaus *n* kid
me nyuam zos *n* hamlet
me zog *adj* minor

me zuj zus *v* diminish
meej *adj* definite, palpable
meej lawm *adj* conclusive
meej meej *adv* clearly
meej mom *n* dignity
meem txom *v* annoy
meem txom *adj* irritating
mem kos duab *n* crayon
mem tes *n* pulse
meme *adj* petty
mis *n* breast
mis nyuj nkoog *n* ice cream
miv *n* cat
mlom *n* idol
mloog *v* heed, listen
mloog lus *adj* obedient
mloog lus *v* obey
mluas *n* remorse
mob *v* fester
mob *adj* sick, sore
mob *adj* ill
mob aws *n* outbreak
mob caj dab tes *n* arthritis
mob hauv lub plawv *n* angina
mob hawb pob *adj* asthmatic
mob heev *v* agonize
mob heev *adj* agonizing
mob hlab ntsws *n* bronchitis

mob hlwb *v* baffle
mob hniav *n* toothache
mob li raug ntaus *adj* stinging
mob mob *adj* hurt, painful
mob npaws yoov *n* malaria
mob ntsws qhuav *n* tuberculosis
mob nyhav *adj* malignant
mob nyhav heev *adj* acute
mob nyhuv tws *n* appendicitis
mob plab ntswj *n* colic
mob pob ntseg *n* earache
mob ruas *n* leprosy
mob siab *adj* compassionate
mob siab heev *adj* passionate
mob siab ua *adj* active
mob taub hau *n* headache
mob taub hau heev *n* migraine
mob tej zag tej zag *adj* cramped
mob thoj plab *n* smallpox
mob tuag aws *n* cholera
mob tuv dev *n* mumps
mob ua npaws *adj* feverish
mob ua paug *v* fester
mob ua qoob *n* chicken pox
moj kuab txhaum *n* venom
moj tuam *n* queue
moj zeej *n* dummy
moj zej *n* effigy

muaj kev paub

mom kaum *n* balcony
mom khauv lauv *n* dice
mooj *n* trance
mos ab *n* baby
mos txwv *n* ammunition
mov *n* rice
mov ci *n* toast, bread
muab *v* grant, give
muab hlob *adj* arrogant
muab kaw *v* imprison, jail
muab kev pab cuam *v* service
muab kev paub *v* enlighten
muab kev qhia *n* signal
muab kev sab laj *v* consult
muab khoom plig *v* recompense
muab khoom tab *v* gage
muab los sib ntaus *v* fight
muab nce *v* move up
muab nkaus *v* flex
muab ob npaug rau *v* double
muab pos *v* fumigate
muab pub *v* distribute
muab rau *v* bestow, provide
muab roj pleev *v* anoint
muab rov qab *v* give back, restore
muab saib me me *v* belittle
muab saib rau nqi *v* emphasize
muab sib xyaws *v* consolidate

muab tawm *v* exude
muab tshem tawm *v* purge
muab tshuaj rau *v* drug
muab tso qeb duas *v* relegate
muab tswv yim *v* advocate
muab xaus tseg *v* finalize
muag *v* sell
muag heev *adj* delicate
muag muag *adj* elastic
muag tag du lug *adj* sold-out
muaj *v* come about, have
muaj ciam *v* limit
muaj ciam *adv* narrowly
muaj cuab kav *adj* capable
muaj cuaj *adj* widespread
muaj dej ntau *adj* succulent
muaj dej nyab *v* flood
muaj feem *n* tenor
muaj hmeej mom *adj* glorious
muaj hmoo *adj* fortunate
muaj huab ntau *adj* overcast
muaj hwj chim *adj* charismatic
muaj hwj txwv *adj* bearded
muaj ib sab *adj* unilateral
muaj kev cia siab *adj* hopeful
muaj kev cia siab *adv* hopefully
muaj kev koom *v* share
muaj kev paub *adj* practising

muaj kev saib taus *adj* respectful
muaj kev tu siab *n* condolences
muaj kev txawj *adj* skillful
muaj kev txawj ntse *adj* learned
muaj kev txheeb ze *adj* related
muaj kev zoo siab *v* delight
muaj koob *adj* famous
muaj koob muaj npe *adj* well-known
muaj laij thawj *adj* reasonable
muaj lub npe hu ua *adv* namely
muaj lub siab phem *adj* spiteful
muaj lub siab tiag *adv* earnestly
muaj lub siab zoo *adv* kindly
muaj lus xav *v* comment
muaj mob *adj* unhealthy
muaj muaj roj *adj* greasy
muaj nag tas li *adj* rainy
muaj nqis *v* cost
muaj nqis *adj* valuable
muaj ntau *adj* luxurious
muaj ntau dua *v* outnumber
muaj ntau ntau *v* abound
muaj ntau yam *adj* various
muaj ntshauv heev *adj* lousy
muaj ntsis txho *adj* grayish
muaj ntxhiab *adj* fetid, smelly
muaj nuj nqis *v* avail
muaj nuj nqis heev *adj* precious

muaj nyiaj rov qab *v* refund
muaj pas av nkos *adj* muddy
muaj paus ntsis *adj* sensible
muaj peev xeem *adj* resilient
muaj peev xwm *adj* able, gifted
muaj phim thawj zoo *adj* elegant
muaj plaub hau ntau *adj* hairy
muaj plaub ntev *adj* furry
muaj plua tshauv *adj* dusty
muaj pluaj siab pab *adj* merciful
muaj pos *adj* thorny
muaj qhov thawj *adj* rational
muaj raws *v* consist
muaj riam phom *adj* armed
muaj sia *adj* dynamic
muaj sia nyob *adj* alive
muaj siab *adj* exciting
muaj siab heev *adj* frantic
muaj siab ua *v* endeavor
muaj taug *adj* toxic
muaj te *adj* frosty
muaj tiag *v* exist
muaj tseeb *adj* concrete, factual
muaj tseg *v* spare
muaj tsim *v* dignify
muaj tswv li *adj* private
muaj tswv yim npaj *adj* methodical
muaj tswv yim phem *adj* tricky

muaj tswv yim zoo *adj* artistic
muaj txiag nplua nuj *adj* rich
muaj txiaj ntsig *adj* helpful
muaj txiaj ntsig *v* signify
muaj txiaj ntsim *v* benefit
muaj txiaj ntsim *adj* useful
muaj txoj sia *adj* live
muaj txoj sia luv *adj* shortlived
muaj xov lees *adj* fashionable
muaj xov lees heev *adj* posh
muaj xwm txheej *adj* accidental
muaj yeej *v* overcome, win
muaj zog *adj* potent, strong
muaj zog *v* strengthen
muaj zog heev *adj* almighty
muam kaum *n* patio, porch
muas *v* buy
mus *v* gom travel
mus ceev *v* speed, velocity
mus cuag *pre* towards
mus cuam tshuam *v* intervene
mus dhau *v* go through
mus ib txhis *adj* thorough
mus kev ceg tawv *v* cripple, limp
mus koom *v* attend
mus los qeeb *n* slow motion
mus ncig *v* walk
mus nram nroog *n* downtown

mus nrog *v* accompany
mus pw *v* turn in
mus rau ib seem *v* gravitate
mus rau ub rau no *v* stray
mus rov tom qab *adv* backwards
mus sab hnub poob *adv* westbound
mus saib *v* take in
mus tas ib txhis *n* eternity
mus tau *adj* possible
mus taw *n* walk
mus tsis tau *adj* impossible
mus tsis xwm yeem *v* falter
mus ua *v* head for
mus ua zej ua zos *v* settle

N

nab *n* snake
nab daj kub sai *n* crowbar
nab daj loj loj *n* python
nab qa dev dej *n* alligator
nab qas dev *n* crocodile
nag *n* rain
nag daj nag dub *n* thunderstorm
nag hmo *adv* last night

nag loj *n* downpour
nag tshauv *n* drizzle
nam dhau nrim *v* encroach
nam los txeeb *v* invade
nas ncuav *n* squirrel
nas ntab *n* hive
nas tsuag *n* rat, rodent
ncag mus *v* go in
ncag siab *v* realize
ncaij ntuj qhua *n* drought
ncaim *n* departure
ncaim *v* depart
ncaim mus *v* go away
ncaj *adj* straight
ncaj heev *adj* precise
ncaj ncees *adj* honest, just
ncaj nraim *adj* forthright
ncaj nruab nrab *adj* impartial
ncaj qha *adj* direct
ncas *n* harp
ncauj deg *n* estuary
ncauj lus *n* premise
ncav *v* reach
ncav tawm *v* extend
ncaws *v* kick
ncaws hau *v* nod
nce *v* ascend, increase, mount, climb
nce *adj* increasing

nce mus *v* go up
nce nkoj *v* board
nce qib *v* upgrade
nce saub nrhuab *v* disembark
nce toj *adv* uphill
nceb *n* mushroom
nceg ncau *n* ramification
ncej *n* post
ncej chij *n* flagpole, mast
ncej laj kab *n* stake
ncej puab *n* thigh
ncej zeb *n* pillar
nchav *adj* vulgar
ncho pa *n* fumes
nchuav *v* pour, empty, dissipate
nchuav me nyuam *v* miscarry
nchuav npib *v* mint
ncig *v* encircle, rotate, walk
ncig ib lwm dhau *v* pass around
ncig teb chaws *v* sightseeing
ncig teb chaws *n* tour
ncig yuav khoom *v* shop
nco qab *v* remember
nco tau *v* envisage
nco txog *v* yearn
nco vaj nco tsev *adj* homesick
ncov *n* peak
ncu *v* simmer

ncua *n* interval
ncua *v* postpone
ncua caij nyoog *v* hold up
ncua kev *n* distance
ncua kev *adj* distant
ncua mov txwv *n* gunshot
ncua muag *n* eyesight
ncua npab *n* grasp
ncua ntev *adj* long-term
ncua siab *n* altitude
ncua sij hawm *n* lapse
neeg *n* person, people
Neeg Askiv *adj* British
neeg ci khoom noj *n* baker
neeg coj kev *n* guidance
neeg cuaj khaum *n* miser
neeg dag ntxias *n* swindler
neeg dog dig *n* layman
neeg duab kos *n* cartoon
Neeg Fisles *adj* Finnish
neeg Germany *adj* German
neeg Germany *n* Germany
neeg hla kev *n* pedestrian
Neeg Istaslij *adj* Italian
neeg laib *v* vanish
neeg laus *n* grown-up
neeg lav xias *adj* Russian
neeg liab qab *n* nudist

neeg loj *n* adult
neeg loj leeb *n* drifter, vagrant
Neeg Meskas *adj* American
neeg mob *n* inmate, invalid
neeg mob ruas *n* leper
neeg mob sab nrauv *n* outpatient
neeg muag khoom *n* salesman
neeg muag ntawv *n* bookseller
neeg ncig teb chaws *n* tourist
neeg noj neeg *n* cannibal
neeg npam *n* sinner
neeg nplua nuj *adj* millionaire
neeg nqa khoom *n* porter
neeg nuv ntes *n* fisherman
Neeg Nyiv Pooj *adj* Japanese
neeg phem *n* hoodlum, bandit
neeg poob qab *n* heathen
neeg qab teb *n* southerner
neeg qaum teb *adj* northerner
neeg qig taub *n* dwarf, midget
neeg quav cawv *n* drinker
neeg ruam *n* jerk
neeg ruam qauj *adj* moron
neeg sab nrauv *n* outsider
neeg siab phem *n* beast
neeg sib ntaus *n* fighter
neeg tais caus *n* coward
neeg taug kev *n* traveler

neeg tawg rog *n* refugee
neeg tawv dawb *adj* blond
neeg thov khawv *n* beggar, bum
neeg tsav tsheb *n* chauffeur
neeg tsis ntse *n* jerk
neeg tsis zoo *n* villain
neeg tu tsev *n* janitor
neeg tua hluav taws *n* fireman
neeg tua tsiaj *n* butcher
neeg tub sab *n* heist, robber
neeg twm zeej *n* hermit, loner
neeg txawv *n* oddity
neeg ua hauj lwm *n* staff
neeg ua liaj ua teb *n* peasant
neeg ua zog *n* laborer
neeg vwm *n* madman, maniac
neeg yug yaj *n* shepherd
neeg zej zog *n* neighbor
neeg zoo nkauj *n* nave
neej tsa *n* in-laws
nees *n* horse
nees nkaum *adj* twenty
nees txais *n* zebra
nees zag *n* giraffe
neev *n* trail
neev taw *n* track
niaj hnub *adj* current
niam *n* mom, mother

niam huab tais *n* queen
niam lau *n* sister
niam pog txiv yawg *n* grandparents
niam qhuav *n* stepmother
niam tais *n* mother-in-law
niam tais ntsuab *n* bridesmaid
niam thiab txiv *n* parents
niam tij *n* sister-in-law
niam tsev *n* housewife
nias *v* press, ram
nias ntxiv *v* squeeze in
nias tseg *v* suppress
nkag *v* crawl
nkag dhau *v* permeate
nkag hloov chaw *v* substitute
nkag los *v* come in
nkag mus *v* approach, enter
nkag mus cuag tau *adj* accessible
nkag mus nyiam *v* break in
nkag mus rau *v* penetrate
nkag mus tsis txog *adj* inaccessible
nkag ntsiab lus *adj* relevant
nkag siab *v* understand
nkag siab yuam kev *v* misinterpret
nkag siab zoo *v* master
nkag txeeb *v* overrun
nkaub qes *n* yolk
nkaug *v* pierce, stab

nkauj *n* music
nkauj laug *n* spinster
nkauj muam qhuav *n* stepsister
nkauj nag ncas *n* fiddle
nkauj see *n* actress
nkauj xwb *adj* single
nkauj zaj *n* mermaid
nkaum *v* crouch, dodge
nkaum lawm *adj* hidden
nkaum nkaum *adj* stealthy
nkaum nyob hauv *pre* underneath
nkaum tw ywm tos *v* lurk
nkaus *adj* oblique
nkawg *n* pair
nkawj *n* wasp
nkawm *n* pair
nkhaus *v* bend down, warp
nkhaus *adj* slanted
nkhaus mus los *v* writhe
nkig *adj* brittle
nkig nkig *adj* arid
nkoj *n* boat
nkoj cua *n* sailboat
nkoj loj *n* barge, ship
nkoj me *n* canoe
nkoj tawg *n* shipwreck
nkoj tua rog *n* warship
nkoog *v* freeze

nkoog *adj* frozen
nkuaj *n* cage
nkuaj nees *n* stable
nkuaj tsiaj *n* stall
no *adj* cold
no ntxiag *adj* chilly
noj *v* eat, ingest
noj cuag hu hu dab *v* devour
noj hmo *v* dine
noj hu noj hu *v* gobble
noj nyiaj *v* corrupt
noj tshoob *v* wed
nom *n* lord
noo *n* moisture
noo noo *adj* damp
noob *n* seed, grain
noob neej *n* humankind
noob taum *n* kidney bean
noob txiv *n* nut
noob txiv noj tau *n* hazelnut
noog leeb nkaub *n* parrot
noog noj ntses *n* pelican
noog phw kiv *n* penguin
noog tsev *n* sparrow
noog uab lag *n* raven
noog w *n* quail
nov *adj* this
nov *adv* here

npab *n* grasp
npaj *v* arrange, prepare
npaj *n* focus
npaj mus *adj* bound
npaj nyiaj txiag *v* budge
npaj rau *v* equip
npaj siab *v* intend, expect
npaj siab *n* will
npaj siab tos *v* look forward
npaj ua ntej *v* premeditate
npam *n* sin
npau suav *v* dream
npau suav phem *n* nightmare
npau taws *adj* angry, uptight
npauj npaim *n* butterfly
npaum *v* amount to
npawg *v* carve, pinch
npe *n* name
npe cuav *n* pseudonym
nphau *v* cave in
npias *n* beer
npib *n* medal
npib tooj *n* bronze
nplaib *n* ring
nplaim *n* reed; surface
nplaim paj *n* petal
nplaim qeej *adj* vibrant
nplaim taws *v* blaze

nplaim taws *n* flame
nplaum *adj* sticky
nplaum *v* glue
nplaum nplaum *adj* adhesive
nplaum zoo *v* adhere
nplawm *v* lash, flog
nplej npas lej *n* barley
nplej teb *n* rye
npliag *v* ingratiate
npliag npliag *n* adulation
npliag raws *v* conform
nplooj *n* blade, leaf
nplua *n* fine, penalize
nplua mias *adj* wealthy
npog *v* conceal, cover, shelter
npog cia twj ywm *adj* confidential
npog qhov muag *v* blindfold
npog yam tuab npo *v* plaster
npoj *n* flock
npoo *n* brink, margin
npoo av *n* ground, floor
npua *n* hog, pig
npua teb *n* wild boar
npuaj ntsej muag *v* slap
npuaj plhu *v* smack
npuaj teg *v* clap
npuas *n* foam
npuas dej *n* bubble

npub *adj* blunt
npub *n* bluntness
nqa *v* elevate, lift, hoist
nqa rov qab *v* bring back
nqa rov qab mus xa *v* take back
nqa tawm *v* lift off
nqa tawm los *v* bring up
nqa tawm mus *v* take away
nqa, coj nrog *v* bring
nqaib tuag *n* gangrene
nqaij *n* meat, flesh
nqaij (npua) sawb *n* bacon
nqaij ces qab *n* steak
nqaij ci *n* roast
nqaij mos lwj *n* venison
nqaij ncej qab *n* ham
nqaij npuas *n* pork
nqaij ntshiv *adj* lean
nqaij nyuj *n* beef
nqaim *adj* narrow
nqaj *n* beam
nqaj roob pob zeb *n* reef
nqaj tsev *n* beam
nqaj tsheb *n* axle
nqe *n* fee
nqe xa khoom *n* freight
nqe lauj *n* hook
nqhis dej *adj* dry

nqhis dej *v* thirst
nqi *n* rate
nqi caij *n* fare
nqi kawm *n* tuition
nqi ntiav *n* paycheck
nqi poob *v* mark down
nqi so *n* wage
nqi tsev *n* rent
nqi xa *n* postage
nqi zog *n* toll
nqiaj *n* prey
nqig *v* ebb
nqis *v* ebb
nqis hav *v* descend
nqis los *v* come down
nqis nkoj *v* embark
nqis peev *v* invest
nqis sab hauv *adv* down
nqis tsheb *v* dismount
nqos *v* engulf, swallow
nqos ceev ceev *v* gulp
nquab *n* pigeon
nquab *adj* diligent
nquag cem *adj* ferocious
nquam nkoj *v* paddle, row
nquam nkoj me *v* canonize
nquav plias *adj* industrious
nqus *v* absorb, suck, pump

nqus tawm *v* sap
nraim *v* hide
nraj *n* pheasant
nram qab *n* tail
nram qab nkoj *n* stern
nras liaj *n* farmyard
nrau *v* crash
nrau av kom tiaj *v* bulldoze
nraug seev *n* actor
nraug vauv *n* bridegroom
nraug xwb *n* bachelor
nraum tshav puam *adv* outdoor
nrawm *adj* brisk
nres *n* brake
nres *v* halt, resist
nres tsheb *v* park
nrh tawm *v* unplug
nrhia los *v* pinpoint
nrhiav *v* chase, seek
nrhiav kev txo siav *adj* perilous
nrhiav lwm qhov *v* find out
nrhiav noj hmo ntuj *adj* nocturnal
nrhiav ntsib *v* find
nrhiav pom *v* discover
nrhiav qhov tseeb *v* deduce
nrhiav tau *v* acquire
nrhiav tsev so *v* lodge
nrho *v* uproot

nrhuav ntsej muag *v* defame
nriav nyuaj *adj* rare
nriav nyuaj *adv* rarely
nrib kab *n* crack
nrig *n* fist
nrim *n* perimeter
nris mus *v* go down
nro *v* extract
nro nyooj hoom tua *n* raider
nrob qaum *n* back
nrog *pre* with
nrog dej *v* drop
nrog ib tee kua *v* blot
nrog pom *v* testify
nrog ua tee *v* trickle
nrog ua tej tee *v* drip
nroj qhuav *n* hay
nroj tsuag *n* plant
nroo *v* groan, growl
nroog *n* city, town
nrov *adv* aloud
nrov *adj* loud
nrov npe *adj* notorious
nrov plawg ntia *adj* tumultuous
nrov toog ntsej *adv* loudly
nruab nrab *n* center
nruab nrab *adj* central, middle
nrug *v* avoid

nrug deb heev *adj* remote
nruj *adj* severe, strict
nruj heev *adv* sternly
nta *v* guarantee
ntab *adv* afloat
ntab *n* bee
ntab (hauv hav dej) *v* float
ntais ntawv *n* match
ntaj *n* dagger
ntas *n* ripple
ntau *adj* lots, several
ntau *adv* much
ntau dhau lawm *adj* exorbitant
ntau heev *adj* excessive, many
ntau kawg kiag *adj* maximum
ntau ntau *n* abundance
ntau ntxiv *adj* more
ntau tsav ntau yam *adj* diverse
ntau tsav ntau yam *n* diversity
ntau txaus *adj* adequate
ntau ua pawg ua lug *n* mint
ntau xov tooj *v* dial
ntaub *n* cloth, fabric
ntaub kauv caj dab *n* muffler
ntaub kauv caj pas *n* scarf
ntaub ntawv *n* document
ntaub ntos *n* silk
ntaub pua *n* tapestry
ntaub pua rooj *n* tablecloth
ntaub pua tsev *n* carpet
ntaub pua tw rooj *n* rug
ntaub qhov rais *n* curtain, drape
ntaub qhwv tes *n* plaster
ntaub qwv tuag *n* shroud
ntaub so tes *n* napkin
ntaub xov *n* fabric
ntaus *v* smash, knock, blow
ntaus cim *v* mark
ntaus lub tswb *v* toll
ntaus lwj ntaus liam *v* assail
ntaus nplej *v* thresh
ntaus nqi *v* appraise
ntaus ntawv *v* type
ntaus ntej *v* precede
ntaus ntsia hlaub *v* rivet
ntaus pob tw *v* spank
ntaus rog *v* battle
ntaus rov qab *v* strike back
ntaus thwj *v* seal
ntaus xov tooj *v* phone
ntawb qhwv ko taw *n* footwear
ntawd *adj* that
ntawd *pre* at
ntawm *pre* of
ntawm ib sab *adv* abreast, aside
ntawm ib sab *pre* beside

ntawm lo lus *adv* verbally
ntawm no *adv* here
ntawm ntug dej *adv* ashore
ntawm teb chaws *adj* national
ntawv *n* paper
ntawv cog lus qiv *n* lease
ntawv hla nrim *n* passport
ntawv teev khoom *n* inventory
ntawv tseb *n* leaflet
ntawv tshaj xo *n* journal
ntawv xov xwm *n* newspaper
nteeg tau *adj* reliable
ntees *n* funeral
ntes *v* capture
ntes *v* arrest
ntes tau *adj* catching
ntev *adj* long
ntev heev *adj* lengthy
nthab *n* attic
nthua nroj *v* weed
nthuav *v* undo
nthuav dav *v* expand
nthuav loj tuaj *v* enlarge
nthuav qhia *v* disclose, divulge
nthuav qhia tawm *v* unearth
nthuav tawm *v* flaunt
nthuav txav *v* diffuse
nthwc cua *n* gust

nthwv nag *n* shower
nti *v* react
nti qaub ncaug *v* spit
ntiab *v* oust
ntiab tawm *v* dismiss, evict, expel
ntiag to *adj* restful
ntiag tug *adj* personal
ntiav *v* hire, rent
ntiav zog *v* employ
ntim *v* contain, enclose, comprise
ntim hnab *v* sack
ntim khoom *v* load
ntim rau kos poom *v* can
ntim roj kom puv *v* fuel
ntim tog *v* pad
ntiv hwj *v* bottle
ntiv ntaws *n* belly button
ntiv taw *n* toe
ntiv taw xoo *n* thumb
ntiv tes *n* finger
nto koob *adj* popular
ntog *v* collapse
ntog *n* plant, wood
ntoo kaw tawm los *n* lumber
ntoo khaub lig *n* cross
ntoo thuv *n* cypress
ntos *v* weave
ntos *adj* woven

ntos ntaub *v* loom
ntov dej rau *v* splash
ntsa iab *adv* alight
ntsa tsua *n* cliff
ntsa yeej *n* bulwark
ntsab ntawv thov *n* proposal
ntsag *n* hip
ntsai ceev ceev *n* fright
ntsai ntsai *n* spasm
ntsais muag *v* blink, wink
ntsaj *v* groan
ntsaum kab rwg *n* termite
ntsauv *v* covet, desire
ntsaws nkag *v* insert
ntsaws nyhuv *v* stuff
ntse *adj* clever. Shrewd
ntseeg *v* believe, entrust
ntseeg *adj* faithful
ntseeg *n* religion
ntseeg ntuj heev *adj* devout
ntseeg ntuj heev *v* rely on
ntseeg tau *adj* believable, plausible
ntseeg Yes Xus *adj* christian
ntsej muag *n* face
ntsej tsho *n* collar
ntses *n* fish
ntses whale *n* whale
ntsev *n* salt

ntshai *adj* afraid, fearful
ntshai *v* appall
ntshai heev *adj* hysterical
ntshai heev li *adj* paranoid
ntshaus *adj* shabby
ntshaus ntsaus *adj* seedy
ntshauv *n* louse
ntshav *n* blood
ntshav *adj* gory
ntshav qab zib *n* diabetes
ntshav tsis txaus *n* anemia
ntshaw *v* aspire, lust
ntshaw *adj* avid
ntshaw nyiaj txiag *adj* avaricious
ntsheb me *n* pickup
ntshee *v* quake, rattle
ntshiab *adj* transparent
ntshuaj lub *n* pill
ntshwj mus *v* tune
ntsia *v* view, look
ntsia dhau *v* disregard
ntsia hlua *n* nail
ntsia ib plia *v* glimpse
ntsia liaj rooj *n* bolt
ntsia seb *v* notice
ntsia tsis pom *adj* invisible
ntsiab *v* nip
ntsiab *adj* uneventful

ntsiab ntsos *v* grab
ntsiab lug pom txog *n* vision
ntsiab lus *n* compendium
ntsiab lus sib tham *n* agenda
ntsiab rov sab zoo *adj* optimistic
ntsiag to *adj* calm, placid
ntsiag to *n* hush
ntsiag to *v* sedate
ntsiag twj ywm *adj* serene
ntsiav *n* tablet
ntsib *v* greet, meet
ntsib *v* face up to, incur
ntsig txog *v* pertain
ntsig twj ywm *adj* silent
ntsig txog *pre* regarding
ntsig txog fab kis *adj* French
ntsig txog hav dej *adj* aquatic
ntsig txog hiav txwv *adj* marine
ntsig txog hlwb *adj* mental
ntsig txog hniav *adj* dental
ntsig txog huab tais *adj* imperial
ntsig txog kev cog *adj* inlaid
ntsig txog kev dhia *adj* jumpy
ntsig txog kev foom *adj* blessed
ntsig txog kev txias *adj* cooling
ntsig txog kev yws *adj* nagging
ntsig txog leej niam *adj* maternal
ntsig txog lub cev *adj* physical
ntsig txog lub hlw *adj* cerebral
ntsig txog lub ntuj *adj* celestial
ntsig txog lub ntxa *adj* grave
ntsig txog lub plab *adj* gastric
ntsig txog lub plawv *adj* cardiac
ntsig txog lus txib *adj* mandatory
ntsig txog peev xwm *adj* daring
ntsig txog pej xeem *adj* civil
ntsig txog roob *adj* mountainous
ntsig txog thooj av *adj* terrestrial
ntsig txog tib neeg *adj* human
ntsig txog toj siab *adj* rustic
ntsig txog txiv neej *adj* masculine
ntsig txog txuj ci *adj* cultural
ntsig txog ua npog *adj* ominous
ntsig txog yawm saub *adj* divine
ntsig txog yees siv *adj* magical
ntsim *adj* spicy
ntsis ntiv taw *n* tiptoe
ntsis ntiv tes *n* fingertip
ntsis plaub hau *v* comb
ntsiv ntsiv *adj* hot
ntsoos *n* remorse
ntsoos ntsoos *adj* depressing
ntsuab *adj* green
ntsuag *v* sprout
ntsuag ntoo *n* bulb
ntsuaj *n* remedy

ntsuam xyuas *v* assess
ntsuas *v* measure
ntsug rog *n* battle
ntsuj *n* fairy
ntsuj plig *n* spirit, soul
ntswg tauv dej *n* dam
ntswj *v* twist, distort
ntswj kom nkhaus *n* twist
ntswj nce *v* tune up
ntswj ntsia *v* screw
ntsws *v* wither, wrinkle
ntsws *n* wrinkle
ntu *n* interval
ntu sij hawm *n* span
ntuas *v* counsel, exhort
ntuas nyhav *v* admonish
ntuav *v* throw up, vomit
ntuav tawm *adj* open
ntuav tawm los *v* unfasten
ntub *adj* soggy, wet; foul
ntug *n* brink, edge, rim
ntug cub *n* hearth
ntug hiav txwv *n* coast, shore
ntug nroog *n* outskirts, suburb
ntug tw tsheb *n* bumper
ntuj ceeb tsheej *n* heaven
ntuj ceeb tsheeb *n* bliss, haven
ntuj dav *adj* worldwide

ntus *n* facet
ntws *v* flow
ntws *n* flow
ntxa *n* grave
ntxaib *n* counterpart
ntxaws *adj* comprehensive
ntxawv txawv *adj* queer
ntxeev *v* quash
ntxeev siab *v* betray, defect
ntxeev siab *adj* disloyal
ntxeev teb chaws *v* rebel
ntxhab *n* slope
ntxhab *adj* steep
ntxhaib *n* twin
ntxhais *n* girl
ntxhais cws *n* prawn
ntxhais huab tais *n* princess
ntxhais qev *n* maiden
ntxhais qhuav *n* stepdaughter
ntxhais txib *n* maid
ntxheev *v* capsize, flip
ntxhi *v* whisper
ntxhiab *n* odor
ntxhiab tswj phem *n* stench
ntxhiab tswj qab *n* scent
ntxhias *v* coax
ntxhib *adj* coarse, rough
ntxhib heev *adj* precocious

ntxhov *adj* chaotic
ntxhov *v* mess up
ntxhov nyho *adj* messy
ntxhov nyho *n* muddle
ntxhov pes niab *adv* busily
ntxhov quav niab *n* disorder
ntxhov siab *n* anguish
ntxhov siab *adj* anxious
ntxhov siab *v* pressure
ntxhua qhuav *v* dryclean
ntxhuab *n* moss
ntxhuav kom dawb *v* bleach
ntxhuav plig *v* baptize
ntxhw *n* mammoth
ntxhw dej *n* walrus
ntxhw tus cov txwv *n* trunk
ntxiab *n* snare, trap
ntxiab *adj* alluring, enticing
ntxiab *v* entice, convince
ntxias dag *v* defraud, dupe
ntxias dag yuav *v* trick
ntxias haub *v* persuade
ntxias kom ua phem *v* tempt
ntxias siab *v* seduce
ntxias tau *v* overwhelm
ntxias ua *adj* tempting
ntxias yooj yim *adj* gullible
ntxiav *adj* prone

ntxim *adj* effective
ntxim dhuav *adj* tedious
ntxim hlub *adj* beloved, lovely
ntxim hlub heev *adj* adorable
ntxim li *adj* liable
ntxim li *v* must
ntxim li hais tias *v* seem
ntxim li yog tiag *adv* likely
ntxim ntxub *adj* detestable
ntxim ntxub heev *adj* obnoxious
ntxim nyiaj *adj* interesting
ntxim nyiam *adj* charming
ntxim xav tau heev *v* cry out
ntxiv *v* darn, repair
ntxiv lus *n* slander
ntxiv ntau tuaj *v* pile up
ntxiv ntawm *n* uncle
ntxiv rau *adv* plus
ntxivv *v* add
ntxo *v* accuse, blame
ntxov ntxov *adv* early
ntxov siab *adj* distraught
ntxuav *v* wash
ntxuav hlwb *v* brainwash
ntxuav tau *adj* washable
ntxub *v* abhor, detest
ntxub *adj* fed up
ntxub ntxaug *v* loathe

nug *v* interrogate, ask
nug kom paub tseeb *v* ascertain
nuj nqe *n* fee
nuj nqi *n* debit
nws *pro* he
nws (poj niam) *pro* she
nws li *adj* her
nws tus kheej *pro* herself
nyab *v* inundate
nyab txhawb pab *n* subsidy
nyaig khoom *n* realty
nyas *v* stalk
nyaum *adj* aggressive
nyav *n* giant
nyeem *v* read
nyeem tau *adj* legible
nyem *v* wring
nyhav *v* weigh
nyhav *n* weight
nyhav dhau *v* outweigh
nyhav dhau *adj* overweight
nyhuv *n* bowels
nyhuv ntxwm *n* sausage
nyiag *v* cheat, rip off, loot
nyiag kaw lus *v* bug
nyiag meme *v* pilfer
nyiag mloog *v* eavesdrop
nyiag neeg *v* kidnap

nyiag nkag *v* infiltrate
nyiag qee *v* embezzle
nyiag saib *v* peep
nyiag tshawb *v* ransack
nyiaj *n* cash, money
nyiaj daus las *n* dollar
nyiaj hli *n* payroll, salary
nyiaj khwv tau *n* income
nyiaj koom *n* share
nyiaj kub *n* mineral
nyiaj npib *n* coin
nyiaj npib (as kiv) *n* penny
nyiaj npib liab *n* penance
nyiaj nqi tes *n* commission
nyiaj ntsuab *n* cash
nyiaj phau *n* pound
nyiaj pub *n* tip
nyiaj pub dawb *n* bonus
nyiaj qiv txais *n* loan
nyiaj si hauj lwm *n* pension
nyiaj sib faib *n* dividend
nyiaj tau los *n* proceeds
nyiaj teem txim *n* bail
nyiaj them *n* reparation
nyiaj them rov qab *n* rebate
nyiaj thov los *n* grant
nyiaj tsawg *n* deficit
nyiaj tshev *n* check

nyiaj tshuav *n* balance
nyiaj tso *n* deposit
nyiaj txeem tau *adj* bearable
nyiaj txiag *adj* financial
nyiaj txiag *n* fortune, funds
nyiam *v* fascinate
nyiam *adj* interested, prone
nyiam dhau *v* prefer
nyiam heev *v* focus on
nyiam heev *n* penchant
nyiam kev pleev *v* flirt
nyiam mus khoom *adj* outgoing
nyiam nyob tsev *v* domesticate
nyiam phooj ywg *adj* gregarious
nyiam sib cav *adj* quarrelsome
nyiam tham heev *adj* garrulous
nyiam thov *adj* demanding
nyiam tib yam *adj* congenial
nyiam tua neeg *adj* bloodthirsty
nyiam ua si *adj* playful
nyias *adj* slim
nyias li ris *n* pantyhose
nyias nyias *adv* thinly
nyo hau *v* bow
nyob *v* inhabit, dwell, be, live, locate
nyob dawb *adj* unemployed
nyob deb *adv* away
nyob hauv *pre* among

nyob hauv qab *pre* below
nyob ib sab *adj* adjacent
nyob muaj chaw *v* belong
nyob nram qab *adj* rear
nyob nruab nrab *pre* amid
nyob ntawm *v* depend
nyob ntsia *v* look out
nyob rau ntawv *v* reside
nyob sab nraud *adv* back
nyob siab tshaj *v* transcend
nyob tau *adj* habitable
nyob tau ntev dua *v* outlast
nyob taus *adj* inhabitable
nyob tob *v* deepen
nyob tos *v* await
nyob tus tus *v* stagnate
nyob txhua lub caij *adj* perennial
nyob txom nyem *v* suffer
nyob txuas nkaus *v* adjoin
nyob zoo *e* hello
nyom *v* boycott
nyom cev *n* exercise
nyoo *v* give in
nyooj hoom *n* plane
nyooj nyooj *v* grumble
nyoos *adj* crude, raw
nyuaj *adj* difficult, hard, involved
nyuaj heev *adj* critical, harsh

nyuam kev *v* goof
nyuam qhuav *adv* barely
nyuj *n* cow
nyuj twm *n* cattle

O

o *v* bloat
o *adj* swollen
ob *adj* two
ob ceg *n* groin
ob daig ib qho *adv* asunder
ob npaug *adj* double
ob peb *adj* few
ob qho *adj* both
ob siab *v* hold back
ob tus *adj* both
ob zaug *adv* twice
os nab *n* goose, geese
os taub *v* get

P

pa *n* air, fumes, breath
pa tawm *adj* exhausting
pa taws *n* rail
pa tsw qab *n* fragrance
pab *v* aid, assist
pab *adj* auxiliary
pab *n* team, group, flock
pab cawm *v* relieve
pab cawm *n* service
pab hloov tau *v* impact
pab ib vuag *adj* provisional
pab pawg *n* group
pab tsim *v* foster
pab tso *v* redeem
pab tu siab *v* sympathize
pab yug *v* foster
pabu cai *adj* genteel
paig txig *n* sideburns
paim *v* burst
paj *v* promote
paj *n* flower
paj dej *n* pool
paj dej siab *n* garland
paj des xij *n* daisy
paj hluav taws *n* firecracker

paj huam *n* poem, poetry
paj lus *n* proverb
paj ntaub *n* ribbon
paj ntoos *n* flower
paj ntshua nplaim *n* rose
paj rwb *n* cotton
paj taws tawg *n* fireworks
paj yeeb *adj* pink
pam paj ntaub *n* quilt
pam pua chaw pw *n* mattress
pas av nkos *n* mud
pas dej *n* pond, lake
pas dej loj *n* quagmire, swamp
pas dej tauv *n* reservoir
pas dej txhawv *n* fountain
pas dig hniav *n* toothpick
pas nrig *n* rod
paub *adj* familiar
paub *v* know
paub cai *adj* courteous
paub hlub *n* piety
paub meej *adj* sure
paub meej *adv* surely
paub qab hau *adj* conscious
paub tab *adj* polite
paub tsaig *n* jaw
paub tseeb *adj* certain
paug *n* pus

paug peeb zeej *n* regiment
pauj *v* avenge, retaliate
pauj kev ntsim siab *v* revenge
pauv *v* replace
pauv hloov *v* alter
pauv mus pauv los *v* fluctuate
pauv tsis ntxiv *adj* aloof
pav *v* fasten, tie
pav khov kho *v* clinch
pav ua ke *v* bundle
pawg *n* category, unit, heap, cluster
pawg *adv* lot
pawg neeg *n* multitude, throng
pawg nroj qhuav *n* haystack
pawg paj nruag loj *n* orchestra
pawg tsis pom zoo *n* opposition
pawg tub peeb zeej *n* cavalry
pawg tub rog *n* army
pawg tub rog loj *n* brigade
pawv *v* get over
peb *adj* three
peb *pro* us
peb caug *adj* thirty
peb li *adj* our
peb li *pro* ours
peb npaug *adj* triple
peb sawv daws *pro* we
peb tus kheej *pro* ourselves

peeb zeej nruab av *n* infantry
peem ua *v* struggle
peev xwm *n* ability
peev xwm *v* qualify
peev xwm tis thaiv *n* fortitude
pej kum cuab *n* foreigner
pej xeem *n* citizen, folks
pej xeem hauv zos *n* villager
phab hnub tuaj *n* east
phab kws paub *adj* technical
phab ntsa *n* wall
phab qaub teb *adj* northern
phaib *n* card
phais mob *v* operate
pham *adj* chubby
phau ntawv *n* book
phau ntawv kawm *n* textbook
phau ntawv me *n* booklet
phau ntawv me me *n* pamphlet
phau ntawv sau *n* notebook
phau nyiaj tshev *n* checkbook
phauj *n* aunt
phaw mos lwj *n* buck
pheeb *v* lean back, lean
pheeb nruab qaum *v* recline
pheeb rau *v* lean on
pheej hmoo ua *v* risk
pheej tawv ncauj *adj* opinionated

pheej yig *adj* affordable
phem *adj* bad, evil, sinful
phem dua tuaj *v* worsen
phem heev *adj* atrocious, grisly
phem heev *n* savagery
phem li tsiaj *adj* brute
phem tshaj *adj* worst
phem tshaj plaws *adj* dire
phev *n* sperm
phiab *n* plate
phiaj nco *n* monument
phiaj xwm *n* scheme
phij cuam *v* furnish
phim thawj *n* reason
phom *n* firearm, gun
phom hluav taw *n* gunfire
phom loj *n* artillery
phom luaj zaj *n* machine gun
phom luv *n* shotgun
phooj ywg *n* alliance, ally
phooj ywg haujlwm *n* colleague
phooj ywg zoo *n* buddy, pal
phoom *v* jolt, split
phua lub ntshiab *v* define
phua tawm *v* split up
phuaj *n* raft
phuam so cev *n* towel
phuam so ntswg *n* handkerchief

phwj *v* overflow, spill
piam *v* decay
piam *adj* damaging
piam thaj *n* glucose, sugar
pias deg *n* clam, oyster
pias ntsig txog *v* portray
piav *v* narrate
piav lub ntsiab *n* overview
piav qhia *v* explain, clarify
piav qhia luv luv *adv* shortly
piav qhia ntxiv *v* annotate
piav qhia tau *adj* accountable
piav qhia txog *v* describe
pib *v* begin, start
pib tshwm sim *v* germinate
pib tuag zuj zus *v* die out
pib ua yam tshiab *v* branch out
pib ua yeeb yam *v* strike up
piv tau *adj* comparable
piv txwv *adv* as
piv txwv *n* precedent
piv txwv hais tias *v* exemplify
piv txwv hais tias *c* supposing
piv xam *n* example
piv xwv *v* epitomize
plab *n* abdomen, belly
plab mog *n* abdomen
plag *v* strike out

plag tsev *n* floor
plaj tiag khob *n* saucer
plas taub *n* owl
plaub *adj* four
plaub caug *adj* forty
plaub hau *n* hair
plaub hau cuav *n* wig
plaub muag *n* eyebrow
plaub noog *n* feather
plaub ntug *n* lawsuit
plaub qhov muag *n* eyelash
plaub yaj *n* fleece, wool
plaub(tsiaj) *n* fur
plav tooj *n* cartridge
plawv *n* heart
pleev *v* brush
pleev kob *v* color
pleev kom ci *v* varnish
plev *v* sting
plev *n* sting
plhaws taub hau *n* dandruff
plhis *adj* mouldy
plhu *n* cheek, face
pliab *v* crouch
pliag kom haum *adj* bland
plob hau *n* rag
plob hau cuav *n* hairpiece
ploj *v* fade

ploj dej *v* disappear, dive
ploj lawm *v* lose
ploj tuag *v* perish
plooj plooj *adj* blurred
plua tshauv *n* dust
pluag pluag *adj* destitute
pluaj siab dawb *n* leniency
pluaj siab zoo *n* goodwill
pluam *v* rupture
pluas hmo lig *n* supper, dinner
pluas mov *n* meal
pluas plav *n* dirt
pluas su *n* lunch
pluas tshais *n* breakfast
pluav *n* dent
plws *v* rub
pob *v* cave in
pob *n* package, parcel
pob caus *n* hurdle
pob cos *n* knot
pob hauv caug *n* kneecap
pob kab ntxau *n* pimple
pob khoom *n* bundle
pob kws *n* corn, wheat
pob ncaws *n* football
pob ntsaws *n* plug
pob ntseg *n* ear
pob nyiaj *n* lump sum

pob nyiaj txiag *n* budget
pob qis *v* come down
pob tawb *n* basket
pob taws *n* ankle
pob thooj *n* lump
pob tog qws *n* baseball
pob tw *n* butt
pob txha *n* bone, fossil
pob txha taub hau *n* skull
pob txha tes *n* radius
pob zeb *n* rock, stone
pob zeb (me) *n* pebble
pob zeb ntsuab *n* emerald
pob zeb pua kev *n* cobblestone
pog *n* grandmother
poj dab *n* witch
poj hauj sam *n* nun
poj huab tais *n* empress
poj koob yawg koob *n* ancestor
poj niam *n* female, lady
poj niam (ib leeg) *n* woman
poj niam txiv neej *n* gender
poj nom *n* countess
poj nrauj *n* divorcee
poj ntsuam *n* widow
poj ntxoog *n* ghost
Poj qaib *n* hen
poj saub *n* goddess

pom *v* see, behold
pom *adj* worldly
pom kev *v* illuminate
pom kev tsis tseeb *n* gleam
pom khav *adj* exposed
pom ntev *n* rifle
pom tseeb *adj* distinct, explicit
pom tsis tseeb *v* gleam
pom tsis tseeb *adj* obscure
pom ua ntej *v* foresee
pom zoo *v* affirm, assent
pom zoo *adj* patent
pom zoo txhawb nqa *v* endorse
poob *v* fail, fall
poob *n* flop
poob cai *v* forfeit
poob dej tuag *v* drown
poob los sai *n* slump
poob nom *adj* degenerate
poob nqi *v* slump
poob ntsej muag *v* debase
poob plig *v* shudder
poob plig *adj* startled
poob plig ntshai tag *v* scare away
poob qab *adj* backward
poob qis *adv* downhill
poob qis *v* fall down
poob siab *adj* riveting
poob siab nthav *v* dismay
poob siab tuag tsig *v* shock
poom cawv *n* yeast
poov *n* element
poov xab *n* ferment
pos *v* fumigate
pos huab *adj* cloudy
pos huab *n* mist
pos huab nti *adj* misty
pos qhov ncauj *v* gag
pov haum *n* charm
pov hwm cia *adj* conservative
pov mus *v* toss
pov thaiv *v* indemnify
pov thawj *n* evidence, proof
pov tseg *v* discard, dump
pov tseg dawb *v* atrophy
pov txwm *n* island, isle
pov ua ib pawg *v* heap
pu rau *v* provide
pua *v* lay
pua tog zooj *v* cushion
puab tais *n* groin
puag *v* hug, embrace
puag tom kawg *adj* extreme
puam chawj *v* ignore
puas *v* impair
puas *adj* defective

puas hlwb *adj* mad
puas npe *adj* infamous
puas ntsoog *adj* disastrous
puas zuj zus *adj* dilapidated
puav *v* encircle, besiege
puav ncig *v* encompass
puav nciv ntaus *v* siege
puav nqus ntshav *n* vampire
puav pheej *n* deed
puav thaiv *v* cordon off
pub *adj* charitable
pub *v* feed
pub dawb *v* donate
pub ua *v* allow
puv *adj* chubby, full
puv diav *n* spoonful
puv heev *adj* congested
puv lawm *v* preoccupy
puv nkaus *adj* laden
puv puv *adj* replete
puv tag *v* inundate
puv tes *adj* swamped
puv tshaj *adv* fully
pw *v* sleep
pw ib hmos *v* stop over
pw khwb rwg *adj* prostrate
pw lig *n* vigil
pw so *v* repose
pw ti ti *v* cuddle
pw tom xub tsuag *v* camp
pw xyab *v* sprawl
pw ze ze *v* cuddle
pwm *n* mildew, mold
pwm khaus *n* fungus

Q

qab *adj* delicious, tasty
qab av *adj* underground
qab deg *n* watershed
qab li taum *adj* nutty
qab nthab *n* ceiling
qab ntug *n* horizon
qab ntuj *n* sky
qab ntuj khwb *n* universe
qab nyiag *n* palate
qab puab tsaig *v* whine
qab zib *adj* sweet
qab zib *n* sweets
qaib *n* chicken
qaib qua *v* crow
qais *n* burp
qaub *adj* sour

qaub ncaug *n* saliva
qaug nkoj *adj* seasick
qaug qib *adj* weak, wimp
qauj *adj* dim
qauv *n* plan, formula
qauv cawv *adj* drunk
qauv dab ntub *adj* drowsy
qauv haujlwm *n* layout, pattern
qauv nyab *n* straw
qauv quav *n* obsession
qauv tshau *n* criterion
qauv vaj tse *n* architecture
qav *n* frog
qav kaws *n* toad
qawm *v* embrace
qe dawb *n* egg white
qe kib *n* omelette
qe lawg *n* hail
qe nqaij *n* meatball
qeb *n* grade
qeb duas *n* rank
qee *v* allocate
qee leej *pro* someone
qee lub caij *adv* sometimes
qee yam *pro* something
qeeb *adj* belated, slow
qeeb *v* delay
qeeb qeeb *adv* slowly

qev nyiaj rau *v* finance
qhaib *n* braid
qhaib *adj* engaged
qhau *v* wrestle
qhau *n* wrestling
qhev *adj* enthralling
qhia *v* coach, instruct
qhia hais tias *c* providing that
qhia kev *v* prescribe
qhia kom sib paub *v* introduce
qhia me ntsis *v* brief
qhia meej meej *v* detail
qhia ncaj ncees *adj* frank
qhia paub *v* confirm
qhia pom *v* show, exhibit
qhia rau *v* insinuate, point
qhia rau pom *v* indicate
qhia rau pom tseeb *v* manifest
qhia sib xws *v* pulsate
qhia tau qhov tseeb *v* prove
qhia tawm rau paub *v* state
qhia tsis raug *adj* so-called
qhia ua ntej *v* foreshadow
qhia, tshaj tawm *v* inform
qhiav *v* open, turn on
qhib dav fo *adv* broadly
qhib kev *v* give away
qhib kom dav *v* broaden

qhib me me *adj* ajar
qhib siab lug *adj* candid
qhib tawm *v* unfold
qhib ua haujlwm *v* activate
qhib yawm sij *v* unlock
qhog *v* tease
qhov *n* hole, part
qhov av *n* bulk
qhov ceev *n* speed
qhov chaw *n* place, position
qhov chaw cia *n* lay
qhov chaw khov *n* fortress
qhov chaw nyob *n* residence
qhov chaw tiv thaiv *n* refuge
qhov chaw tuam *n* pedal
qhov chiv keeb *n* cause
qhov chw ruaj *n* foreground
qhov cim *n* sign
qhov cog lus *n* pact
qhov cuam tshuam *n* implication
qhov cub *n* fireplace
qhov cub ci nqaij *n* grill
qhov dav *n* breadth, width
qhov dhuav *n* monotony
qhov dog dig *n* mediocrity
qhov feem puas *n* percentage
qhov haum siab *n* deal
qhov hnyav *n* heaviness

qhov kawg *n* conclusion, result
qhov kawg *adj* final
qhov kawg no *adv* lastly
qhov kev ntxim hlub *n* adoration
qhov khaus *n* curve
qhov kwv yees *n* assumption
qhov loj *n* bulk
qhov los *n* fracture
qhov luv luv *n* brevity
qhov maj maj *n* celebrity
qhov me zog *n* minority
qhov meme *n* pore
qhov mob *n* pain
qhov muag *n* eye
qhov muag pom ze *adj* nearsighted
qhov muag tsev *n* skylight
qhov muaj zog *n* strength
qhov ncauj *n* mouth
qhov npaj siab *n* expectancy
qhov nres ib pliag *n* suspension
qhov nrhiav tau los *n* acquisition
qhov ntau *n* plural, quantity
qhov ntau *v* predominate
qhov ntev *n* length
qhov ntim tau *n* capacity
qhov ntshai *n* fear
qhov ntswg *n* nostril
qhov ntxim dhuav *n* tedium

qhov ntxim li *n* liability
qhov nyiaj qhov kub *n* mine, quarry
qhov nyiam *n* predilection
qhov nyiam tshaj *adj* favorite
qhov nyuaj *n* complication
qhov o *n* bulge
qhov pab tau *n* impact
qhov plaub *n* recess
qhov pom tseeb *n* clarity
qhov qhias *n* stain
qhov qhib ua nntej *n* prelude
qhov qub *n* routine
qhov rai *n* window
qhov rooj *n* access, door
qhov rooj nkag *n* entry
qhov rooj tag *n* backdoor
qhov rub lub siab *n* stimulant
qhov sai *n* hustle
qhov seem *n* leftovers, residue
qhov seem nyob *n* remainder
qhov siab *n* height
qhov sib *n* lightweight
qhov sib npaug *n* symmetry
qhov sib ti *n* jam
qhov sib tsoo *n* crash
qhov sib txawv *n* disparity
qhov sib xws *n* likeness
qhov sim ua ntej *adj* proven

qhov su *n* bulge
qhov tawg *n* cleft
qhov thaiv kev *n* impediment
qhov tiag taw *n* groundwork
qhov to taub *n* perception
qhov to uas to tob *n* gash
qhov tob *n* depth
qhov tseeb *n* fact, truth
qhov tseeb *adv* indeed
qhov tseem ceeb *n* emphasis
qhov tseem ntsiab *n* highlight
qhov tshaj *n* excess, surplus
qhov tsim nyog *n* necessity
qhov tsim nyog cem *n* culpability
qhov tsim tawm los *n* output
qhov tsis ruaj ntseg *n* insecurity
qhov tsis sib txawv *n* consistency
qhov tsis siv *n* disuse
qhov tsis yooj yim *n* uneasiness
qhov tsis zoo *n* disadvantage
qhov tsis zoo *adj* tainted
qhov tsis zoo nkauj *n* ugliness
qhov tsos *n* armpit
qhov tsua *n* cave, grotto
qhov tuab *n* density, thickness
qhov twg *adv* where
qhov twg los xij *c* wherever
qhov txaus ntseeg *n* credit

qhov txhab *n* wound
qhov txo nqi *n* discount
qhov ua ntej *adj* preliminary
qhov ua rau *n* effectiveness
qhov uas tau txais *n* yield
qhov xam pom *n* aspect
qhov xav tau *n* need, demand, ambition
qhov xub xub muaj *n* prototype
qhov yog yog *n* accuracy
qhov yooj yim *n* convenience
qhov yuam kev *n* error, flaw
qhov zawj *n* pit, pothole
qhov zoo *n* quality
qhov zoo dua *n* advantage
qhov zoo tshaj *adj* prime
qhov zwj *n* crater
qhua *n* guest
qhua pias *n* measles
qhuab qhia *adj* receptive
qhuab qhia *v* train, teach
qhuab qhia rau *v* indoctrinate
qhuab yuam *v* press
qhuas *v* acclaim, applaud
qhuas *adj* dry, parched
qhuav qhauv *adj* plain
qhuav qhawv *adj* empty
qhwv *v* wrap
qhwv ntsej *n* earring

qhwv qhov txhab *v* bandage
qia dub *adj* frugal, selfish
qias *adj* obscene
qias *v* stain
qias neeg *adj* filthy, dirty
qias neeg *adv* grossly
qias neeg heev *adj* hideous
qib *n* category
qib neeg *n* caste
qib phom *n* trigger
qij *n* garlic
qis *adj* low
qis dua *adj* lower, inferior
qis dua tus qauv *adj* substandard
qis qis *adj* lowly
qiv *v* borrow
qog *n* gland
qog raws qab *v* imitate
qoj cev *n* exercise
qoob loo *n* crop
qoos *v* mellow
qos *n* potato
qos liab *n* yam
qov txaus ntshai *n* danger
qua ntxa *n* grave
quab npua *v* coerce, oppress
quab npua *adj* compulsory
quaj *v* cry

quaj *adj* tearful
quaj hu *v* moan
quaj nyiav *v* lament
quaj qw *v* wail, weep
quaj thov *v* invoke
quav *n* dung
quav ntsej *n* earwax
quav ntsej txog *v* care about
quav ntsej txog *adj* mindful
quav yooj yim *adj* addictive
qub qub *adj* stale
qub zaub qub mov *n* garbage
qub, laus *adj* old
qw *v* call out, yell
qw nrov nrov *v* scream, shout
qw ntshoo nrooj *v* clamor
qwj *n* snail
qws *n* club

R

rab diav *n* spoon
rab kaw *n* saw
rab koob *n* needle
rab liag *n* sickle
rab nplawm *n* lash
rab ntaj *n* sword
rab rauj *n* hammer
rab rawg *n* fork
rab taus *n* ax, hatchet
rab teev luj *n* scale
rab txiab *n* scissors
rag *n* fork
raj *n* flute
raj dej *n* pipe
raj hlau *n* pipe
raj hliav ncauj *n* clarinet
raj pa taws *n* chimney
ras txog *adj* aware
rau *v* contain
rau (muab rau) *pre* for
rau cuam *adj* sixty
rau ib qhov *adv* apiece
rau npe *v* enroll, register
rau npe nkag *v* log in
rau roj av *v* refuel

rau sab hnub tuaj *adj* eastern	raws kev cai lij choj *adj* lawful
rau siab *n* zeal	raws kev raws cai *adj* formal
rau taw *n* toenail	raws kev thoob xov *adv* reportedly
rau tes *n* fingernail	raws li *pre* according to
rau tes rau taw *n* claw	raws li hais *adv* hereby
rau tsiaj *n* hoof	raws li kev iab liam *adv* allegedly
rau txim *v* fine, punish	raws li txhuas zaus *adv* ordinarily
raub ris *n* crab	raws mus *v* tail
raub ris teb *n* scorpion	raws neev *v* trace
raug *adj* proper	raws neev taw *v* track
raug *n* validity	raws nraim li hais *adj* literal
raug nplua *n* fine	raws qab *v* follow, pursue
raug raws li *adj* valid	raws tsiaj *v* hunt
raug rho cai *v* waive	raws txoj cai *n* formality
raug siab *adj* fond	rawv plab *n* diarrhea
raug te khov *adj* frostbitten	rhais mus ua *v* become
raug txo *v* degenerate	rhais ruam nce *v* step up
raug xauv cia *v* lock up	rhaub *v* heat
rauj *n* hammer	rhiab *adj* ticklish
raus laum hauv *v* immerse	rho *v* pluck
raus tes *v* involve	rho tawm *v* deduct, subtract
raus tes rau *v* engage	rho tawm *adj* minus
raus tes ua *v* implement	rho tawm *n* removal
rawm *v* hasten, rush	rho tes khawb *v* claw
rawm *adj* hasty	rhov tawm *v* remove
rawm *pre* along	rhuab *v* boil
raws caij ntuj xyoo *adj* seasonal	rhuav *v* destroy, wipe out
raws cuag txheej *adj* up-to-date	rhuav ntseej muag *adj* dishonorable

rhuav ntsej muag *v* humiliate
rhuav plhu *v* embarrass
rhuav pov tseg *v* mangle
rhuav tawm *v* dismantle
rhuav tshem *v* abolish
riam *n* cutlery
riam neeb *n* dagger
riam, qab riam *n* knife
ris ceg luv *n* shorts
ris ceg ntev *n* trousers
ris hom hnav xoob *n* slacks
ris tsho *n* apparel, dress
ris tsho hnav pw *n* pajamas
ris txiaj ntsim *v* appreciate
roc qab mus *v* go back
rog *adj* fat, plump
rog dhau lawm *adj* obese
rog muaj zog *adj* burly
roj *n* oil, fat, grease
roj *n* gasoline
roj av *n* fuel, gasoline
roj cua *n* gas
roj hmab *n* plastic, rubber
roj npua *n* lard
roob *n* mountain
roob hluav taws *n* volcano
rooj *n* desk, table
rooj hais lus *n* pulpit

rooj ncauj lug *n* meeting
rooj peb ceg *n* tripod
rooj sab laj *n* assembly
rooj sab laj loj *n* convention
rooj tog *n* furnishings
rooj tshoob *adj* bridal
rooj vag *n* gate
rooj zaum *n* couch, pew
rov muab los siv dua *v* recycle
rov muab saj dua *v* recharge
rov nkag koom dua *v* rejoin
rov qab *v* return
rov qab los *v* come back
rov qab qees *adj* contrary
rov qab qees *adv* conversely
rov quav nris *v* tumble
rov raug tus kheej *adj* reflexive
rov tad *adv* beyond
rov them nyiaj dua *v* repay
rov tshwm sim dua *n* recurrence
rov ua dua *v* reproduce
rov ua dua tshiab *v* rebuild
rov xav tog *v* recollect
rov xav txog *v* relive
ru tsev *n* roof
rua lo *v* yawn
ruaj *adj* firm, durable
ruaj *v* harden

ruaj khov *adj* prosperous
ruaj nrees *adj* decisive
ruaj nreev *adj* firm, secure
ruam *adj* dumb, idiotic, silly
ruam kev *n* step
ruam qauj *adj* stupid
rub *v* drag, tow
rub kom sib txig *v* equate
rub lub siab *v* stimulate
rub lub suab nrov *v* ring
rub mus hais plaub *v* prosecute
rub mus hauv *v* pull down
rub nce *v* hitch up
rub tawm *v* pull out
ruj *v* pull
rwb *n* cotton
rwj *n* ulcer

S

sab *n* flank
sab *adj* tired
sab *adj* weary
sab uas saib pom *n* profile
sab hauv *pre* inside, within
sab hauv *adj* interior, inward
sab hauv mus ntxiv *adj* inner
sab heev *adv* badly
sab hnub poob *n* west
sab nraum zoov *adj* exterior
sab nrauv *adj* external
sab nrauv lub nkoj *adv* overboard
sab ntuj sov *n* tropic
sab puag tiv *pre* across
sab qab teb *n* south
sab qaum teb *n* north
sab sauv *pre* above
sab xis *adj* right
sab zoo *adj* positive
sab, duab hnub *n* ray
sai *adj* fast, quick, swift
sai sai *adj* rapid
sai sai heev *adv* abruptly
sai sai no *adv* soon
sai sai nov *adj* recent
saib *v* graze; watch
saib *n* preview
saib ib muag *v* glance
saib ntsej saib muag *adj* partial
saib pom *v* discern
saib pom duab *v* picture
saib qis *v* demean, insult
saib siab *v* admire, venerate

saib taus *v* respect
saib tsis ntsais muag *v* gaze
saib tsis taus *v* despise
saib tsis taus *n* disdain, scorn
saib tsis taus *adj* insolent
saib xyuas *v* care, look after, supervise
saib xyuas *adj* responsible
saib xyuas dua *v* review
saib xyuas nob *v* nurse
saib xyuas zoo *v* go over
sais siab *adj* pent-up
saj *v* savor, taste
sam *v* add
sam thiaj *n* deck
sam xeeb *n* privilege
sau cia *v* log
sau cov lus xav *v* infer
sau hnub tim *v* date
sau luv *n* shorthand
sau ntawv *v* mail
sau rau *v* write down
sau tseg *v* salvage
sau tub rog *v* draft
sau ua pawg *v* lump together
sau ua pawg cia *v* stock
sau zog *v* mobilize
sau zoo li qaib raub *v* scribble
saub *n* prophet

saum *pre* on
saum ib nta ntuj *n* midair
saum ncov *n* top
saum toj *pre* above
saum tsheb *adv* aboard
sauv *pre* upon
saw *n* necklace
saw hlau *n* chain
sawb lawj *v* eliminate
sawv *v* arise, get up
sawv caws nkoos *adj* hunched
sawv cev *adv* behalf (on)
sawv cev *v* embody
sawv kev *v* set off
sawv kev mus *v* set out
sawv ntxeev *v* revolt
sawv ntxov *n* morning
sawv rog *adj* belligerent
sawv siab *v* dominate
sawv tsees *v* stand up
sawv tuaj *v* affect
se *n* tax
se hla teb chaws *n* customs
seem *v* renounce
seem *n* spill
seem me me *n* remnant
seem nyob *adj* remaining
seev cev *v* dance

sej *v* defer
si *adj* prompt
sia siv *v* buckle up
siab *adj* high, tall
siab *n* liver
siab qeeb *adj* passive
siab dav *adj* open-minded, unselfish
siab heev *adj* lofty
siab kawg kiag *adj* supreme
siab kub *adj* impulsive
siab loj siab dav *adj* broadminded
siab luv *n* bile, impatience
siab luv *adj* grumpy
siab muag *n* frailty
siab nqaim *adj* mean
siab nqaim *n* pettiness
siab ntev *adj* gentle, patient
siab ntsws *n* mind
siab ntsws muag *adj* susceptible
siab phem *adj* bestial, pervert
siab phem *n* rascal
siab phem heev *adj* ruthless
siab pob zeb *adj* callous
siab tawv *adj* audacious
siab tawv qhawv *adj* staunch
siab tshaj lwm qhov *adj* paramount
siab tus *n* stability
siab xyuas *v* mind

siab zoo *adj* benevolent
siab zoo heev *adj* amicable
siab, ua kom siab *adv* highly
siav *adj* ripe
sib cais ua pawg *v* decompose
sib cav sib ceg *v* contend, dispute
sib cav tau *adj* debatable
sib chab sib chaws *adj* convoluted
sib faib *v* ration
sib faib haiv neeg *adj* racist
sib haisv *v* discuss
sib haum *v* correspond
sib hloov *v* exchange, swap
sib hloov huab cua *v* ventilate
sib kis yooj yim *adj* contagious
sib koom *adv* jointly
sib koom tes *v* associate
sib koom ua ke *n* coalition
sib law liag *adj* consecutive
sib ncag zoo *v* harmonize
sib npaug *v* balance
sib npaug *adj* equal
sib nrauj *v* divorce
sib nrug tawm *v* secede
sib ntaus *v* attack
sib ntaus sib chua *v* riot
sib ntaus sib tua *pre* versus
sib ntsib *v* congregate

sib ntsib dua *e* bye
sib ntswj ua ke *v* intertwine
sib pab *v* help
sib paub zoo *v* acquaint
sib pauv *v* exchange
sib pauv *adj* reciprocal
sib pauv luam *v* barter
sib pib tuaj *v* originate
sib piv *adj* comparative
sib piv *v* contrast
sib pom zoo *v* stipulate
sib pom zoo *n* relationship
sib raws *adj* coherent
sib sau *v* amass, compile
sib sau ua ib pawg *v* aggregate
sib sau ua ke *v* unify
sib sib *adv* lightly
sib tes *v* slacken
sib tham *v* chat, converse
sib thooj *adj* similar
sib thuam *v* criticize
sib tov *v* adulterate
sib tshooj *v* overlap
sib tshuam *v* intersect
sib tso tseg *v* break up
sib tsoo *v* clash, collide
sib tua *v* combat
sib tw *v* compete, race

sib txauv *adj* different, unlike
sib txauv *v* race, scramble
sib txheeb *v* correlate
sib txheeb *adj* akin
sib txhuam *v* scrub
sib txig *adj* corresponding
sib txiv *v* huddle
sib txuam tau *adj* compatible
sib txuas *v* combine, connect
sib txuas lus *v* communicate
sib ua ke *v* incorporate
sib xws *adj* alike
sib xyaws *v* mingle, mix
sib xyaws *adj* mixed-up
sib xyaws pes daws *v* mob
sib yuav *v* marry
sib ze *adj* akin
sib ze heev *adj* intimate
sij hawm *n* occasion, time
sij hawm dhau mus *v* elapse
sij hawm khoom *n* leisure
sim *v* attempt; test
sim rau saib *v* demonstrate
sim siab *v* try
sim zeej *n* creature
siv *v* spend, use, consume
siv (hwj chim) *v* wield
siv luam thuam *v* lavish

siv phim thawj *v* reason
siv qub lawm *adj* worn-out
siv rab kaw txiav *v* saw
siv rau qhov tsis zoo *v* desecrate
siv sia hauv tsheb *n* buckle
siv tag nrho *v* deplete
siv tag pov tseg *adj* disposable
siv tau *adj* practical
siv tau *n* precept
siv tawv *n* belt
siv tsis raws cai *v* exploit
siv tsis tau *adj* void
siv ua dog ua dig *v* squander
siv yuav kev *n* misuse
siv zog dej *adj* hydraulic
siv zog heev *adj* gruelling
so hauj lwm *v* retire
so tawm *v* erase
sob lus *adj* heroic
sob lus qhia ua ntej *n* preamble
soj ntsuam *v* monitor
soj nug *v* look into
soj qab taug lw *v* investigate
sov *adj* warm
sov siab *adj* tepid
sov so *n* warmth
su *v* bloat, swell
su *adj* bloated

sua *n* rake
suab *n* sound
suab hais lus *n* voice
suab hnoos *n* cough
suab nrov *v* roar
suab nrov heev *adv* noisily
suab nrov nkij nkuaj *adj* crunchy
suab nrov plawg ntia *n* tumult
suab ntxhe *n* echo
suab nyhav *n* stress
suab paj nruag *n* melody
suab pom zoo *n* consensus
suab quaj *n* cry, sob
suab quaj hu *n* moan
suab qw nrov nrov *v* screech, shout
suab soob *adj* squeaky
suab xem xau *n* waltz
suab xyu *n* buzz, rumble
suab zeb *n* sand
suam *n* zone
suam av *n* territory
suas tes ua *adj* handmade
suav *v* calculate, count
suav daws li *adj* public
suav hauv siab *v* reckon on
suav nrog *v* include
suav nrog *adv* inclusive
suav sau *v* flourish

suav sau ntiab lus *v* recapture
suav tsis txheeb *adj* countless
sw *adj* disorganized
swb *v* fail, go under
swb *n* zipper

T

tab kaum *v* worry, trouble
tab kawm *v* hinder
tab sis *c* but
tab tom hauv *v* fit
tab tom mob *adj* sickening
tab tom phim *n* fitness
tab tom ua mus *adj* ongoing
tab tom yuav los *adj* forthcoming
tag *v* finish, run out
tag *n* zero
tag *adv* already
tag hau kev *adj* helpless
tag hnub nyoog *v* expire
tag kev cia siab *adj* discouraging, gloomy
tag kis *adv* tomorrow
tag nrho *adj* all, entire, total

tag nrho *adv* entirely
tag txoj sia *v* die
tag zog *v* languish
taij *v* plead, implore
tais *n* bowl, plate
tais caus *adj* spineless
tais caus *adv* cowardly
tais ci nqaij *n* casserole
tais ntim *n* bowl
tais phiab *n* basin
taj heev *v* jerk
taj tus *adj* uneventful
tam *adv* behalf (on)
tam *v* represent
tam sim no *n* instant
tam sim ntawd *adj* sudden
tam sim ntawd *adv* suddenly
tas hmo *adv* overnight
tas li *adv* always, ever
tas nrho *adj* whole
tas nrhog *adj* whatever
tau *pre* for
tau *adv* ever
tau *v* earn, obtain, acquire
tau hauj lwm heev *adj* handy
tau kawg *adv* okay
tau khoom plig *v* reward
tau los ntawm *v* derive

tau nyiaj zoo *adj* lucrative	**tav su** *n* midday, noon
tau rov qab *v* get back	**tav su dua** *n* afternoon
tau sau *adj* written	**tav toj** *adj* horizontal
tau siab *adj* brisk	**taw** *v* aim, point
tau txais *v* get by	**taw do** *adj* barefoot
tau txiv zoo *adj* fruitful	**taw kev** *v* conduct, direct
tau ua hlau los *adj* used to	**taw kev rau** *v* address
tau xov xwm los *v* debrief	**taw npua** *n* boar
taub ci *n* pie	**taw qhia** *v* prescribe, suggest, insinuate
taub dag *n* pumpkin	**taw qhov rooj** *n* threshold
taub dej kub *n* boiler	**taw rau lwm qhov** *v* refer to
taub hau *n* head	**tawb** *n* cage
taub hau nkoj *n* stem	**tawg lawm** *adj* broken
taub hau sib nraus *adv* head-on	**tawg mos nyoos** *adj* disinterested
taub kua phev *n* prostate	**tawg paj** *v* bloom
taug *n* poison	**tawg paj txi txiv** *v* blossom
taug kev *v* travel	**tawg pleb** *v* slit
taug kev *n* voyage	**tawg rau ub rau no** *v* disband
taug kev deb *v* hike	**tawg rau ub rau no** *n* dispersal
taug kev ua si *v* stroll	**tawg taus** *adj* explosive
taug lw *v* look into	**tawg yooj yim** *adj* fragile
taug lw lus zais *v* spy	**tawm** *v* exert
taug ntxhiab *v* sniff	**tawm** *adv* off
taug xaiv *v* gossip	**tawm fws** *v* perspire
taum *n* bean, pea	**tawm hauj lwm** *v* bow out
taum ntsuab *n* green bean	**tawm hws** *v* perspire, sweat
taum walnut *n* walnut	**tawm los** *v* emanate
tav *n* rib	**tawm lus xav** *v* conclude

tawm mus *v* depart, leave
tawm ntsav *v* bleed
tawm sim ntawd ua *c* once
tawm suab *v* pose
tawm suab teeb tsa *v* vote
tawm tsam *pre* against
tawm tsam *v* counteract, grouch, protest
tawm tswv yim *v* assert
tawm tswv yim pab *v* advise
tawm tuaj *v* come out
tawm txim *v* emit
tawv *adj* hard, rigid, stiff
tawv ncauj *adj* disobedient
tawv ncauj *n* complexion
tawv nrees *v* stiffen
tawv ntoo *v* bark
tawv taub hau *n* scalp
tawv taum *n* nut-shell
tawv tsiaj *n* leather
tawv, sib hais *v* oppose
tawvnqaij *n* flesh
te *n* snow, frost
teb *v* answer, respond
teb *adj* responsive
teb chaw fab kis *n* France
teb chaw lav xias *n* Russia
teb chaw nkij *n* Greece
teb chaws *n* country, nation

Teb Chaws Askiv *n* England, Britain
Teb Chaws Denmak *n* Denmak
Teb Chaws Fisles *n* Finland
Teb Chaws Istaslij *n* Italy
teb rov qab *v* reply
tee *n* spot
tee (dej) *n* drop
teeb *v* set
teeb *v* pile
teeb dai *n* chandelier
teeb kom *v* dispose
teeb kom *n* concern, problem
teeb raws ntug kev *n* streetlight
teeb taws roj *n* lamp
teeb tsa *v* set up, install
teeb tsom *n* flashlight
teej tug *n* belongings
teem caij sawv kev *n* itinerary
teem qiag *adj* questionable
teev *n* hour
teev hawm *v* adore
teev npe *v* list
teev sij hawm tseg *v* schedule
tej khoom *n* stuff
tej ntu *n* chunk
tej nuj tej nqi *n* debt
tej nyob ib ncig *n* surroundings
tej tee *n* drip

tej tee me me *n* speck
tej thooj *n* fragment, chunk
tej thooj me me *adv* perhaps, may-be
tes *n* hand
tes puv tas *n* handful
tes taw *n* limb
tes tsho *n* sleeve
tev *v* peel
thab *v* disturb, provoke
thab plaub *adj* bully
thai *v* obstruct
thaiv *v* block, prevent, fend
thaiv dej *adj* watertight
thaiv kev *v* obstruct
thaiv ntaus hlau *n* anvil
thaiv tseg *v* repress
thaj av *n* land
thaj av dav *n* mainland
thaj chaw *n* area, location
thaj chaw nrog tsev *n* premises
thaj chaw uas leej *n* sanctuary
thaj neeb *n* altar
thaj tsam *adv* about
thaj tsam *adj* approximate
thaj tsam *n* region
thaj yeeb *adj* peaceful
tham *v* speak, say
tham hluas nkauj *v* court

tham lwm yam *adj* irrelevant
tham nqi *v* negotiate
tham nrog *v* contact
tham rau paub *v* tell
thau *v* extract
thau nqis *v* unload
thau tawm *v* retract
thaub qab *v* recede
thaub qab los *v* fall back
thaub rov qab *adj* withdrawn
thauj *v* carry, haul
thauj khoom *v* burden
thauj xa *v* transport
thaum *pre* during
thaum caij sov heev *n* heatwave
thaum kawg *n* eventuality
thaum kawg *adj* last
thaum lub caij *pre* during
thaum pib *v* trigger
thaum twg *adv* when
thaum twg los xij *adv* whenever
thaum uas *c* whereas, while
thaum xaus *n* ending
thaum xub thawj *adj* rudimentary
thaum yog niam *n* motherhood
thauv tawm *v* reprint
thav ntawv *n* frame
thawb *v* force, prod

thawb laub *v* cart
thawb mus *v* shove
thawj *v* push
thawj *n* subject
thawj coj tua tsiaj *n* hunter
thawj lus *n* heading
thawj saib xyuas *n* foreman
thawj thawj *adj* first
thawj tub rog *n* colonel
thawj tub rov hav dej *n* admiral
thawj txiv plig *n* Pontiff, Pope
thaws *v* bounce, rebound
thaws rov los *n* reflection
thawv *n* box, package
thawv dej hauv av *n* cistern
thawv rau dej khov *n* freezer
thawv rau khoom *n* bin
thawv rau ntawv *n* mailbox
thawv rau roj *n* tank
thawv thawv *adj* bumpy
thawv tsheb luv fais *n* wagon
thawv txias *n* icebox
thee *n* charcoal, coal
theej *v* duplicate
theem *n* grade, layer
theem *v* halt
theem cia *n* shelves
theem hauv qab *adv* downstairs

theem kawg *adj* ultimate
theem ntaiv *n* doorstep
theem pib *n* basics
theem xub *adv* initially
them *v* defray, pay
them nyiaj rau *v* disburse
them rov *v* claim
them rov qab *v* reimburse
thev *v* bear
thev *adj* lasting
thev taus *v* tolerate
thev taus nyog *adj* tolerable
thiab *adv* also
thiab zeej *n* fetus
thib cuaj *adj* ninth
thib ib puas *adj* hundredth
thib kaum *n* tenth
thib kaum ib *adj* eleventh
thib kaum ob *adj* twelfth
thib nees nkaum *adj* twentieth
thib ob *n* second
thib ob *adj* secondary
thib peb *adj* third
thib plaub *adj* fourth
thib rau *adj* sixth
thib tsib *adj* fifth
thib xya *adj* seventh
thib yim *adj* eighth

thim *v* renounce, retract, recant
thim rov *n* witchcraft
thim rov los *v* retreat
thim tus kheej *v* drop out
thim xav *v* deplore
tho qhov *v* perforate
thob log *n* wheel
thob log hlau rub *n* pulley
thoj ntab *n* buoy
thoj plab *n* diarrhea
thoob *n* pail, bucket
thoob ntuj *adj* universal
thoob xov *v* report
thooj *n* hump
thooj me me *n* wart
thooj nqaij *n* muscle
thooj ntoo kaw *n* timber
thooj tuab *n* slab
thooj txhij *adj* simultaneous
thos *v* peck
thov *v* ask, plead, beg
thov caw *v* please
thov kev pab *v* intercede
thov khawv *v* beg
thov kom *v* wish
thov kom mus zoo *n* welfare
thov ntu *v* pray
thov thov *v* entreat
thov tsum *v* give in
thov txim *adj* sorry
thov ua *v* apply for
thov zam txim *v* apologize
thuam *v* affront, reproach
thuamv *v* despise
thuv *n* cypress, pine
thuv heev *v* frequent
thuv heev heev *adj* frequent
thwj tim *n* disciple
tiag rau *v* wind up
tiag tiag *adj* actual, real
tiag tiag *adv* frankly, really, very
tiag tiag lawm *adv* actually
tiaj *n* level
tiaj nrag *n* plain
tiaj nras *n* field
tiaj suab puam *n* desert
tiaj tiaj *adj* flat, even
tiaj yug tsiaj *n* ranch
tiam *n* generation
tiam dhau rau tiam *adj* hereditary
tias *v* finish
tiav du lug *adv* completely
tiav lawm *adv* already
tiav lawm *adj* complete
tiav tag lawm *adv* alright
tib neeg *n* person

tig *v* revolve, rotate
tig cev *v* react
tig mus los tau *v* hinge
tig mus rau ib qho *v* avert
tij laug *n* elder
tij laug qhuav *n* stepbrother
tij lauj *n* brother
tim thaiv *v* withstand
tis *n* fin, wing
tis npe *v* christen
tiv *v* resist
tiv thaiv *v* prevent, protect
tiv thaiv tsis tau *adj* irresistible
tiv tiag tiag *adj* persistent
tiv tshav *v* bask
to taub *v* comprehend
tob *adj* deep
tob heev *adj* profound
tog *v* plunge, sink
tog hau nkoj *n* prow
tog hauv ncoo *v* bolster
tog mus *v* sink in
tog ntoo *n* log
tog tias *n* padding
tog tsev *n* courtyard
tog zooj *n* cushion
toj ntxas *n* graveyard
toj roob *n* hill
toj rooj saib *n* ravine
toj siab *n* countryside
toj siab *adj* rural
tom *v* bite, gnaw, corrode
tom ntej *adv* forward
tom ntej *n* future
tom ntej no *n* coming
tom qab *pre* after, behind
tom qab no *adj* latest
tom qab ntawd *adv* then
tom thawj *adj* coincidental
toog ntsej *adj* loud, noisy
tooj *n* copper
tooj hlau sib xyaws *n* alloy
tos *v* wait, await
tos ib pliag *v* hang on
tos nco *adj* casual
tos txib *v* serve
tov *adv* there
toxj kev *n* path
ts *v* let
tsa *v* raise, erect
tsa ib ceg haujlwm *v* charter
tsa ncauj thov *v* beseech
tsa sawv *v* wake up
tsa tes co mus los *n* wave
tsab *v* pretend
tsab (ntawv) *n* volume, version

tsab lus *n* essay
tsab ntawv *n* mail, letter
tsab ntawv luv luv *n* note
tsab ntawv tso cai *n* charter
tsam plab *v* constipate
tsam plab *adj* constipated
tsau *adj* full
tsau *v* soak
tsau hauv *v* soak up
tsaug *n* porcupine
tsaug ib tsig zog *v* doze
tsaug tsaug *adj* faint
tsaug zog *adj* asleep
tsaus *adj* murky
tsaus huab *adj* hazy
tsaus muag *v* faint, pass out
tsaus nti *adj* dismal
tsaus ntuj *adj* dark
tsaus ntuj nti *adj* somber
tsaus tsiav *n* phosphorus
tsav *v* gain
tsav *adj* plush
tsav tsheb *v* drive
tsav tsheb khiav *v* drive away
tsawg *adj* singular
tsawg dua *adj* less, lesser
tsawg dua *pre* under
tsawg tsaj plaws *adv* seldom

tsawg zog *adj* fewer
tsawg zuj zus *v* wane
tsawv *adv* quite, rather
tseb cav *n* motorcycle
tseb ntawv *v* hand out
tseeb *adj* definite, vivid
tseeb dua *v* outshine
tseem *adv* still
tseem ceeb heev *adj* crucial
tseem ceeb thib ob *adj* collateral
tseem hluas *adj* youthful
tseem nyob *v* last
tseem tshuav *c* yet
tseg *v* desist
tseg *pre* except
tseg cia *v* hoard
tseg ua leeg kheej *adj* secluded
tsem tawm *v* eradicate
tsem tawm tau *adj* detachable
tsev *n* home, house
tsev cia khoom *n* depot
tsev cog aj *n* greenhouse
tsev cub dej caw *n* brewery
tsev dej *n* toilet
tsev hais plaub *n* courthouse
tsev hauj sam *n* temple
tsev huab tais *n* castle, palace
tsev iav *n* van

tsev kab laug sab *n* cobweb
tsev kaw neeg *n* jail
tsev kawm *n* school
tsev kawm qib siab *n* college
tsev khaws khoom *n* warehouse
tsev kho mob *n* hospital
tsev kho mob ntiav *n* clinic
tsev laj cuj *n* prison
tsev me nyuam *n* uterus, womb
tsev mov *n* kitchen
tsev muag cawv *n* tavern
tsev muag khau *n* shoestore
tsev muag khoom *n* shop
tsev muag tshuaj *n* drugstore
tsev neeg *n* household
tsev niam ntiav *n* brothel
tsev ntau hlau *n* forgery
tsev ntawv *n* library
tsev ntiav *n* hotel
tsev ntoos *n* chalet
tsev pheeb suab *n* hut
tsev poj haujsam *n* convent
tsev so *n* lodging
tsev teev ntuj *n* abbey, church
tsev teev ntuj me *n* chapel
tsev tiam lis *n* parliament
tsev tos qhua *n* inn, motel
tsev tua tsiaj *n* shambles

tsev tuam txhab *n* company
tsev tub rog *n* barracks
tsev txias *n* crematorium
tsev ua cawv vees *n* winery
tsev ua hauj lwm *n* office
tsev zov *n* turret
tshaib nqhis *v* starve
tshaib plab *adj* hungry
tshais lig *n* brunch
tshaj *pre* over, upon
tshaj ciam *v* overstep
tshaj dhau *adj* radical
tshaj lij *v* specialize
tshaj lij heev *adj* illustrious
tshaj plaws *adj* most
tshaj tawm *v* propagate
tshaj thawj *v* profit
tshaj xo *v* set about
tshau *v* drill
tshav dav hlau *n* airport
tshav hav nyom *n* lawn
tshav kub heev *adj* sunny
tshav kub hle tawv *n* sunburn
tshav nyom *n* turf
tshawb *v* research
tshawb los *v* retrieve
tshawb nrhiav *v* explore, search,
tshawb pom *v* detect

tshawb xyuas *v* check
tsheb *n* auto, car, tram
tsheb ciav hlau *n* train
tsheb kauj vab *n* bicycle
tsheb npad *n* bus
tsheb thauj khoom *n* truck
tsheb tua rog *n* tank
tshee *v* quiver, vibrate
tshem kom du *v* clear
tshem tawm *v* repel, dispel
tshiab *adj* fresh, new, pure
tshiab tshiab *adv* afresh, newly
tshiaj *n* animal
tshiaj cov hwj txwv *n* tentacle
tshiaj noj mis *n* mammal
tshis *n* goat
tsho loj *n* cape, overcoat
tsho loj tshooj *n* jacket
tsho mos mos *n* jersey
tsho phaj sab *n* gown
tsho plaub *n* sweater
tsho tiv nag *n* raincoat
tsho tiv no *n* coat
tsho tshaj sab *n* cassock
tsho tshooj *n* robe, tunic
tsho tsis muaj ntsej *n* shirt
tshob *adj* barren
tshom *v* plow

tshooj *n* channel
tshoom ya mus *v* soar
tshuab *v* blow
tshuab *n* engine
tshuab kom nruj *v* blow up
tshuab lim dej *n* strainer
tshuab ntob ntaub *n* loom
tshuab txiav khoom *n* cutter
tshuab, lub cav *n* motor
tshuaj *n* drug, medicine
tshuaj dawb *n* bleach
tshuaj dim quav *adj* laxative
tshuaj khes mis *n* chemistry
tshuaj kua mis *n* penicillin
tshuaj lom *n* poisoning
tshuaj loog mob *n* morphine
tshuaj muaj yees *n* narcotic
tshuaj nees *n* dope
tshuaj ntsiav *n* capsule
tshuaj ntsuab *n* herb
tshuaj ntsuam *v* analyze
tshuaj ntsuam xyuas *v* inspect
tshuaj phom *n* gunpowder
tshuaj tsw qab *n* cologne
tshuaj tua kab *n* pesticide
tshuaj tua kab mob *v* disinfectant
tshuaj tua ntxhiab *n* deodorant
tshuaj txhaj *n* shot

tshuaj txhuam khau *n* shoepolish
tshuaj xyuas *v* audit
tshuaj yej *n* tea
tshuaj zoo sab *n* painkiller
tshuam *n* wedge
tshuas yog *adv* merely, only
tshuav *adv* aside from
tshuav nuj nqi *v* owe
tshwj *pre* except
tshwj *adj* exempt
tshwj ceeb *adj* uncommon
tshwj hais tias yog *c* unless
tshwj rias rau *v* devote
tshwj tau *adj* exceptional
tshwj tseg *v* reserve
tshwj tseg rau *v* dedicate
tshwj xeeb *adj* holy
tshwm *v* emerge
tshwm ncaj *v* coincide
tshwm rau pom *v* show up
tshwm rau ub rau no *adj* apparent
tshwm sim *v* appear, happen; reappear, recur
tshwm sim los txog *v* culminate
tshwm sim tawm *v* constitute
tshwm sim ua ntej *adj* premature
tshwm sim ua ntu *adj* sporadic
tsiaj hav zoov *n* wildlife

tsiaj ntawv *n* alphabet
tsiaj tu saib *n* pet
tsiaj tuaj tis *n* poultry
tsiaj txhu *n* livestock
tsiaj txhu *n* animal
tsib *n* gall bladder
tsib *adj* five
tsib caug *adj* fifty
tsib ces *n* pentagon
tsig pob zeb *n* rubble
tsim *adj* erect
tsim *v* fabricate
tsim dheev *v* awake
tsim kev kub ntxhov *v* afflict
tsim kom *v* cause
tsim kom vam meej *v* civilize
tsim nyog *adj* applicable, suitable
tsim nyog *v* ought to
tsim nyog *adv* right
tsim nyog heev li *adj* indispensable
tsim nyog muaj *adj* desirable
tsim nyog saib siab *adj* admirable
tsim nyog tau *adj* eligible
tsim nyog tau *v* merit
tsim nyog tau txais *v* deserve
tsim nyog ua tau *adj* attainable
tsim tawm *v* produce
tsim txom *v* mistreat

tsim txom *adj* vicious
tsis *v* adhere
tsis cais hom neeg *v* desegregate
tsis ceev faj *adj* careless
tsis cuag txheej *adj* outdated
tsis dawb huv *adj* impure
tsis dim pa *adj* airtight
tsis faj xyuas *v* overlook
tsis hais lus *adj* mute
tsis hais ncaj qha *adj* implicit
tsis haum siab *adj* inadequate
tsis hnav zoo *adv* plainly
tsis hnyav sib luag *n* imbalance
tsis kam *v* deny, decline
tsis kev hnov mob *adj* insensitive
tsis khav theeb *adj* modest
tsis khav theeb li *adj* ascetic
tsis kheev rau *v* veto
tsis khoom *adj* busy
tsis khov *adj* frail, flimsy
tsis kim *adj* cheap
tsis kub siab li *adj* cool
tsis lees *adj* negative
tsis lees *v* rebuff, reject
tsis lees paub *v* disown
tsis lees tsis tau *adj* undeniable
tsis luag *adj* frigid
tsis mauj nakuj kev *adj* implacable

tsis meej *adj* dubious
tsis meej pem *adj* ambiguous
tsis meej tseeb *adj* imprecise
tsis mloog *v* disobey
tsis mloog hais *adj* fanatic
tsis mloog lus *v* defy
tsis mob *adj* unhurt
tsis mob li *adj* painless
tsis mos *adj* coarse
tsis muaj *adj* feasible
tsis muaj *v* lack
tsis muaj *pre* without
tsis muaj ciam *adj* indefinite
tsis muaj dab tsi *n* nothing
tsis muaj dab tsi li *pre* none
tsis muaj dej *v* dehydrate
tsis muaj haujlwm *adj* jobless
tsis muaj hnub xaus *adj* endless
tsis muaj hom phiaj *adv* adrift
tsis muaj hom phiaj *adj* aimless
tsis muaj huab *adj* cloudless
tsis muaj kawg *adj* boundless
tsis muaj kev cia siab *v* disappoint
tsis muaj kev kawm *adj* uneducated
tsis muaj kev tiaj tus *n* unrest
tsis muaj kev txaum *adj* blameless
tsis muaj kev ua tiav *adj* unsuccessful
tsis muaj khub *adj* unattached

tsis muaj lawm *adj* extinct
tsis muaj leej twg *pro* nobody
tsis muaj li *adj* devoid
tsis muaj lus hais *adj* speechless
tsis muaj mob *adj* healthy
tsis muaj noob *adj* seedless
tsis muaj nqi *adj* null
tsis muaj nqis *adj* worthless
tsis muaj nuj nqis *adv* vainly
tsis muaj peev xwm *adj* incapable, unable
tsis muaj qab *adj* bottomless
tsis muaj qab hau *adj* futile
tsis muaj qhov xaus *adj* infinite
tsis muaj sia *adj* lifeless
tsis muaj siab tiag *adj* insincere
tsis muaj taw *adj* unfounded
tsis muaj tes tsho *adj* sleeveless
tsis muaj tus coj *adj* unleaded
tsis muaj txiaj ntsim *adj* pointless
tsis muaj txij nkawm *adj* celibate
tsis muaj xov txuas *adj* wireless
tsis muaj zog *adj* feeble
tsis ncaj *adj* unstable
tsis ncaj *v* veer
tsis ncaj ncees *adj* crooked, phoney
tsis nco xav *adj* indiscreet
tsis nkag *v* log off
tsis npog *v* uncover

tsis nqa riam phom *adj* unarmed
tsis nqhis *v* shut up
tsis nres *n* instability
tsis nruj *n* clemency
tsis nruj *adj* lenient
tsis nti li *adj* still
tsis ntse *n* bluntness
tsis ntse *adj* fool, unwise
tsis ntseeg *v* discredit, distrust
tsis ntseeg siab *v* mistrust
tsis ntshai *adj* defiant
tsis ntsig txog rau *adj* baseless
tsis nyiam *adj* averse
tsis nyiam *v* dislike, hate
tsis nyob lawm *adj* absent
tsis paub *adj* unknown
tsis paub cai *adj* disrespectful
tsis paub kawg *adj* unfailing
tsis paub meej *adj* unlikely
tsis paub ntawv *adj* illiterate
tsis paub piav qhia *adj* inexplicable
tsis paub qab hau *adj* ignorant
tsis paub tab *adj* innocent
tsis paub tuag *adj* immortal
tsis phim *adj* awkward
tsis pom zoo *v* denounce, object
tsis pom zoo nrog *v* disagree
tsis pom zoo tso cai *v* disapprove

tsis pub *v* forbid
tsis qab *adj* insipid
tsis qaij mus los *adj* warped
tsis qauv *adj* sober
tsis qhib *v* close
tsis qis *adj* tall
tsis quav ntsej *adj* negligent
tsis raug *adj* inaccurate
tsis raug cai *adj* illegitimate
tsis raug mob *adj* unharmed
tsis raug sij hawm *adj* untimely
tsis raug txim *v* exonerate
tsis raws cai *adj* irregular
tsis ruaj *adj* flimsy
tsis ruaj *n* instability
tsis ruaj ntseg *adj* unsteady
tsis sab *adj* tireless
tsis sib haum *adj* conflicting, incompatible
tsis sib xws *adj* inconsistent
tsis suav *v* exclude
tsis swm *adj* unfamiliar
tsis tas hais *adv* regardless
tsis tas li no xwb *adv* moreover
tsis tau *adv* hardly
tsis tau pom dua *adj* exotic
tsis tau puas *adj* intact
tsis tau sib yuav *adj* unmarried
tsis tau so *adj* restless

tsis tau ua dua li *adj* inexperienced
tsis them nuj nqi *adj* delinquent
tsis tiav *adj* incomplete
tsis to tau *v* bewilder
tsis tpom tseen *adj* fuzzy
tsis tseeb *adj* vague
tsis tseem ceeb *adj* insignificant
tsis tshua ntseeg *v* doubt
tsis tshua yeem *adj* hesitant
tsis tsim nyog *adj* improper
tsis tsim teeb meem *adj* harmless
tsis tso kev ua tias *v* fall through
tsis tsum li *adv* nonstop
tsis tu ncua *adj* constant, unbroken
tsis tuab *adj* sparse
tsis tuaj leej twg tog *adj* unbiased
tsis tus *v* stagger
tsis tus *adj* staggering
tsis txaum cai *adj* law-abiding
tsis txaum li *adj* impeccable
tsis txaus *adj* insufficient
tsis txaus ntseeg *adj* illogical, miraculous
tsis txaus siab *v* complain
tsis txaus siab *adj* discontent, unpleasant
tsis txaus siab *adv* grudgingly
tsis txawj xav *adj* heartless
tsis txawv *adj* consistent
tsis txhawj xeeb li *adj* carefree

tsis txuas rau *adj* cordless
tsis ua phooj ywg *adj* unfriendly
tsis vwm *adj* sane
tsis xav tau *adj* needless
tsis xwm yees *adj* infrequent
tsis xyuam xim *adj* impetuous
tsis yeem *v* hesitate
tsis yeem *adj* reluctant
tsis yog *adj* erroneous
tsis yog li ntawd ces *adv* otherwise
tsis yog lus *n* nonsense
tsis yog tiag *adj* unreal
tsis yooj yim *adj* uneasy
tsis yuam kev li *adj* flawless
tsis yuav *v* disobey
tsis zoo *adj* bad, worse
tsis zoo heev *adj* crappy
tsis zoo li leej twg *adj* distinctive
tsis zoo li yav tas los *adj* unusual
tsis zoo siv *adj* impractical
tsiv *adj* boisterous
tsiv mus *v* move
tsiv nyaum *adj* abusive
tsiv tsev *v* move out
tso *v* give out, launch
tso *v* loosen, neglect
tso cai *v* concede, allow
tso cai pom zoo *v* approve

tso cai rau *adj* admissible
tso cai rau *v* admit
tso cia *v* leave
tso dab rau *v* bewitch
tso dag tso luag *v* joke
tso dej *v* flush
tso dim *v* emancipate
tso hluav taws xob *v* electrify
tso kom sib ncaj *v* align
tso kwj dej *v* irrigate
tso mus *v* free
tso pa *v* deflate
tso pa tawm *v* exhaust
tso poj niam *n* blouse
tso pov tseg *v* desert
tso pws khwb rwg *v* hypnotize
tso rau *v* put
tso rau ib sab *v* put aside
tso rau lwm tus *v* bequeath
tso rau saib *v* display
tso saib *adj* faithful
tso siab *v* illustrate
tso siab dhau *adj* cocky
tso siab rau *v* entrust
tso tawm *v* free, liberate
tso tseg *v* abandon, quit
tso ua ke *v* gather
tso ua pawg *v* classify

tso ua qeb *v* rank
tso zis *v* urinate
tsob ntoo *n* tree
tsob ntshav *n* hemorrhage
tsom *v* aim
tsom *n* focus
tsom teeb *v* bear
tsom tsis tshab *adj* opaque
tsoo *v* beat, hit
tsoo kom puas *v* raze
tsoom fwv *n* authority
tsoom huab tais *n* dynasty
tsoos khaub ncaws *n* uniform
tsos dawb daj lias *adj* pale
tsos kuam *n* scratch
tsos txho *adj* gray
tsov *n* tiger
tsov dub *n* panther
tsov ntxhuav *n* lion
tsov rog *n* war
tsov txaij *n* jaguar
tsuag zuj zus *adj* faded
tsuam tob *n* guillotine
tsuas yog *adv* simply
tsuav *v* chop, mince
tsuj *v* tread
tsum *v* cease, desist
tsum kev ua rog *n* cease-fire

tsum mov *n* party
tsum tsis thab *v* lay off
tsus yeej ua rog *v* fortify
tsw ntxhiab *n* stink
tsw qab *adj* fragrant
tswb *n* bell
tswg *n* post
tswj *v* control, possess, rule
tswj hwm *v* administer
tswj kav *v* hold
tswj rooj sib tham *v* preside
tswj tau *adj* manageable
tswm *v* give up
tswm kom ceev *v* compact
tswm seeb *adj* attentive
tswm sim *v* occur
tswm sim tuaj *v* turn out
tswv *adj* own
tswv cuab *n* host
tswv nuj nqis *n* creditor
tswv yim *n* idea, plan
tswv yim *adj* witty
tswv yim dag *n* intrigue
tswv yim npaj tseg *n* strategy
tswv yim ntxias *n* trick
tswv yim pab *n* gratuity
tswv yim pab cuam *n* advice
tswv yim phem *n* conspiracy

tswv yim tsawg *adj* retarded
tswv yim ua *n* make
tswv yim yuam kev *n* fallacy
tswv yim zoo *n* ploy
tu *v* clean
tu kom huv *v* cleanse
tu ncua *v* lack, shortage
tu nyuaj *adj* cumbersome
tu plaub ntug *v* arbitrate
tu saib heev *adj* poignant
tu siab *v* grieve, mourn
tu siab *adj* sad, tragic
tu siab tom qab *v* repent
tu xyuas *v* nurture
tua *v* kill, slay
tua hluav taws *v* extinguish
tua kab mob *v* disinfect
tua kom tag *v* vanquish
tua neeg *v* assassinate
tua poob *v* bring down
tua pov tseg *v* cross out
tua tiv thaiv *v* fend off
tua tsiaj *v* slaughter
tua yeej *v* defeat
tuab *adj* thick, dense
tuab ntws *adj* chronic
tuag *adj* dead, dying
tuag *v* die, pass away

tuag tau *adj* lethal
tuag tes tuag taw *v* paralyze
tuag tsig *n* coma
tuaj *pre* from
tuaj *v* come
tuaj ntawm *v* come from
tuaj pwm *v* mold
tuaj txog *v* arrive
tuaj yeem *v* pledge
tuaj yeem tsoo tau *adj* breakable
tuam ceeb *n* capital
tuam choj *v* span
tuam phom *n* cannon
tuav *v* hold, take
tuav cia *v* keep
tuav kom siab *v* keep up
tuav qog *n* tumor
tuav ruaj *v* hold on to
tuav ruaj heev *adj* adamant
tuav ruaj ruaj *v* clench, cling
tuav sij hawm *v* time
tuav tseg *v* restrain
tuav tswj *v* reign
tuav ua dog ua dig *v* manhandle
tub ceev xwm *n* cop, police
tub haub tais *n* prince
tub haujlwm *n* worker
tub hluas *n* lad

tub hu nkauj *n* singer	**tus choj** *n* bridge
tub huab tais *n* duke	**tus ciaj tais** *n* tongs
tub lag luam *n* entrepreneur	**tus cim tswv** *n* apostrophe
tub lag tub luam *n* businessman	**tus coj** *n* leader
tub laj lim *n* philosopher	**tus coj lus** *n* coordinator
tub nkeeg *adj* idle, lazy	**tus coj noj coj ua** *n* vanguard
tub nqa dej mov *n* waiter	**tus coj nruj** *n* sticker
tub ntxhais hluas *n* youth	**tus coj tsis ncaj** *n* cheater
tub ntxhais kawm *n* student	**tus cwj pwm** *n* habit
tub peeb zeej *n* combatant	**tus dab** *n* monster
tub peeb zeej zov *n* sentry	**tus dab phem** *n* devil
tub qhuav *n* stepson	**tus dag ntxias** *n* propaganda
tub qoj xem xau *n* violinist	**tus dav** *n* eagle, hawk
tub rog *n* soldier, warrior	**tus dhau** *n* passer-by
tub rog nruab deg *n* navy	**tus dim tuag** *n* survivor
tub sab *n* burglar	**tus duab ntxoo** *n* shade
tub sab *v* rob	**tus foob** *n* plaintiff
tub tes tub taw *n* member	**tus hiab** *n* leech
tub txib *n* apostle	**Tus hla** *n* passer-by
tub xeeb ntwv *n* nephew	**tus hlau rhais ntawv** *n* paperclip
tub xeeb ntxwv *n* grandson	**tus hlau tom ntawv** *n* staple
tub yug nyuj *n* cowboy	**tus hluas** *n* youngster
tug *n* property	**tus hlub** *n* honey, lover
tuj tws *adv* tardy	**tus hma** *n* fox
tus cab *n* parasite	**tus hniav puas** *n* molar
tus cawm txoj sia *n* savior	**tus hov kom ntse** *n* sharpener
tus chai hwj txwv *n* razor	**tus kab laug sab** *n* spider
tus cheb *n* cleaner	**tus kais dej** *n* tantrum

tus kaus ntoo *n* bud
tus kav *n* stalk
tus kawm *n* learner
tus kheej *pre* oneself
tus kheej *adj* personal
tus khiav *n* runner
tus ko *n* handle
tus kooj *n* locust
tus koom nyiaj *n* shareholder
tus kub *n* horn
tus kws kho mob *n* healer
tus kws paub *n* technician
tus kws qhia *n* coach
tus kws ua zaub mov *n* cook
tus lees txim txaum *n* confessor
tus liab *n* ape, monkey
tus luam tawm *n* publisher
tus luav *n* rabbit
tus mlom *n* statue
tus mloog *n* listener
tus mos lwj *n* deer
tus muag *n* seller
tus muaj yeej *n* victor
tus mus ua plaub *n* prosecutor
tus nam los txeeb *n* invader
tus nas *n* mouse
tus ncej tsev *n* column
tus neeg caij tsheb *n* passenger

tus neeg coj cai *n* politician
tus neeg coj kev *n* guide
tus neeg dim tuag *n* castaway
tus neeg hlwb qeeb *n* idiot
tus neeg khiav txim *n* fugitive
tus neeg kos duab *n* drawer
tus neeg noj ntau *n* glutton
tus neeg ntse heev *n* genius
tus neeg ntxias *n* comforter
tus neeg nyob *n* inhabitant
tus neeg phem *n* assailant
tus neeg ploj dej *n* diver
tus neeg poob *n* failure
tus neeg raug txim *n* prisoner
tus neeg saib siab *n* admirer
tus neeg sib ntaus *n* boxer
tus neeg sib tw *n* competitor
tus neeg siv *n* client
tus neeg thab plaub *n* aggressor
tus neeg thov ua *n* candidate
tus neeg tiv thaiv *n* patron
tus neeg tos txais *n* receptionist
tus neeg tsim txoj cai *n* emperor
tus neeg tu *n* cleaner
tus neeg tu plaub *n* consul
tus neeg twm zeej *n* recluse
tus neeg txais nyiaj *n* cashier
tus neeg txhaum *n* culprit

tus neeg txhuam kob *n* painter
tus neeg ua vaj *n* gardener
tus neeg ua zog *n* employee
tus neeg xa xov *n* courier
tus neeg xauj tsev *n* lessee
tus neeg yuav deev *n* rapist
tus neeg yuav khoom *n* customer
tus neeg zov *n* guard
tus nkauj nyab *n* bride
tus noj mov *n* diner
tus nom kav nroog *n* mayor
tus nom kav xeev *n* governor
tus npaj sau ntawv *n* draftsman
tus nplaig *n* tongue
tus nplauv *n* brush
tus nqev *n* servant
tus nqi *n* cost, price
tus nqi pab cuam *n* dues
tus nqi siab *adj* costly
tus nqis peev *n* investor
tus nquab *n* dove
tus nrog pom *n* testimony
tus ntaiv *n* ladder, stairs
tus ntawv hom me *n* small print
tus ntawv qaij *adj* italics
tus ntes pob *n* goalkeeper
tus ntsaum *n* ant
tus ntseeg *n* believer

tus ntsia hlau me *n* tack
tus ntsia hlau ntswj *n* screw
tus ntsia liaj *n* latch
tus ntsuas *n* ruler
tus ntug *n* hem
tus ntxeev siab *n* traitor
tus ntxhais *n* daughter
tus ntxhuab *n* otter
tus ntxhw *n* elephant
tus ntxuav tais diav *n* dishwasher
tus nyeem *n* reader
tus nyiag neeg *n* kidnapper
tus nyiag nkag *n* smuggler
tus nyob *n* occupant
tus os *n* duck
tus pab *n* benefactor
tus pab cuam *n* aide
tus pab tu *n* caretaker
tus pab yeeb ncuab *n* collaborator
tus pas nplawm *n* scourge
tus pas nquam nkoj *n* oar
tus pas ntaus *n* whip
tus pas txhuam tsev *v* mop
tus phaw nyuj *n* ox
tus phij laj *n* best man
tus pib kawm *n* beginner
tus poj niam nom *n* duchess
tus pom *n* witness

tus pom xwm txheej *n* onlooker
tus pos *n* thorn
tus pov thaiv *n* escort
tus pub *n* donor
tus qais *n* collarbone
tus qauv *n* framework
tus qhia chaw zaum *n* usher
tus qiv *n* tenant
tus raug plaub ntug *n* defendant
tus raug tua tuag *n* casualty
tus raws qab *n* follower
tus rhuav *n* destroyer
tus saib *n* spectator
tus saib xyuas *n* custodian
tus sau *n* author, author
tus sau los *n* collector
tus sau txeej xwm *n* programmer
tus sawv cev *n* agent, proxy
tus sib tw *n* contender
tus siv *n* user
tus swb *n* loser
tus taug kev *n* voyager
tus tes *n* handle
tus thawj *n* boss, chief
tus thawj coj *n* chairman
tus thawj tsav nkoj *n* captain
tus thawj tub qhev *n* butler
tus thawj txiv plig *n* archbishop
tus thoob xov *n* reporter
tus thov ua *n* applicant
tus tis *n* fin
tus tiv thaiv *n* defender
tus tsa *n* founder
tus tsaj xwm *n* informant
tus tsav tsheb *n* driver
tus tshaj lus *n* speaker
tus tshaj tawm *n* herald
tus tshaj xo *n* messenger
tus tshawb nrhiav *n* explorer
tus tshuaj nuj nqi *n* debtor
tus tsim *n* precursor
tus tsim *n* founder
tus tsim ua *n* creator
tus tsis pom zoo *adj* dissident
tus tso pov tseg *n* deserter
tus tso saib cia rau *n* radiator
tus tsuav *n* chopper
tus tsuj roj *n* accelerator
tus tswm ciab *n* candle
tus tswv *n* owner
tus tswv ntiav zog *n* employer
tus tswv tsev *n* landlord
tus tswv tsev xauj *n* lessor
tus tu tsev *n* housekeeper
tus tua *n* killer
tus tua neeg *n* assassin

tus tuaj ntaus *n* attacker
tus tuaj saib xyuas *n* visitor
tus tuaj sib tw *n* contestant
tus tuaj tshiab *n* newcomer
tus tuaj yeem nres *n* guarantee
tus tub *n* son
tus tub sab *n* thief
tus tub txib *n* attendant
tus tus *adj* stable, stagnant
tus twm *n* buffalo
tus txais *n* payee
tus txais tsab ntawv *n* addressee
tus txhais lus *n* interpreter
tus txhawb nqa *n* supporter
tus txhua tawm *n* builder
tus txhuam kob *n* paintbrush
tus txiav txim *n* arbiter
tus txiav txim siab *n* referee
tus txiv *n* husband
tus ua lag luam *n* trader
tus ua luam dej *n* swimmer
tus ua noob *n* successor
tus ua ntej *n* predecessor
tus ua puas *n* destroyer
tus ua yeeb yam *n* player
tus uas *pro* who
tus xa *n* sender
tus xa ntawv *n* postman

tus xib fwb *n* master
tus xyaum *n* trainee
tus xyhab *n* incense
tus yaj *n* sheep
tus yam ntxwv *n* behavior
tus yauv *n* son-in-law
tus yeeb ncuab *n* opponent
tus yeej *n* winner
tus yeej tag nrho *n* champion
tus yuav *n* dealer
tuv *n* louse
twj kaw suab *n* recorder
twj kum *n* rhinoceros
twj lij *adj* autonomous
twj nqus *n* pump
twj taig diav *n* crockery
twj ywm *adj* quiet
twm *n* buffalo
twm xeeb *adj* perverse
twm zeej *adv* lonely
tws nkaus *adj* aghast
twv *adj* challenging
twv *v* predict, forecast
twv ntxhias *v* stake
twv tsis raug *adj* unpredictable
twv txiaj *v* gamble
twv ub no *v* bid
twv yam tom ntej *v* foretell

txais *v* receive
txais nyiaj *v* refinance
txais tos *v* rejoice
txais tos zoo *adj* warm
txaj chaw *n* furniture
txaj me nyuam mos *n* cradle
txaj muag *adj* bashful, shy
txaj muag *v* blush, shame
txaj neeg tuag *n* deathbed
txaj nqa *n* stretcher
txaj ob tshooj *n* bunk bed
txaj viav vias *n* hammock
txau *v* inject, spray
txaug *n* chisel
txauj *v* peck
txaum *v* perpetrate
txaus *adj* sufficient
txaus dhuav *adj* dull
txaus hawm *adj* awesome
txaus hawm txog *adj* mystic
txaus lawm *adv* enough
txaus lom zem *adj* joyful
txaus luag *adj* laughable, funny
txaus luag heev *adj* hilarious
txaus luag heev li *adv* jokingly
txaus mob *adj* hurtful
txaus ntsai *adj* frightening
txaus ntseeg *adj* credible
txaus ntshai *adj* spooky, scary, awful
txaus ntxub *adj* disgusting
txaus nyiam heev *adj* classy
txaus qhuas *adj* praiseworthy
txaus saib *adj* imposing; acceptable
txaus siab heev *adj* breathtaking
txaus siab heev li *adv* joyfully
txaus tu siab *adj* deplorable
txaus txaj muag *adj* disgraceful
txav kom haum *v* adjust
txav kom haum tau *adj* adjustable
txav mus *v* slide
txav mus ze ze *v* squeeze up
txav tsis tau *v* immobilize
txavv *v* dislocate
txawb siab *v* cheer up
txawb siv zog *v* hurl
txawj dag *adj* devious
txawj ntse *adj* expert
txawj ntxias *v* instigate
txawj qeeb *adv* later
txawj siv heev *v* manipulate
txawj tham heev *adj* talkative
txawj txog *adj* caring
txawj txua *n* ingenuity
txawj xeeb *n* misgivings
txawm hais tias *c* even if; though
txawm li cas los xij *adv* nevertheless

txawm peem *adj* ready
txawm tias *c* despite
txawm txim (cig) *v* spark off
txawv *adj* odd, strange
txawv *v* vary
txawv qub *v* deform
txawv teb chaws *adv* abroad
txawv tshaj plaws *n* wonder
txawv txawv *adj* occult
txawv txawv heev *adj* bizarre
txee rau khoom *n* cabinet, cupboard
txee rau ntaub ntawv *n* bookcase
txee rau tais diav *n* dresser
txeeb *v* loot, plunder
txeeb lawm *adj* deprived
txeej *v* boil over, leak
txha nqa qaum *n* backbone
txhab *v* refill
txhab pob kws *n* rum
txhab rau khoom *n* compartment
txhab riam phom *n* arsenal
txhais *v* decipher
txhais caj npab *n* arm
txhais ceg *n* leg
txhais lus *v* interpret
txhais ncej pob *n* lap
txhais tes *n* hand
txhais tias *v* drive at, mean

txham *v* sneeze
txhaub *v* galvanize
txhaub kom ua *v* incite
txhaum *v* falsify
txhaum *adj* wrong, guilty
txhav *v* pillage
txhawb *adj* conducive
txhawb *v* promote, urge
txhawb *v* sustain
txhawb dag zog *v* cheer
txhawb nqa *v* support
txhawb pab nyiaj *v* subsidize
txhawb siab *adj* complimentary
txhawb siab *v* motivate
txhawb zog *v* reinforce
txhawj txog lwm tus *adj* extroverted
txhawj xeeb *n* worry
txhaws *v* plug
txhaws ntswg *adj* stuffy
txhaws suab *adj* hoarse
txheeb npe nkag *v* check in
txheeb xyuas *v* identify
txheej *n* epoch, era
txheej laus *n* seniority
txheej neeg tshiab *adj* modern
txheej nom ua phem *n* dictatorship
txheej thaum ub *adj* ancient
txheej thaum ub *adv* originally

txheej thaum ub li *adj* archaic
txheej txeem *n* guidelines
txheej txheem ua mus *v* process
txheej xwm *n* program
txheej ze *adj* relative
txheem *adj* adverse
txhiab *adj* thousand
txhiaj ntsig *n* virtue
txhiaj txhais *n* riddle
txhim *n* paint
txhim kho *v* develop
txhiv *v* redeem
txho *adj* gray
txho liab tseb *adj* brown
txhob txwm *v* deliberate
txhob txwm *adv* purposely
txhoj puab *adj* fussy
txhom *v* capture, arrest
txhos caug *v* kneel
txhos cog thov *v* genuflect
txhua as thiv *adv* weekly
txhua leej *adj* altogether
txhua txhua *adj* every
txhua txhua hli *adv* monthly
txhua txhua hnub *adv* daily
txhua txhua leej *adj* each other
txhua txhua teev *adv* hourly
txhua txhua tus *pro* everyone

txhua txhua yam *pro* everything
txhua xyoo *adj* annual
txhuam *v* brush, polish
txhuas zaus *adj* ordinary
txhub *v* fill
txia dej *adj* clumsy
txia ntshav *adj* wicked
txia tawm los *v* soak in
txia ua *v* disguise
txiag zeb toj ntxas *n* gravestone
txiaj ntsig *n* merit
txiaj ntsim *n* benefit
txias *adj* cool
txias kom khov *adj* freezing
txias zias *adj* crisp
txiav *v* cut, slash, chop
txiav caj dab *v* behead
txiav kom luv *v* curtail
txiav nyom *v* mow
txiav plaub kom luv *v* shear
txiav tawm *v* abridge, trim
txiav tu nrho *v* cut off
txiav tus kav *v* stem
txiav txim *v* sentence
txiav txim li yus siab *adj* arbitrary
txiav txim siab *v* determine
txiav txim yuam kev *v* misjudge
txib *v* bid, decree

txib *v* command
txib haujlwm rau *v* assign
txib lwm tus heev *v* boss around
txib ua haujlwm *v* beckon
txig rau *v* wear
txij li thaum *pre* since
txij nkawm *n* couple, spouse
txim *n* guilt
txim taws *n* flare
txim txaum *n* guilt
txiv *n* father, dad
txiv dab *n* wizard
txiv duaj *n* peach
txiv ev-paum *n* apple
txiv hmab *n* fruit
txiv kab ntxwv *n* orange
txiv laum huab xeeb *n* peanut
txiv lws suav *n* tomato
txiv lws zoov *n* pear
txiv maj phaub *n* coconut
txiv neeb *n* exorcist
txiv neej *n* fellow
txiv ntoo *n* pulp
txiv ntoo noj tau *n* fig
txiv ntoo phis las *n* pomegranate
txiv ntoo qheb *n* acorn
txiv ntoo thuv *n* cone
txiv ntseej *n* chestnut

txiv plig *n* bishop
txiv pos nphuab *n* raspberry
txiv puv luj *n* pineapple
txiv qhuav *n* stepfather
txiv tsawb *n* banana
txiv yaj *n* ram
txo *v* counteract
txo hwj chim *v* condescend
txo kom luv *v* abbreviate
txo kom me *v* downsize
txo kom tsawg *v* decrease
txo kom tsawg mus *v* cut down
txo nqi *v* discount
txo nqi nqis *v* depreciate
txo nqi nyiaj nqis *v* devalue
txo nqis *v* lessen
txo qib *v* demote
txo riam phom *v* disarm
txo theem *v* degrade, demote
txob siab *adj* disturbing
txog *pre* to
txog ntua *adv* till
txog ntua thaum *adj* standstill
txog ntua thaum *pre* until
txog thaum kawg *adv* eventually
txoj cai *n* policy, rule
txoj cai txwv nyob lig *n* curfew
txoj cai uas liab qab *n* nudism

txoj hau kev *n* manner, way
txoj hau kev tshiab *n* ovation
txoj hau kev xaiv *n* option
txoj hau kev yuav ua *n* way in
txoj hauj lwm *n* profession
txoj hauj lwm seem *n* vacancy
txoj haujlwm *n* job
txoj hlab cua *n* windpipe
txoj hlua foob pob *n* detonator
txoj hlua khau *n* lace
txoj hmoo *n* destiny, fate, opportunity
txoj hmoo pem *n* misfortune
txoj hmoo phem *n* doom
txoj kab *n* line
txoj kab ciam teb *adj* borderline
txoj kab kev *n* lane
txoj kab laug sab *n* spiderweb
txoj kab ntxiv *n* seam
txoj kab phua plawv *n* diameter
txoj kab plawv ntuj *n* equator
txoj kev *n* avenue, street
txoj kev coj zoo *n* benevolence
txoj kev lug *n* detour
txoj kev me *n* alley
txoj kev nquag *n* diligence
txoj kev nraim *n* hideaway
txoj kev ntshaw *n* lust
txoj kev qauv av *n* underpass

txoj kev sib tshuam *n* conjunction
txoj kev tsheb *n* driveway
txoj kev txais *n* shortcut
txoj kev xav *n* opinion
txoj kev xav xub pib *n* initiative
txoj lw *n* remains
txoj ntshav dub *n* vein
txoj nyhuv *n* intestine
txoj sia *n* life
txoj siv *n* strap
txoj xov *n* thread
txom nyem *adj* indigent
txov *v* plot
txua *v* create
txua tawm *v* invent
txuag *v* conserve
txuag *n* savings
txuag *adj* thrifty
txuag cia *v* preserve
txuag heev *adv* sparingly
txuam *v* assimilate
txuam muaj *v* contaminate
txuam ua *v* compose
txuas *v* link, connect
txuas *adj* attached
txuas ntxiv *pre* besides
txuas ntxiv *adj* next
txuas ntxiv ntawv *c* whereupon

txuas siav rau *v* animate
txuj ci *n* culture
txuj lom *n* flavor
txuj tes taw *adj* athletic
txw tau *v* obsess
txwv *v* ban, prohibit
txwv txiav *v* intercept, thwart

U

ua *v* act, do
ua cawv *v* brew
ua chaw leg *adj* obligatory
ua chaw nco *adj* monumental
ua chaw tshua *v* memorize
ua ciam teb *v* border on
ua cuav *v* simulate
ua dej *adj* watery
ua dua *adv* anew
ua dua tshiab *v* redo, refresh
ua hauj lwm *v* work
ua hauj lwm ntau *v* toil
ua haujlwm *v* dispatch
ua haujlwm zoo *adj* efficient
ua hmoov *adj* starchy

ua ib pab *v* crowd
ua ib siab ob siab *v* suspect
ua ib siab ob siab *adj* suspicious
ua ke *v* get together, merge
ua ke *adv* mutually, together
ua kev cai tos txais *v* inaugurate
ua kev npam *v* sin
ua kev taw qhia *adj* suggestive
ua kom chim *v* anger
ua kom dav *v* widen
ua kom dej khov yaj *v* defrost
ua kom hloov ua pa *v* vaporize
ua kom khuv xim *adj* regrettable
ua kom loj ntxiv *v* size up
ua kom lwj *v* rot
ua kom noo *v* dampen
ua kom nres *v* brake
ua kom ntau tuaj *v* augment
ua kom nto koob *v* popularize
ua kom ntsai *v* frighten
ua kom ntsiab *adj* refreshing
ua kom ntsiab *v* pacify
ua kom ntxeev tau *adj* reversible
ua kom paub *v* imply
ua kom plooj *v* blur
ua kom pom *adj* pointed
ua kom pom khav *v* expose
ua kom puas *v* demolish

ua kom qhib tau *v* break open
ua kom qhuas *v* impress
ua kom raug *v* rectify
ua kom rog *v* fatten
ua kom rov zoo los *v* rehabilitate
ua kom sai *v* quicken
ua kom siab *v* heighten
ua kom siab me *v* daunt
ua kom siab txias *v* calm down
ua kom siav *v* ripen
ua kom sib *v* mitigate
ua kom sov *v* heat
ua kom swm *v* accustom
ua kom tag *v* end up
ua kom tau sau *adj* relaxing
ua kom tiaj *v* flatten, level
ua kom tshiab *v* freshen
ua kom tsuag *v* dilute
ua kom tuab *v* thicken
ua kom txhaum cai *adj* twisted
ua kom txias *v* cool
ua kom txias ntxiv *v* cool down
ua kom yaj *v* melt
ua kom yuag *v* attenuate
ua kom yuag tau *adj* attenuating
ua kom zoo *v* heal
ua kom zoo nkauj *v* emboss
ua kom zoo so dua *v* defuse

ua kom zov *v* warm up
ua lag luam *v* trade
ua li cas los tau *adj* flexible
ua loj tshaj qub *v* escalate
ua luag *v* accompany
ua luam dej *v* swim
ua me nyuam *v* procreate
ua mob *adj* ailing
ua mob *v* harm
ua muaj tee *adj* spotless
ua mus *v* go ahead
ua mus ntxiv *v* keep on
ua neeb *v* enchant
ua neeg phem tawm *v* rid of
ua nkawm *adj* dual
ua npau suav *n* imagination
ua npog *n* omen
ua nruj *adj* strenuous
ua ntau dhau lawm *v* overdo
ua ntej *pre* ahead, before
ua ntej *adj* former, prior
ua ntej nov *adv* previously
ua ntej tso *adv* beforehand
ua nyob rau *v* base
ua pa *v* breathe, gasp
ua pa loj loj *v* sigh
ua pa nkag *v* inhale
ua pa nrov viv *v* wheeze

ua pa nyuaj *adj* puffed
ua paj ntaub nrhia *v* embroider
ua paj paws *v* jump
ua pauj *v* retaliate
ua pawg *v* cluster
ua pem rau *v* horrify
ua phem *v* harass
ua phem rau *v* assault
ua phooj ywg *v* ally, befriend
ua piam *v* damage
ua plaub *v* indict, sue
ua pob *n* hunch
ua pob zeb *adj* rocky
ua pov thawj *v* attest, certify
ua pua *v* impair
ua puas *v* damage, ruin, defile
ua puas thaum pib *v* blemish
ua pub *v* devote
ua qais *v* belch, burp
ua qaj *v* snore
ua qee zaus *adv* occasionally
ua qhov nqaij mob *v* traumatize
ua rau *adj* effective
ua rau ceeb *v* startle
ua rau chim *v* antagonize
ua rau chim siab *adj* frenzied
ua rau cov *v* mystify
ua rau dig muag *v* blind
ua rau doog ntshav *v* bruise
ua rau du *v* skim
ua rau du du *v* smooth
ua rau hloov kev *v* divert
ua rau kaj *v* brighten, light
ua rau kaj siab *v* soothe
ua rau kis mob *v* infect
ua rau kub lug *v* scald
ua rau lag ntseg *v* deafen
ua rau lo av *v* soil
ua rau lom zem *v* entertain
ua rau loog *adj* numb
ua rau lwv *v* shorten
ua rau mag voj hlua *v* entangle
ua rau me siab *v* dishearten
ua rau meem txom *v* irritate
ua rau mob *v* hurt
ua rau muaj *v* inflict
ua rau muaj siab *v* excite
ua rau muaj zog *v* toughen
ua rau mus ceev *v* spur
ua rau nce ntxiv *v* intensify
ua rau neeg tuag *adj* fatal
ua rau no tsawv *v* chill
ua rau npau taws *v* enrage
ua rau ntev ntxiv *v* lengthen
ua rau ntseeg *adj* convincing
ua rau ntseeg *v* ensure

ua rau ntshai *v* scare, terrify
ua rau ntsia pom *v* visualize
ua rau ntsiag *v* silence
ua rau ntsiag to *n* lull
ua rau ntsoog *adj* crushing
ua rau ntsoos ntsoos *v* depress
ua rau ntuav *v* vomit
ua rau ntub *v* saturate
ua rau ntxhov ntxov *adj* deranged
ua rau piam zuj zus *v* deteriorate
ua rau pluav *v* dent
ua rau poob pig *v* demoralize
ua rau poob qab ke *v* derail
ua rau puas tsuaj *v* annihilate
ua rau puas tsuaj *adj* devastating
ua rau qab zib *v* sweeten
ua rau qaug *adj* intoxicated
ua rau qias neeg *v* smear
ua rau raug mob *v* injure, wound
ua rau raug txim *adj* punishable
ua rau rhiab *v* tickle
ua rau ruam tas *adj* puzzling
ua rau sib nrug *v* space out
ua rau swb *v* wear down
ua rau tag peev xwm *v* incapacitate
ua rau tau ua qhev *v* enthrall
ua rau tawg *v* detonate
ua rau tawg pes vog *v* shatter

ua rau tiav *adj* successful
ua rau tsaus muag *v* dazzle
ua rau tsaus ntuj *v* darken
ua rau tshwm sim *v* stir up
ua rau tsis muaj cai *v* disqualify
ua rau tsis muaj nqi *v* nullify
ua rau tsis zoo lawm *v* disfigure
ua rau tsis zoo siv *v* waste
ua rau tsuag *v* water down
ua rau tsw *adj* stinking
ua rau tsw ntxhiab *v* stink
ua rau tsw qaub *v* spoil
ua rau tu siab *v* sadden
ua rau tuag taus *adj* deadly
ua rau txaus siab *v* satisfy
ua rau vam meej *v* modernize
ua rau vwm *v* madden
ua rau yoob tag *v* daze
ua rau yooj yim *v* simplify
ua rau yuav tsum *v* entail
ua rau zog ntaug *v* deaden
ua rau zoo siab *adj* exhilarating
ua rau zooj *v* soften
ua raws *v* execute, fulfill
ua raws li hais *v* capitulate
ua raws yooj yim *adj* supple
ua rog *v* battle
ua rog *adj* belligerent

ua si *v* play
ua siab ntev *v* persevere
ua siab swb *v* succumb
ua siav dhau lawm *adj* overdone
ua sib txhuam nrov *v* creak
ua tau *adj* able
ua tau *v* attain, can
ua tau tshwm sim *v* achieve
ua tau tsis zoo heev *v* botch
ua tau zoo dua qub *v* progress
ua tau zoo heev *adj* proficient
ua tau zoo tshaj *v* excel
ua tawm *v* carry out
ua tee *v* spot
ua thawj *adj* bossy
ua them *v* put up with
ua tiav *v* accomplish
ua tiav lawm *v* complete
ua tib zoo xav *v* ponder
ua tij *adj* elderly
ua tsaug *adj* grateful
ua tsaug *v* thank
ua tsaug *n* thanks
ua tseg ua ntej *v* prefabricate
ua tshiab *v* remake, renew
ua tshoob *n* wedding
ua tshoob tshiab *v* remarry
ua tsis tau *adj* powerless

ua tsis taus pa *v* asphyxiate
ua tsis xwm yeem *adj* faulty
ua tsov ua rog *v* campaign
ua tswv *v* own
ua tus qauv *v* personify
ua tus qauv zoo *adj* exemplary
ua twj ywm *v* appease
ua txaus luag *v* amuse
ua txhaum *v* mistake
ua txoj ntev *v* strive
ua txuas ntxiv *v* continue, go on
ua txuj *v* bluff, pretend
ua txuj *adj* trumped-up
ua voj voom *v* circle
ua xav yuam kev *adj* unforeseen
ua yaj ua yeeb *adj* stray
ua yeeb ncuab *n* hostility
ua yeeb yam *v* perform
ua yog toog *v* imagine
ua yuam kev *v* backfire
ua zoo nkauj *v* beautify
ua\ *v* make
uab lag *n* crow
uas hawm txog *adv* dearly
uas caws pliav *adj* scarce
uas cog tob heev *adj* ingrained
uas coj tsis ncaj *adj* unfaithful
uas hloov tsis tau *adj* irreversible

uas hloov txawv tau *adj* variable
uas kev cim *adj* symbolic
uas khuam siab *adj* sceptic
uas muaj kev hlub *adj* loving
uas muaj yeej *adj* victorious
uas ncho pa *adj* smoked
uas nkag siab tau *adj* understandable
uas noj tau *adj* edible
uas npog cia *adj* shrouded
uas nqus *adj* absorbent
uas nrhiav nyuaj *adv* scarcely
uas ntev tawm *adj* outstretched
uas ntsia pom *adj* visible
uas ntsia pom tau *adj* outward
uas nug tw dais *adj* nosy
uas nyob chaw siab *adj* towering
uas nyob sab hauv *adj* inside
uas nyob sab nrauv *adj* outer
uas paub tsis meej *adj* uncertain
uas piav qhia txog *adj* descriptive
uas pom zoo *adj* concurrent
uas rau qaug qib *v* weaken
uas raug rhuav tsem *adj* destructive
uas raws lw *adj* telling
uas raws qab los *adj* subsequent
uas ruaj ntseg *adj* secure
uas ruam *adj* slob
uas siab dua *adj* superior
uas siab kawg *n* summit
uas siv coj los tsab *adj* ornamental
uas tag kev cia siab *adj* desperate
uas tau yuam *adj* obliged
uas teeb tsa muaj *adj* upright
uas tsim nyog *adv* duly
uas tsim ua *adj* creative
uas tsis du *adj* uneven
uas tsis ntxim siab *adj* unfavorable
uas tsis paub kawg *adj* unending
uas tsis sib npaug *adj* unequal
uas tsis tseem ceeb *adj* tenuous
uas tsis tsim nyog *adj* unfit
uas tsis ua raws *adj* outrageous
uas tsis yog tiag *adj* unrealistic
uas tsis zoo sib xws *adj* dissimilar
uas tso pov tseg *adj* derelict
uas tuag mus lawm *adj* deceased
uas txhob txwm *adv* knowingly
uas txuag *adj* economical
uas ua phem phem *adj* despotic
uas ua rau nruj *adj* strained
uas ua raws siab *adj* indulgent
uas vam lwm tus *adj* dependent
uas xav tau *adj* needy
uas yog chaw tawm *adj* original
uas yog ntsuj plig *adj* spiritual
uas yog txoj kev xav *adj* abstract

uas yuav tsum tuag *adj* mortal
uas zais tseg *adj* covert
uas zam *adj* elusive
uas zoo tshaj *adj* striking
us tsim *n* author
uv *v* endure
uv tsis tau li *adj* unbearable
uv tsis taus lawm *adj* intolerable

V

vais lav *n* virus
vaj *n* garden
vaj huam sib laug *n* democracy
vaj lug kub *n* bible
vaj tsev *n* house
vaj tsiaj *n* zoo
vaj txiv xyoo ntoo *n* orchard
val zaub *n* garden
vam meej *v* prosper, thrive
vam meej *adj* contemporary
vaub kib *n* tortoise, turtle
vaum *adj* humid
vaum vaum *adj* humid
vev xaib *n* web site

vij *v* besiege
vij thaiv *v* blockade
vim *c* because
vim hais tias *c* inasmuch as
vim kev hlub tshua *adj* affectionate
vim li cas *adv* why
vim rau qhov tias *pre* because of
vim tias *adv* owing to
vim tias *c* since
vim yog *c* because
vitamin *n* vitamin
voj voom *n* circle
vov *v* muffle
vuab tsuab *adj* gross, nasty
vuag *n* phase
vuag pa *v* smother
vuag pa *adj* stifling
vwm *adj* crazy, insane
vwm ntshuav *adv* madly

W

w *v* sow
w mus *v* scatter

X

xa *v* deliver, send
xa khoom *v* supply
xa mus *v* transmit
xa rov qab *v* remit
xa suab *v* sound
xa suab tawm *v* sound out
xa tib lawg rov qab *v* hit back
xa tus sawv cev *v* delegate
xaav paub *adj* curious
xaiv *v* appoint, choose
xaiv chaw *adj* located
xaiv nom *v* elect
xaiv tsa tshiab *v* reelect
xaiv tso *v* cast
xaiv xaiv heev *adj* choosy
xaj laj *n* vowel
xam *v* calculate
xam pom *v* discern
xam yuav kev *v* miscalculate
xau *v* leak
xaus *v* conclude
xaus rooj sib tham *v* adjourn
xauv nruas phoo *v* lock
xauv tes *v* handcuff
xav *v* figure out, deem
xav cia *v* devise
xav haus dej *adj* thirsty
xav kom yog *adj* would-be
xav luag *adj* ridiculous
xav paub tias *v* wonder
xav rov *v* invalidate
xav sim *v* challenge
xav suav *v* reckon
xav tau *v* desire, want, wish
xav tsis thoob *v* amaze
xav twv *v* challenge
xav txhaum *adj* remorseful
xav txog *v* miss
xav ua ntej *v* forecast
xav zoo zoo *v* contemplate
xaws *v* darn, sew
xaws ntawv *v* staple, stitch
xeb *v* rust
xeb *adj* rusty
xeeb ceem *n* character

xeeb ceem zoo *n* decorum
xeeb ntxwv *n* descendant, offspring
xeeb tub *adj* pregnant
xeeb txob *adj* bothersome
xeem faj *n* fang
xeev *n* province, state
xeev siab *n* nausea
xem xau *n* violin
xiab *v* bribe
xiab nyiaj *v* lobby
xiam oob qhab *adj* disabled
xiav *adj* blue
xiav tsaus *n* violet
xib fwb *n* pastor, teacher
xib fwb thov ntuj *n* chaplain
xib tes *n* palm
xib xub *n* arrow
xim dawb *adj* white
xim kaj kaj *n* bubble gum
xim ntsuab tsaus *n* velvet
xim xoo *n* feature
xis cev *adj* comfortable
xis nyob *adj* cozy
xo *v* chew
xob laim *n* lightning
xob nthe *n* thunder
xoob *adj* loose
xov *n* yarn

xov pos hlau *n* wire
xov tooj *n* telephone
xov tooj cua *n* radio
xov tooj ntawm tes *n* cellphone
xov ua paj ntaub *n* floss
xov xwm *n* coverage, news
xov xwm tu siab *n* tragedy
xuab zeb *n* gravel
xuas ntoo ua *adj* wooden
xuas pas ntaus *v* whip, club
xuav qhov ncauj *v* whistle
xub *n* arrow
xub muv *n* beehive
xub ntab *n* beehive
xub ntiag *n* bosom, chest
xub thawj *adj* initial
xub txig *n* cheekbone
xuyuam xim *adj* wary
xwb pleb *n* puncture, rift
xwb pwg *n* shoulder
xwm *n* menace
xwm ceev *n* emergency
xwm nruj *n* tension
xwm txheej *n* incident, event
xwm txheej loj heev *n* crisis
xwm yeem *adj* usual
xws li *c* as
xws li *adj* such

xws li txiv neej *n* virility
xya *adj* seven
xya caum *adj* seventy
xyab *v* stretch
xyab kom ncaj *v* straighten out
xyaum *v* practice, train
xyaum tas li *v* practise
xyaum ua *v* exercise
xyeeb *v* push
xyeej *adj* free
xyeej *v* refuse
xyoo *n* year
xyoob *n* bamboo
xyu *v* buzz, rumble
xyuam xim *adv* gingerly
xyuam xim *v* watch out
xyuas *v* monitor
xyuas ncaim *v* haunt
xyuas ob zaug *v* double-check
xyuas saib *v* browse

Y

ya *v* fly, glide
yaig *n* wear
yaim *v* lick
yaj *v* disappear
yaj phom *n* handgun, pistol
yaj phom *v* revolver
yaj ua dej *v* thaw
yaj yuam *n* peacock
yam *n* brand, fashion
yam ceeb toom *n* alarm
yam hais lus nchav *adj* vulnerable
yam hais tsi zoo *n* crap
yam khoom *n* thing
yam khoom yog kua *n* liquid
yam muab nkag *n* input
yam muaj sia *n* organism
yam nco txog tas li *n* preoccupation
yam niag qub *n* banality
yam npaj siab hlo *adv* willfully
yam nthuav dav *adv* widely
yam ntxias ua *n* temptation
yam nyuaj heev *adv* harshly
yam pos qhov ncauj *n* gag
yam qhwv ncig *n* blockage
yam sai *adv* quickly

yam thaiv kev *n* obstruction
yam tiag tiag *adv* virtually
yam tom ntej *adv* hereafter
yam tshiab *n* freshness
yam tshwj xeeb *n* specialty
yam tsis mauj tseeb *v* hallucinate
yam twg *adj* which
yam twg los tau *adj* either
yam txaus siab *adv* willingly
yam uas loj zuj zus *n* projectile
yam uas neeg tu *n* breed
yam uas ntes tau *n* capture
yam uas tu xyuas *n* treat
yam xyaws nrog *n* ingredient
yam yuam cai *adj* forceful
yam yuam cai *adv* forcibly
yas tes *n* wrist
yau *adj* minor
yaug *v* rinse
yaug dej *v* flush
yaug qa *v* gargle
yaum *v* induce, solicit
yav nyhuv loj *n* colon
yav qab teb *adj* southern
yav yuav tsaus ntuj *n* eve
yaw *n* grandfather
yawg *n* granddad
yawg hlob *n* mister

yawg ntsuag *n* widower
yawm saub *n* God
yawm sij *n* key, padlock
yawm suab *n* deity
yawm txiv *n* father-in-law
yawm yij *n* brother-in-law
yeeb *n* opium, poppy
yeeb dawb *n* heroin
yeeb ncuab *n* adversary
yeeb yaj duab *n* cinema
yeej *v* beat, conquer
yeej *adj* beaten
yeej cuab *n* weapon
yeej ib txwm *adv* normally
yeej tag nrho *v* champion
yeej tsis tsum li *adv* ceaselessly
yeej tsis txaus siab li *adv* unwillingly
yeej tub rog *n* garrison
yees *n* print
yees duab *v* photograph
yees siv *n* magic, sorcery
yias *n* pan
yias(kib zaub) *n* frying pan
yig *adj* hesitant
yig *v* hesitate
yim *adj* eight
yim caum *adj* eighty
yob hauv *n* warden

yog *v* be
yog *adv* yes
yog kev ntxias dag *adj* deceptive
yog lawm *adj* decent
yog li ntawd *adv* therefore, thus
yog qhov cim qhia *v* denote
yog qhov tseem *v* stand out
yog tias *c* if
yog toog *n* illusion, mirage
yog yog *adj* accurate
yoj *v* shake, tremble
yoj mus los *v* swing
yoj mus yoj los *v* sway
yoob *adj* dazed
yoog *v* accommodate
yoog raws *adj* amenable
yooj yim *adj* simple, easy
yooj yim heev li *adv* easily
yooj yooj yim *adj* homely
yoov *n* mosquito, fly, bug
yuag *adj* emaciated, thin
yuag heev *adj* skinny
yuag zoo nkauj *adj* slender
yuam *v* compel, impose
yuam cai *v* constrain
yuam deev *v* rape
yuam kev *v* astray
yuam kev *adj* wrong

yuam siv *v* enforce
yuav *v* buy, procure, purchase
yuav li *v* accept
yuav luag *adv* almost, nearly
yuav rov qab *v* regain
yuav siab *v* indulge
yuav tsum them *adj* payable
yuav tsum ua *v* have to
yuav tuaj *adj* coming
yuav yus siab *adj* overbearing
yug *v* feed, raise
yug *n* birth
yug log *adj* born
yug los *v* be born
yug me nyuam *v* breed
yuj mus *v* toss
ywg dej *v* water
ywj fab ywj fwj *v* dread
ywj fab ywj fwj *adj* dreaded
ywj pheej *adj* independent
yws *v* mumble, murmur
yws tawm *v* beef up

Z

zab *adj* wily
zag *n* donkey
zais *adj* close
zais *v* conceal, cover up
zais heev *adj* clandestine
zais npog *adj* mysterious
zais siab *v* hush up
zais tsis qhia npe *adj* anonymous
zais zis *n* bladder
zaj *n* rainbow
zaj dab neeg *n* legend
zaj lus *n* text, story, tale
zaj lus luv luv *n* anecdote
zaj nkauj *n* song
zaj nkauj haiv neeg *n* anthem
zaj nkauj ntseeg ntuj *n* hymn
zaj nkauj zoo siab *n* carol
zaj qub *n* repetition
zam *adj* exempt
zam *v* avoid, elude, shirk
zam tau *adj* avoidable
zam tawm ntawm *v* shun
zam txim *v* pardon, forgive
zam txim pub *adj* forgivable
zas kob *v* dye

zaub *n* vegetation
zaub kas lauv *n* carrot
zaub ntug hauv paus *n* parsnip
zaub qhwv *n* cabbage
zaub qhwv dawb *n* cauliflower
zaub qhwv plawv *n* lettuce
zaub txhwb qaib *n* parsley
zaum *v* relax, sit
zaum ntxiv *v* tighten
zawm caj pas *v* strangle
zawm ruaj *adj* tight
ze *pre* close to, near
ze *adj* closed
ze rau *pre* by
ze ze *adv* closely
zeem *v* resign
zeem muag *n* prospect, sight
zeem neeg *n* identity
zej tsoom *n* society
zes *v* arouse, bother
zes noog *n* nest
zes taws *v* ignite
ziag no *adv* now
zib ntab *n* honey
zij *adj* oblique
zis *n* urine
zog *n* power
zog cua *n* pressure

zog hluav taws xob *n* voltage
zog ntaus rov qab *n* kickback
zog txhawb *n* urge
zog txhawb siab *n* motive
zom *v* crush, mince, mash
zom kom ntoog *v* pulverize
zom rwb *v* spin
zoo *adj* good, nice, fine
zoo dua *adj* better
zoo dua kim dua *adj* de luxe
zoo heev *adv* fine
zoo heev *adj* fabulous, great
zoo ib yam *n* replica
zoo ib yam *v* resemble
zoo ib yam *adv* too
zoo ib yam *adj* alike
zoo ib yam li *pre* like
zoo li hma *adj* foxy
zoo li mis *adj* milky
zoo li neeg phem *adj* barbaric
zoo li nqaij nci *adj* charbroil
zoo li nroog *adj* urban
zoo li ntses *adj* fishy
zoo li qub *adj* customary
zoo li thwj tim *adj* apostolic
zoo li txiv *adj* fruity
zoo li yog txiv *adj* fatherly
zoo lus *adj* approachable

zoo nkau kawg *adj* perfect
zoo nkauj *adj* beautiful
zoo nkauj heev *adj* exquisite
zoo noob *adj* fertile
zoo nraug *adj* handsome
zoo rov los *v* recuperate
zoo siab *v* welcome
zoo siab *adj* glad, happy
zoo siab heev *adj* haughty
zoo siab koom tes *adj* cooperative
zoo siab txais tos *n* welcome
zoo sib xws *adj* identical
zoo siv *adj* practical
zoo tshaj *adj* excellent
zoo tshaj plaws *adj* best, superb
zoo tsis tag *adv* partially
zoo txhua yam *adj* absolute
zoo ua qoob ua loo *adj* arable
zoo zoo heev *adj* colossal
zoo zoo nkauj *adj* fancy
zooj *adj* mild, soft
zooj zooj *adv* softly
zos *n* community
zos yug *adj* native
zov kev tua *v* ambush
zuag *v* implicate
zuag ntsis plaub hau *n* comb
zuaj *v* squeeze, squash

zuaj ib ce *v* massage
zuaj kom me *v* condense
zuas qe *n* ovary
zuj zus *adj* gradual
zwj ceeb *n* circumstance

Order Information

To order our Word to Word® Bilingual Dictionaries or any other products from Bilingual Dictionaries, Inc., please contact us at (951) 461-6893 or visit us at **www.BilingualDictionaries.com**. Visit our website to download our current Catalog/Order Form, view our products, and find information regarding Bilingual Dictionaries, Inc.

 **Bilingual Dictionaries, Inc.**

PO Box 1154 • Murrieta, CA 92562 • Tel: (951) 461-6893 • Fax: (951) 461-3092
www.BilingualDictionaries.com

Special Dedication & Thanks

Bilingual Dicitonaries, Inc. would like to thank all the teachers from various districts accross the country for their useful input and great suggestions in creating a Word to Word® standard. We encourage all students and teachers using our bilingual learning materials to give us feedback. Please send your questions or comments via email to support@bilingualdictionaries.com.

Word to Word® Bilingual Dictionary Series

Language - Item Code - Pages ISBN #

Albanian - 500X - 345 pgs
ISBN 0-933146-49-3

Amharic - 820X - 362 pgs
ISBN 0-933146-59-0

Arabic - 650X - 378 pgs
ISBN 0-933146-41-8

Bengali - 700X - 372 pgs
ISBN 0-933146-30-2

Burmese - 705X - 378 pgs
ISBN 0-933146-50-7

Cambodian - 710X - 376 pgs
ISBN 0-933146-40-X

Chinese - 715X - 374 pgs
ISBN 0-933146-22-1

Farsi - 660X - 372 pgs
ISBN 0-933146-33-7

French - 530X - 358 pgs
ISBN 0-933146-36-1

German - 535X - 352 pgs
ISBN 0-933146-93-0

Gujarati - 720X - 334 pgs
ISBN 0-933146-98-1

Haitian-Creole - 545X - 362 pgs
ISBN 0-933146-23-X

Hindi - 725X - 362 pgs
ISBN 0-933146-31-0

Hmong - 728X - 294 pgs
ISBN 0-933146-53-1

Italian - 555X - 362 pgs
ISBN 0-933146-51-5

All languages are two-way:
English-Language / Language-English.
More languages in planning and production.

Japanese - 730X - 372 pgs
ISBN 0-933146-42-6

Korean - 735X - 374 pgs
ISBN 0-933146-97-3

Pashto - 760X - 348 pgs
ISBN 0-933146-34-5

Polish - 575X - 358 pgs
ISBN 0-933146-64-7

Portuguese - 580X - 362 pgs
ISBN 0-933146-94-9

Punjabi - 765X - 358 pgs
ISBN 0-933146-32-9

Romanian - 585X - 354 pgs
ISBN 0-933146-91-4

Russian - 590X - 334 pgs
ISBN 0-933146-92-2

Spanish - 600X - 400 pgs
ISBN 0-933146-99-X

Somali - 830X - 320 pgs
ISBN 0-933146-52-3

Swahili - 835X - 308 pgs
ISBN 0-933146-55-8

Tagalog - 770X - 332 pgs
ISBN 0-933146-37-X

Thai - 780X - 354 pgs
ISBN 0-933146-35-3

Turkish - 615X - 348 pgs
ISBN 0-933146-95-7

Vietnamese - 795X - 366 pgs
ISBN 0-933146-96-5

Ukrainian - 620X - 337 pgs
ISBN 0-933146-25-6

Urdu - 790X - 360 pgs
ISBN 0-933146-39-6